《哲学与人生智慧
——大学生哲学基础教程》

编写组成员（按姓氏拼音排序）

陈 雨　董同彬　胡 蓉
肖薇薇　杨 维

哲学与人生智慧

——大学生哲学基础教程

胡蓉 董同彬 | 主编

华中科技大学出版社
http://www.hustp.com
中国·武汉

图书在版编目（CIP）数据

哲学与人生智慧：大学生哲学基础教程/胡蓉，董同彬主编. —武汉：华中科技大学出版社，2021.1
ISBN 978-7-5680-3646-7

Ⅰ.①哲… Ⅱ.①胡… ②董… Ⅲ.①哲学-高等学校-教材 Ⅳ.①B

中国版本图书馆 CIP 数据核字（2021）第 015114 号

哲学与人生智慧——大学生哲学基础教程　　　　　　　　　　　胡　蓉　董同彬　主编
Zhexue yu Rensheng Zhihui——Daxuesheng Zhexue Jichu Jiaocheng

策划编辑：钱　坤	
责任编辑：钱　坤　洪美员	
封面设计：原色设计	
责任校对：刘　竣	
责任监印：周治超	
出版发行：华中科技大学出版社（中国·武汉）	电话：（027）81321913
武汉市东湖新技术开发区华工科技园	邮编：430223
录　　排：华中科技大学出版社美编室	
印　　刷：湖北恒泰印务有限公司	
开　　本：787mm×1092mm　1/16	
印　　张：18	
字　　数：423 千字	
版　　次：2021 年 1 月第 1 版第 1 次印刷	
定　　价：48.00 元	

本书若有印装质量问题，请向出版社营销中心调换
全国免费服务热线：400-6679-118　　竭诚为您服务
版权所有　侵权必究

前言

PREFACE

哲学是开在人类智慧之树上的最高花朵。在人类绵绵不绝的历史长河中，哲学一直起着引领文化发展、民族进步的航标灯作用。无论是社会的进步与和谐，还是人的自由和全面发展，都需要哲学对实践进行指导，继而批判、反思并实现螺旋式上升和扬弃。世界著名大学哈佛大学的校训是："与柏拉图为友，与亚里士多德为友，更与真理为友。"我国著名哲学家冯友兰也曾说过："每个人都要学哲学，正像西方人都要进教堂。学哲学的目的，是使人作为人能够成为人，而不是成为某种人。其他的学习（不是学哲学）是使人能够成为某种人，即有一定职业的人。"从这一角度来讲，中国的大学教育要让学生不仅在知识和技能上成人，而且在精神和心灵上成人，就不能没有哲学教育。正是基于此，就有必要在大学开设一门哲学基础课程，让学生了解和掌握基本的哲学原理、观点和哲学思维方法，理论联系实际，学以致用，提高以哲学为指导，观察、分析和解决问题的能力，让学生感受智慧，提升境界，树立正确的世界观、人生观、价值观，从而帮助学生实现自由而全面的发展。

哲学是使人深沉的学问，哲学是时代精神的精华。但较长时期以来，大学生的哲学素养教育却显得较为薄弱。一方面，由于受市场经济向纵深发展和教育教学体制改革的影响，许多高校压缩了包括哲学课在内的许多人文素质类课程的设置，哲学课因为貌似可有可无而被删减，只在哲学专业或相关专业开设，从而退守在很小的阵地；另一方面，受实用主义、工具理性等思潮的冲击，大学生们对专业知识的学习和技能水平的提升尤为重视，对哲学素质的提升动力不足。因而即或是开设了哲学课的学生，学习哲学的积极性和主动性也明显较弱，学习效果可想而知。再加上哲学自身抽象性、思辨性、逻辑性较浓的理论特质和显性功能弱隐性功能强的效用特征，在教育信息化、知识碎片化、形式娱乐化的新媒体学习时代，

PREFACE

哲学似乎有点格格不入而让人敬而远之。但越是如此,哲学素质教育却越显得尤为重要和刻不容缓。

为帮助非哲学专业大学生提升哲学素质,让他们有一本既通俗易懂又理论体系相对完整的哲学素质教育教材,我们几位哲学教育工作者从自编讲义开始,编写了哲学基础教程,并通过十多年的教学实践和探索,不断进行修正和完善,形成了今天这本全新的哲学基础教程。为适应新时代大学生的学习特点和人才培养目标要求,在教材的内容选择上,我们坚持"通识"原则,以马克思主义哲学作为统领与核心,以比较独立的章节和完整的篇幅展开介绍什么是哲学、哲学的基本问题和历史发展以及哲学的功用,介绍本体论、认识论、道德哲学、艺术哲学、科技哲学、人生哲学与论辩哲学的基本观点及其对青年大学生的启发和作用。力图通过本体论与求真之道的教育启发学生做一个掌握宇宙真理的人;通过道德哲学与向善之道的教育教导学生做一个道德高尚而又幸福的人;通过艺术哲学与审美之道的教育培养学生做一个懂得审美而又优雅的人;通过科技哲学与文明之道的教育引导学生做一个通晓科技之理的人;通过人生哲学与修身之道的教育引导学生做一个有意义的人;通过哲学思维与辩论之道的教育训练学生做一个能思善辩的人。在写作方法上,我们试图改变传统哲学教材的写作方法,力争做到理论性、通俗性、实用性、创新性和趣味性的统一,希望写成一本高质量的哲学基础教材。

本书是集体智慧的产物,凝聚了编写组全体老师的心血和汗水。具体分工为:董同彬撰写第一、二、七章,胡蓉撰写第三、七章,肖薇薇撰写第六章,陈雨撰写第五章,杨维撰写第四章。全书由胡蓉、董同彬拟定写作提纲、统稿和审定,肖薇薇参与了部分审稿和修改。

本书在写作中参考和引用了有关专家学者的论述、观点,在此谨致谢意!为使本教材能够图文并茂,我们采用了一些相关图片和资料,并通过多种渠道与作者进行了联系,得到了各位作者的大力支持。但是由于一些作者的姓名和地址不祥,暂时还无法取得联系。恳请被采用作品的作者尽快与我们联系(胡老师 53592958@qq.com),以便作出妥善处理。

由于我们的教学和写作任务较为繁重,加之水平有限,本书的错漏之处在所难免,恳请学界同仁和读者批评指正。

胡蓉　董同彬
2021 年 1 月 11 日

目录

CONTENTS

第一章　哲学概述　/001
　第一节　哲学的概念及其问题　/003
　　一、什么是哲学　/003
　　二、哲学的问题　/005
　第二节　哲学的主要形态及其发展　/014
　　一、中国哲学　/014
　　二、西方哲学　/019
　　三、马克思主义哲学　/025
　第三节　哲学的功用　/026
　　一、促进自觉思考　/027
　　二、指导实践活动　/028
　　三、提升人生境界　/033

第二章　本体论与求真之道　/039
　第一节　世界的本原　/041
　　一、唯物主义　/041
　　二、唯心主义　/044
　　三、唯物主义与唯心主义的相互斗争推动哲学的发展　/045
　第二节　世界的存在状态　/048
　　一、辩证法与形而上学　/048
　　二、唯物辩证法　/050
　第三节　对世界的认识　/055
　　一、人要认识什么　/055
　　二、人应该怎样认识　/061
　　三、正确的思维方法　/064

CONTENTS

第三章　道德哲学与向善之道　/081
第一节　道德与道德哲学　/083
一、道德　/083
二、道德哲学　/088
第二节　道德理论　/089
一、结果论　/089
二、非结果论　/092
三、德性论　/096
第三节　道德原则　/101
一、生命价值原则　/101
二、善的原则　/104
三、幸福原则　/107
四、正义原则　/112

第四章　美的哲学与审美之道　/125
第一节　美与美的哲学　/127
一、美　/127
二、美的哲学　/129
三、美的基本特性　/130
四、美的基本形态　/132
第二节　审美意识与审美范畴　/138
一、审美意识　/138
二、审美范畴　/140
第三节　美的创造与审美人生　/143
一、美的创造　/143
二、审美与人生　/150

第五章　科技哲学与文明之道　/161
第一节　自然观概述　/163
　　一、自然界的存在与演化　/163
　　二、自然观的演变　/165
　　三、人与自然的和谐发展　/170
第二节　科学观概述　/175
　　一、科学的本质、特征与价值　/175
　　二、自然科学与社会科学　/177
　　三、伪科学与反科学　/180
第三节　技术观概述　/184
　　一、技术的本质、特征与价值　/184
　　二、"天使与魔鬼"——技术"双刃剑"问题　/186
第四节　科学技术与社会协调发展　/190
　　一、科学技术与社会　/191
　　二、科学技术与社会发展的相互作用　/191
　　三、科学技术与社会协调发展　/193

第六章　人生哲学与修身之道　/203
第一节　人与人生　/205
　　一、人的规定性　/206
　　二、人的生命　/209
　　三、人生的主要问题　/213
第二节　中西方人生哲学　/216
　　一、中国传统人生哲学　/216
　　二、西方传统人生哲学　/221
　　三、马克思主义人生哲学：共产主义人生观　/228

CONTENTS

第三节　用智慧引领人生：青年的修身之道　　/228
　　一、青年阶段的人生观选择　　/228
　　二、青年阶段需要处理好的关系　　/229
　　三、青年阶段的修身之道　　/232

第七章　哲学思维与辩论之道　　/243
第一节　辩论概述　　/245
　　一、辩论的概念　　/245
　　二、辩论的历史渊源　　/246
　　三、辩论的类别　　/247
　　四、辩论的原则　　/249
　　五、辩论的作用　　/254
第二节　哲学家与辩论　　/255
　　一、濠梁之辩　　/256
　　二、公孙龙的白马非马辩　　/257
　　三、苏格拉底的精神助产术　　/258
第三节　辩论赛介绍与实战练习　　/260
　　一、辩论赛模式与规则　　/260
　　二、辩论赛的战略战术　　/264
　　四、实战练习　　/269

第一章 // 哲学概述

哲学是理性和科学的朋友,而神学是理性的敌人和无知的庇护者。

——狄德罗

学习要点

- 哲学是智慧之学,是系统化、理论化的世界观和方法论。
- 思维和存在的关系问题是哲学的基本问题。
- "在"、"真"、"善"、"美"、"人"是哲学的主要问题。
- 哲学的主要形态包括中国哲学、西方哲学、印度哲学、马克思主义哲学等。
- 哲学具有促进自觉思考、指导实践活动、提升人生境界三大功能。

故事导入

有个非常勤奋的乡下孩子,寒窗苦读十多年,终于考上了省城的大学,家人很自豪,乡邻也很羡慕。假期回家,父亲很高兴,邀请亲朋好友过来吃饭,一起热闹热闹。席间有人问:"你学的什么专业?"

"哲学。"

"哲学是什么?"

大学生解释了半天,大家都没听懂。他很着急,最后打了一个比方:"你们看桌上的这盘鱼,一般人看是一条鱼,学了哲学的人来看其实是两条,一条是肉眼所见的有形的物质的鱼,另一条是肉眼看不见的理念的鱼,它存在于人的大脑和精神中。"

这样越解释,众人越糊涂。父亲懊恼地说:"把你送去读大学,就读这些莫名其妙的东西!那好吧,我们吃这条物质的鱼,你就吃你那条理念的鱼吧。"

这则故事看似嘲笑那些学无所用、玄之又玄的书呆子,而实际上很好地揭示了人类对世界认识和把握的两种方式。一种是具象的把握。正如故事中的父亲和众人,他们用简单、直观的方式认识世界,认为客观世界是具体、真实的存在,日月星辰、山川河流、飞禽走兽都是具体直观、一目了然的,没什么奇怪。另一种是抽象的把握。正如学哲学的大学生,他们不仅要认识盘中真实有形的鱼,还要认识和研究抽象无形的鱼,从理论上、本质上把握世界。现实世界中"具体的鱼",根据不同分类方法,可以分为无颌类与有颌类、淡水类与咸水类、观赏类与食用类等共计三万多种,盘中的鱼仅是千千万万条鱼中的一条,它既是鱼,又不能完全代表鱼。因此,现实世界的鱼是个体的、具象的、局部的和不可靠的。而哲学的任务就是要探究那些虽然看不见、摸不着却最真实的东西。正如柏拉图的"理念论"认为,在我们的经验可到的现实世界之外,还有一个唯有通过精神和思维能够把握到的理念世界,它才是现实世界的根源。

《周易·系辞上》说:"形而上者谓之道,形而下者谓之器。"人们通过眼睛看到、耳朵听到、嘴巴尝到、四肢触碰到的东西,都是实实在在的、具体的经验所得,是"形而下"的器物,司空见惯;而哲学要研究的是超越人们经验的、抽象和本质的东西,即"形而上者",这就是"道"。前者形成知识和经验,后者形成智慧,哲学即是智慧之学。

那么,什么是哲学?人如何获得智慧呢?

理论概述

/ 第一节　哲学的概念及其问题 /

一、什么是哲学

"什么是哲学",或者说"哲学究竟是什么",这是哲学上最引人入胜而又最令人困惑的问题,也是千百年来无数的哲学家和思想家最感兴趣而又最为头痛的问题。对于一位哲学家来说,"最难回答"的问题恐怕就是问他"什么是哲学"。

哲学似乎什么都是,而又什么都不是;哲学无处可寻,可又无处不在。几乎自从有人类文明以来,哲学就与人类相伴相随。早在公元前6世纪,古希腊哲人泰勒斯就发出对人类自身以外的宇宙的追问:"万物是由何而成?"人类存在和活动的一切领域,无不存在着哲学问题和哲学思考。"哲学不是宗教,为什么它也给予人以信仰?哲学不是艺术,为什么它也赋予人以美感?哲学不是科学,为什么它也启迪人以真理?哲学不是道德,为什么它也劝导人以向善?难道哲学什么都是又什么都不是吗?"[1]

关于"哲学是什么"的问题,也就是给哲学定位、确定其在知识体系中的基本属性的问题。20世纪英国哲学家罗素在他的《西方哲学史》中说:"哲学,就我对这个词的理解来说,乃是某种介乎神学与科学之间的东西。它和神学一样,包含着人类对于那些迄今仍为确切的知识所不能肯定的事物的思考;但是它又像科学一样是诉之于人类的理性而不是诉之于权威的,不管是传统的权威还是启示的权威。一切确切的知识——我是这样主张的——都属于科学;一切涉及超乎确切知识之外的教条都属于神学。但是介乎神学与科学之间还有一片受到双方攻击的无人之域;这片无人之域就是哲学。思辨的心灵所最感兴趣的一切问题,几乎都是科学所不能回答的问题;而神学家们的信心百倍的答案,也已不再像它们在过

---

[1] 孙正聿.《哲学通论》(修订版).复旦大学出版社,2005年,第17页。

去的世纪里那么令人信服了。"①罗素认为,哲学是介乎神学与科学之间的一种学问,它要回答科学和神学都不能回答的问题。

沿着哲学发展史的路径,人们对哲学究竟是什么,有以下一些观点。

第一,哲学是"爱智之学"和"形而上学"。古希腊哲学家亚里士多德研究范围甚广,其学生安德罗尼科将其关于自然科学的著述编为《物理学》一书,而将其探究关于事物普遍本质的著述编为《物理学之后》,后来中国启蒙思想家严复借用《周易·系辞上》中"形而上者谓之道,形而下者谓之器"的术语将其译为《形而上学》。"形而下者"意为可感知、可经验、有形的"器",即自然之物,这是自然科学研究的对象;"形而上者"意为超感觉、超经验、无形的"道",即宇宙之道、世界本质、事物的普遍原理等,这正是哲学所要研究的。

第二,哲学是本体论。本体论的概念在欧洲中世纪已经出现,但是在17世纪德国哲学家沃尔夫那里才被详细论述和使用。本体论是指关于事物本原的学说,也即世界和宇宙的本质是物质还是灵魂和上帝。由于本体论研究最普遍、最一般的本质问题,因此,有人将本体论视为哲学的同义语。

第三,哲学是认识论。到了近代,西方哲学研究开始向认识论转向。以法国笛卡儿和德国康德为代表的哲学家认为,没有认识论的本体论是无效的。因为"世界是什么"的本体论问题已经不证自明,而面对同样的世界,不同的人会有不同甚至截然对立的哲学观。这说明认识主体的能力、方法、路径等至关重要,对世界的认识必须以对人的认识能力的反省为前提,哲学的任务就是研究人的认识。

第四,哲学是科学方法论。现代西方哲学中,以实证主义为代表的科学主义流派将哲学的任务归结为现象研究,以现象论观点为出发点,拒绝通过理性把握感觉材料,认为通过对现象的归纳就可以得到科学定律。他们认为,探究世界的本原是物质的还是精神的形而上学问题是徒劳的,哲学的目的就是为科学提供精确的方法和符合逻辑的命题。

第五,哲学是人本学和人学。与科学主义相反,人本主义者认为,人是唯一目的,人的存在问题是哲学研究的唯一使命。人的生命、存在、本质、自由、价值、意义、幸福与痛苦、意识与无意识、理性与非理性等,是哲学的终极关怀。中国传统哲学如儒学、道学等,都强调哲学是人的精神境界。梁启超说:"中国哲学以研究人类为出发点,最主要是为人之道。"而现代德国哲学家卡西尔说:"认识自我乃是哲学的最高目标。"他们都强调哲学的实质和最高目的是人。

第六,哲学是语言学。19世纪中叶以后,数理逻辑的成功给分析哲学家以巨大的鼓舞。穆尔、罗素、维特根斯坦推崇现代哲学的"语言学转向",认为有意义的哲学活动只是对语言进行分析。语言是文化的载体,哲学应透过语言来发现文化和文明的底蕴。从哲学发展的逻辑看,哲学家们首先思考这个世界(本体论),然后反思认识这个世界的方式(认识论),接着转向研究表达这种认识的媒介(语言学)。

第七,哲学是系统化的世界观和方法论。马克思主义哲学认为,具体科学研究局部世界

---

① [英]罗素.《西方哲学史》(上).何兆武、李约瑟译,商务印书馆,1963年,第11-12页。

的规律,而哲学面对的是整个世界,是对整个世界各个局部规律的高度抽象,探究的是世界最普遍、最一般的规律。哲学是对自然、社会和思维科学的概括和总结。

> 想一想:
> 哲学与其他各门具体科学有什么区别?

总之,不同时期的哲学家,根据各时期哲学研究的内容、目的、方法的不同,对"哲学是什么"有不同的阐释,为归纳和提炼哲学的本质属性提供了重要借鉴,开启了我们认识哲学的知识之门。

二、哲学的问题

(一)哲学的基本问题

所谓基本问题,就是最原初、最基础、最一般和首先要解决的问题。一般来说,哲学的基本问题是指那种规定着哲学的研究范围和主题,决定着哲学作为人类精神的最高形式、作为人类文化的核心,在其自身的存在和发展中具有根本意义的问题。在《路德维希费尔巴哈和德国古典哲学的终结》中,恩格斯做出了这样的结论:"全部哲学,特别是近代哲学的重大的基本问题,是思维和存在的关系问题。"①

1. 灵魂存灭——哲学基本问题的起源

(1)有神论。远古蒙昧时代,在原始人的意识中,就已经有灵魂与外部世界的关系问题,其中主要是灵魂与肉体的关系问题。由于原始社会生产力的落后和人类文明程度的低下,人们还完全不知道自然界的存在状态及其发展规律,也完全不知道自己身体的构造,还因为受梦境和幻觉的影响,常常误认为有两个"自我"存在:一个是肉体的活生生的"自我";一个是看不见、摸不着的灵魂的"自我"。用现在的话说,就是既有物质的自我,又有精神的自我。他们认为,精神的自我即灵魂是永远存在的,只不过有时候灵魂和身体合二为一,有时候灵魂会离开身体去自由地活动。这种观念既是人们自身情感认同的需要,如晚辈坚信死去的先人的灵魂始终存在并关照着自己,也是后来在阶级社会里,统治阶级渲染这种观念以维护自己统治的需要。

我国古代很早就有"灵魂不死"说。《中庸》开篇即说:"天命之谓性,率性之谓道,修道之谓教。"这里的天命就是上天之命,天神的旨意。那时候的人们认为,人是受天神主宰的。宋代理学家朱熹说:"人生初间,是先有气,既成形,是魄在先。形既生矣,神发知矣。既有形

---

① 《马克思恩格斯选集》(第4卷).人民出版社,1995年,第223页。

后,方有精神知觉。"他认为,人由形和神两部分组成,气与形体在先,精神知觉在后。

西方也有灵魂不死说。苏格拉底笃信神明,他在坐牢期间仍与朋友和弟子侃侃而谈,讨论灵魂的不朽和人生智慧等问题。他相信人死后灵魂会继续存在,而且可以获得生前得不到的正义。[①] 柏拉图由于受到奥尔菲神话传说和毕达哥拉斯学派的影响,尤其为他的老师苏格拉底的从容赴死所感动,不仅相信灵魂不灭,而且提出了六个不同的论证。他认为,灵魂和肉体有着完全不同的来源,肉体会死亡,而灵魂是不朽的。在他的理念论中,统摄诸理念的最高理念是"神",这个神是真、善、美的集中体现。到了中世纪,基督教哲学家更是推崇"灵魂不灭"论,他们强调圣父、圣子、圣灵"三位一体"。托马斯·阿奎那认为,人的灵魂是不朽的,而上帝是最圆满的存在。

双鬼侍母

水莽草是一种毒草,人误食会死。有人说吃水莽草而死的人会变成水莽鬼,只有找到同样死的人才可以脱生。少年祝生,到朋友家做客。时至仲夏,走在半路上口干舌燥,见一茶棚,于是上前讨茶喝。没想到,饮了寇三娘端来的水莽草茶,走到家中顿感腹中疼痛难忍,深恨寇三娘为脱生而害自己,并发誓说:"我死后也不让她脱生。"祝生死后,把已去投胎的寇三娘揪了回来,二人结为阴间夫妻。祝母因思念儿子,日夜哭泣。一天,祝生又听到母亲的哭声,于是说服寇三娘一同回人间服侍母亲。夫妻二人勤劳孝顺,日子一天比一天好。祝母知道儿子、儿媳是鬼,心里总不踏实,劝他俩再找替身。祝生说:"我不愿做那伤天害理的事,唯一希望就是把你服侍好,让你过上好日子。"就这样,祝生夫妻对母亲尽忠尽孝,直到母亲寿终归西。祝生夫妇的品格感动了天帝,天帝派一辆神车,把他夫妻二人接到天上,做了神仙。
(出自《聊斋志异》)

(2)无神论。任何事物都有另一面,这就是哲学的魅力。与有神论这一派哲学家不同,另一派哲学家认为,世界上根本不存在鬼神,灵魂不可能长存不灭。

《周易》中的"太极"生成万物说、《尚书·洪范》中的"五行(金、木、水、火、土)"生成万物说、《吕氏春秋》中的"太一"生成万物说,以及《管子·水地篇》的"水地"为万物之本原说等,均具有朴素唯物主义的性质,亦对后世产生了深远影响。

明末清初著名哲学家王夫之对宋明理学乃至整个中国古代哲学进行了批判总结,明确提出宇宙是由"元气"构成的物质实体。他说:"阴阳二气充满太虚,此外更无他物,亦无间隙,天之象,地之形,皆其范围也。"(《正蒙注·太和篇》)意思是宇宙间充满了物质性的阴阳二气,气是原始的物质的根源,除气之外别无他物,气构成了自然万物,气在宇宙间无所不

[①] 邬昆如.《哲学概论》.中国人民大学出版社,2005年,第383-384页.

在,无所不包。他认为,"气"普遍无限、客观实在而又永恒不灭。"理在气中"、"道不离器",只有阴阳二气才引起自然界的运动变化,鬼神是根本不存在的。

西方哲学里,否认灵魂和鬼神存在的也大有人在。古希腊早期自然哲学家的无神论思想相当丰富,他们提出,世界上的万事万物是由"土"、"水"、"气"、"火"等自然元素构成的。赫拉克利特说:"这个世界对一切存在物都是同一的,它不是任何神所创造的,也不是任何人所创造的;它过去、现在和未来永远是一团永恒的活火,在一定分寸上燃烧,在一定分寸上熄灭。"① 德谟克利特认为,世界由原子和虚空构成,原子构成万物是自行运动而来,并具有必然性,不需要神的力量。16世纪意大利哲学家布鲁诺继承了哥白尼的无神论思想,认为物质是世界的唯一实体,它是永恒的,不生不灭。推动物质运动的不是"精神实体",即不可能是神。那种认为"上帝给人不朽灵魂"的说法是荒谬的,因果报应、天堂地狱是虚妄的、不真实的,是中世纪神学给人加上的精神枷锁。中世纪以后,地理大发现和自然科学的大发展,为西方唯物主义哲学开辟了广阔道路。

总之,自从有文明以来,人类就在不断地探索宇宙和自身的奥秘,主观与客观、精神与肉体、物质与意识之间的关系问题,一直是人们孜孜以求的追问主题。从远古时代到近代社会,唯物论与唯心论、无神论与有神论两种根本对立的世界观,相伴产生,相互比较而存在,相互斗争而发展。

2. 思维和存在的关系问题——哲学基本问题的内容

> **小卡片**
>
> 所谓"存在",是相对于"思维"而言,是"物质"的同义词。物质是不依赖于意识而存在并能为意识所反映的客观实在。世界的本质是物质,意识是物质高度发达的产物。自然界和社会的一切现象,都是运动着的物质的各种不同的表现形态。"存在"还有另外一层含义,就是指"有"和"在",与"无"相对应,是对"无"的否定,指存在着的东西,既包括物质的东西,也包括精神的东西。
>
> 所谓"思维",是相对于"存在"而言,指意识、精神。而意识是指高度发达的特殊物质——人脑的机能和属性。意识是客观世界在人脑中的主观映像。人们一般也把精神当作意识的同义语,指人的内心世界,包括人的思想、意志、情感等有意识的方面,也包括其他心理活动和无意识的方面。有时候人们也把思维看作是理性认识,指人脑对客观事物能动的、间接的、概括的反映。

思维和存在的关系问题,也就是物质和意识的关系问题,是哲学的基本问题,它包括两

---

① 北京大学哲学系.《古希腊罗马哲学》.三联书店,1957年,第21页。

个方面的内容。

第一,思维和存在、精神和物质哪个第一性、哪个第二性的问题。对这个问题的不同回答是划分唯物主义和唯心主义的标准。凡是认为物质是世界的本原,坚持物质即存在第一性,意识即思维第二性,物质决定意识,存在决定思维的哲学,都是唯物主义;凡是认为意识是世界的本原,坚持意识第一性,物质第二性,意识决定物质,思维决定存在的哲学,都是唯心主义。

第二,思维与存在有无同一性的问题,也就是思维能不能反映存在、意识能不能反映物质的问题。对这一问题的不同回答,是划分可知论与不可知论的标准。凡是认为思维与存在具有同一性,主张世界是可以被认识的,就是可知论;反之,就是不可知论。

> **小故事**
>
> 我国古代就有许多关于月亮的传说,比如嫦娥奔月、吴刚伐桂、天狗食月等。日本的民间传说中,有一个关于月亮公主的故事。月亮公主名叫辉夜姬,是日本古老传说《竹取物语》中的主人公,据说是在月亮上诞生、尔后落入凡间的美貌女孩。有一天,一位伐竹子的老翁在竹子丛中发现了一个可爱的小女孩,便把她带回家去抚养。几年以后,小女孩长成妙龄少女,美貌举世无双,于是取名"辉夜姬",意思是说,美丽的女孩即使到了晚上也光彩照人。辉夜姬的美貌迷倒了无数的男子,许多公子王孙终日在老翁家周围徘徊,梦想娶她为妻。但辉夜姬对于意中人的要求颇高。上至皇帝下至王公贵族,没有一个符合辉夜姬的条件,只好知难而退。在中秋之夜,月宫使者来到人间,把辉夜姬接回到她本该属于的月球。从此,辉夜姬留给人们的只是无穷的遐想、美好的回忆。
>
> 东方也好,西方也好,古代的人们对月亮的神话传说,主要是因为生产力的低下和人们的认识水平有限,是人们不能正确认识到它只是太阳系中的一颗再普通不过的星球所导致的。人类历史发展到今天,人们认识世界的能力有了巨大的飞跃,对月球有了清醒、科学的认识。月球上不仅没有嫦娥、吴刚、桂花树,更没有辉夜姬。月球只是一颗发出清辉的荒凉的地球的卫星而已。

思维和存在的关系问题之所以是哲学的基本问题,首先是因为思维和存在的关系问题是一切哲学都必须回答的问题。一切哲学派别都首先必须做出回答:世界是什么样的?是物质的还是精神的?其次是因为研究和解决思维和存在的关系问题是研究和解决其他一切哲学问题的前提和核心。其三是因为思维和存在的关系问题是区分不同哲学派别的唯一标准。物质和意识的关系问题是各派哲学论争的集中点和根本分歧点,也是划分哲学基本派别的依据和标准。

(二)哲学的主要问题

根据哲学的产生及其发展演变史和人与世界的关系视角,可以把哲学的主要问题概括为以下几个方面。

1."在"——本体论或存在论问题

"世界是什么"的问题,是一切哲学家首先要回答的问题。对"世界究竟是什么"的追问与回答,也就是对"本体究竟是什么"的追问与回答。

在西方哲学那里,"本体论"或"存在论"对应的单词是 ontology,也有人把它翻译成"是论"。ont 是希腊文 on 的变化式,相当于英文的 being,ontology 也就是关于 being 的学问,而 being(to be)通常被译为"存在"、"有"或"是"。

现实生活中的各种"存在"都是非常具体真实的存在。比如"广州是在珠江口附近"、"李白是什么人"、"这是什么花"、"这块石头是什么"等,这些对于具体实质性存在的判断和追问,不是哲学的追问。哲学的追问不涉及具体的实质性存在,只涉及"形式"的追问,也即哲学的追问是从对具体的实质性存在的追问到形式的本质性存在的追问,是从具体化思维到形式化思维的超越。哲学的追问,不仅要追问"手机是什么"、"电脑是什么",还要追问"电器是什么";不仅要思考"人是什么"、"猫是什么",还要追问更高层次的"动物是什么"、"生物是什么"。总之,存在论哲学不是追问具体的存在,而是在种属关系上最高的、普遍性、整体性、形而上层次上对存在的追问。

早期希腊哲学家最初探讨世界的本原问题,把水、火、气、原子、数等看作是万物的本原。比如柏拉图用"相"(eidos,即理念)来概括事物的本质和共性,巴门尼德否认运动变化着的感性事物的真实性,认为只有不灭的、完整单一的不动的"存在"才是唯一真实的。他们已经实现了从个别到一般、从特殊到普遍的超越,可以算是早期形而上学存在论的萌芽。

中世纪的哲学家们发展了柏拉图、亚里士多德的理性存在论思想,建立起自己的基督教神学存在论。他们认为,上帝耶和华是唯一至高无上的神,是最高的至上的存在。

近代哲学本体论表现为理性论和经验论的"实体"论、"理念"论和"绝对精神"论三种思想体系,这是近代哲学研究"认识论转向"的必然结果。笛卡儿提出"我思故我在"的著名论断,表明西方哲学对自我意识的觉醒和主体性哲学的出现;经验论的典型代表洛克在肯定实体的同时,认为不同的物体有不同的特性,其作用于人的感官又会产生不同的感觉,因而人的理性能力是非常有限的;休谟在此基础上认为,以往哲学家所说的那些最高或最终的实体,如物质、心灵乃至上帝,都是理智所不可认识的,从而陷入不可知论;康德认为,在认识范围内不能解决存在论问题,理性能力或理性阶段要超越经验和知识的范围,去追求那无条件的绝对的东西如心灵、世界、上帝等,这就是传统形而上学所说的本体、终极存在;黑格尔既批评经验主义也批评理性主义,他认为意识的能动作用是客观活动,是绝对精神的活动,作为事物存在基础的绝对精神不是僵化不变的,而是辩证的、活生生的、能动的力量,它自身在不断变化的过程中展现世界万物,使之成为真实的存在。①

现代哲学对本体论和存在论的追问表现为向语言学研究和生存实践的转向。罗素和维特根斯坦等人认为,一切哲学问题都是语言逻辑问题,必须通过对语言的分析来解决哲学的存在论问题。如果概念、范畴有其指称的对象,它们就是有意义的;如果没有指称的对象,那就是无意义的、虚假的,不在哲学讨论的范围之列。以海德格尔为代表的人本主义哲学家认为,人的生命活动是有意识和意志的自觉活动,是人的生存实践活动,人与世界的关系首先体现在实践活动中,人在这种交互关系中展开自身,显现他们在世界中存在的意义。人要通过超越"存在者是什么"的问题去追问"存在本身"。

马克思主义哲学完全超越了传统哲学存在论和现代哲学存在论的观点,它以人和世界存在的辩证关系为基础论证感性的、生活实践的存在。一方面,人类通过生产实践活动改造世界,这种世界是现实的、实践的世界,而不是先天的、理念的世界;另一方面,人类通过生产实践活动改造着人自身,形成一定的社会关系(生产关系)。人是自然和社会的存在物,又形成、创造着自然和社会的存在。

总而言之,本体论作为一种探寻世界本原的终极追问,它所寻求的"本体"或"在",既是无规定性的、纯粹的存在,又是解释一切有规定性的"在者"的"在",还是规范人的全部思想与行为的"在",是存在论、认识论和价值论的统一。②

2."真"——认识论和逻辑学问题

认识论是关于人类认识问题的理论。它是探讨人类关于认识的起源、本质、界限、能力、结构、过程、规律和检验标准等问题的哲学理论。它与形而上学一起构成哲学理论的核心和基础。

最早的认识论思想发端于古希腊和中国的春秋战国时期。德尔菲神庙前殿墙上曾刻有"认识你自己"的神谕,苏格拉底甚是赞赏,他认为哲学就应该先从认识自己开始,并引出名垂千古的格言:"我只知道自己是无知的。"孔子强调,人要正确认识自己,"知之为知之,不知为不知,是知也"。

哲学史上,认识论的真正发展,出现在近代哲学的重大理论转向——认识论转向。哲学家们强调,哲学研究的中心工作应由存在论等本体论问题转向认识论。他们认为,古代哲学中的形而上学理论关于"存在是什么"、"世界的本原是什么"等问题的回答,很难确定是否确实可靠。只有首先解决诸如"认识的起源"、"认识的本质"、"认识的方法"、"认识的规律"、"认识的界限"、"检验认识正确与否的标准"等问题之后,才能正确地回答"世界的本原"等问题。

近代西方哲学认识论,主要表现为经验论与唯理论的对立。

---

① 庞学铨.《哲学导论》.浙江大学出版社,2005年,第79页。
② 孙正聿.《哲学通论》.复旦大学出版社,2005年,第148页。

经验论认为，人的一切认识（知识）都来自经验，来自人的感觉和体验。经验是知识的唯一来源。以洛克为代表的经验论哲学家认为，人要认识客观对象，经验不仅是唯一的基础和来源，而且是完全独立自主的基础。经验论者认为，唯理论者的"天赋观念"是不存在的，人只有通过经验积累才能获得科学知识，形成科学理论。

唯理论认为，从认识的根源和基础来看，认识是先天的、与生俱来的、依存于理性的。人类在感性认识的基础上，通过概念、判断、推理等形式形成具有普遍意义的知识。以笛卡儿为代表的唯理论哲学家认为，感觉经验是变动的、个别的、靠不住的。包括哲学在内的任何其他知识，特别是经验知

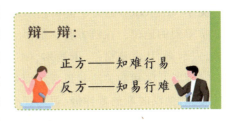

识，都必须自觉运用数学方法进行归纳和演绎，从而获得明晰的、普遍的和恒常的知识。唯有理性才是认识的基础，"我思故我在"。唯理论哲学确定了人作为认识主体的人格地位，弘扬了人的理性能力，也对经验论哲学关于认识的零散性、不确定性进行了批判。

3．"善"——伦理学和价值论问题

伦理学是关于道德问题的理论，是研究道德的产生、发展、本质、评价、作用以及道德教育、道德修养规律的学说。伦理学通常被分为两种：一般伦理学和应用伦理学。前者研究人类行为的合理性原则，主要是对诸如何种性质为善、何种选择为正确、何种行为是应受谴责的等最一般的问题进行批判性研究；后者研究具体的道德问题，用关于道德的一般原则来解释和说明我们面对具体道德问题时所应采取的正确立场。

苏格拉底强调善行、恶行在不同的语境里有不同的含义，任何概念都不是一成不变的，只有通过学习拥有知识才能做出准确的判断，所以"知识就是美德"。在他眼里，具体有条件的善不是真善，一般意义的善才是真善。亚里士多德在《尼各马可伦理学》中用"伦理学"（ethica）一词来表述关于人生完美和幸福的学问。在他看来，人生的目的就是幸福，幸福就是善，幸福就是美德。17世纪荷兰哲学家斯宾诺莎用几何学的方法来论述哲学问题，写成《伦理学》著作。他认为，伦理学所要达到的目标及其途径是，通过理智克制情感对人的奴役而达到自由，进而达到对神的理智的爱。1903年"现代伦理学之父"摩尔出版了《伦理学原理》一书，对伦理学进行系统研究和归类，用逻辑语言学的方法分析和论证道德话语体系，澄清传统道德话语体系中有关伦理学概念的谬误、混乱与歧义，使伦理学中诸如"善的"、"恶的"等术语的表达趋于严谨、规范和科学，开创了西方伦理学的新时代——元伦理学。

中国儒家伦理学以"仁"为核心，以仁、义、礼、智、信为基本内容，以忠孝廉耻为基本标准，以德性、修养为基本方法，形成一个庞大的道德哲学思想体系。而老庄的道家伦理哲学认为，无为的"道"是宇宙的本原和根本法则，人应该循道养德，清静无为，保持朴素自然、无知、无欲、无争的状态，这才是人之"常然"。老子主张"绝圣弃智"、"绝仁弃义"、"绝巧去利"，每日减损知识和欲望，而"复归于婴儿"。庄周则追求一种个性绝对自由的人生理想，主张通

过"心斋"、"坐忘"等神秘的"体道"工夫,去是非好恶之情,忘利害之端,超善恶之境,与天地并生,与万物为一的神秘精神境界。

4."美"——美的哲学问题

美学(aesthetics)是关于美和艺术问题的价值研究,在哲学领域尤其是西方哲学领域占有非常重要的地位。在西方哲学那里,从柏拉图、亚里士多德到康德、黑格尔,从马克思到拉法格、卢卡奇,从海德格尔、卡西尔、伽达默尔到所谓"后现代主义"者德里达、福柯和罗蒂,无不对"美"展开深切的关注和思考。而中国哲学史上,从以孔子为代表的先秦诸子,到战国时期的屈原,两汉时期的董仲舒、司马迁、王充,魏晋南北朝时期的嵇康、谢灵运,隋唐时期的韩愈、白居易,宋代的欧阳修、苏轼、程颢、程颐、朱熹,元代的汤显祖,明清时期的王阳明、黄宗羲、王夫之、王士祯、石涛、曹雪芹,以及近代以来的王国维、朱光潜、蔡仪、李泽厚等,他们通过诗歌、小说、戏剧、文学评论、哲学研究等形式,或专攻美学理论,或兼论美学修养,或论述理实之别,或研究形神关系,从不同侧面探究"美"与"善"的关系、"天人合一"的目标、"知行合一"的路径等。无论西方还是东方,哲学家们都对美的定义、美的形式、美的本质、美的存在、美的塑造与追求等进行了深入研究,构成了以"美"为核心的哲学层面的美学问题。

对于"什么是美",哲学家们能写出关于美的鸿篇巨制,却很难给"美"下一个准确的定义。柏拉图和黑格尔认为,"美"是理念,"美"是对"美的理念"的"分有";奥古斯丁说,美是上帝无上的荣耀和光辉;康德认为,"美"即是"善";叔本华认为,"美"是"意志"的客体化;弗洛伊德说,"美"是性的升华;车尔尼雪夫斯基说,"美"是生活;我国古代道家认为,"天地有大美而不言"。

美学的研究对象是什么?哲学家们形成了以下三种观点。一是美学的研究对象就是"美"本身。鲍姆嘉通认为,美学要讨论的问题不是具体的美的事物,而是所有美的事物所共同具有的那个美本身,那个使一切美的事物之所以美的根本原因。二是美学的研究对象是艺术。美学就是艺术的哲学。黑格尔认为:"美学的对象就是广大的美的领域,说得更精确一点,它的范围就是艺术,或毋宁说,就是美的艺术。"他认为美并非一般的现实美,而是艺术美。三是美学的研究对象是审美经验和审美心理。审美活动中人的精神通过感官而与客体形式或结构之间建立起某种愉悦的感觉联系,没有人内心的快感结构与外物的形式或结构之间的对应或变化,任何美感或审美体验都无从谈起。

关于美的本质。美是主观的或是客观的还是主客观统一的?对这一问题的回答,一直是美学研究的基础问题和中心问题。客观论者认为,事物的美是由其自身的客观条件所决定的,与主体的感觉判断没有关系。或者说,物质在前,意识在后。鲜花之所以美,是因为它本身就是美的,所以我们才感觉到它的美。主观论者认为,美不是起源于事物的属性,而是起源于人的心灵,只有人对审美对象产生愉悦的感觉和经验才有所谓美的问题。离开人的感觉,物就是一个纯粹的存在,无所谓美或不美。主客观统一论者则认为,没有绝对的客观之美和主观感受,二者根本不可分离,只有审美客体具有美的属性,审美主体具备审美意识,二者相互照映,美的感觉才能真正产生,脱离客观存在的美和脱离主观感受的美都是不存在的。

5."人"——人的存在与意义问题

人是世界的中心,是一切哲学的出发点和归属。人及其与世界的关系,是全部哲学问题的中心问题。

作为哲学范畴的人,其起源和本质,有多重理解。唯心主义者认为,人是由神创造而来。我国远古时期就有女娲造人的神话传说;西方基督教认为,人为上帝所造。唯物主义者认为,人是自然界的产物。我国古代的老子就认为,"道生一,一生二,二生三,三生万物",认为人是自然界阴阳交合的产物。近代机械唯物主义哲学家在反对宗教神学的斗争中,从人的自然属性上揭示人的本质,他们认为,人是自然界长期发展演化的产物,人是由动物进化而来,是一种具有更高感觉能力的动物,人的本质就在于人自身。马克思主义哲学认为,人是一切社会关系的总和。人的内在生命物质本体与特定的大脑意识本体构成整体的自然人,自然人通过劳动关系构成一个完整的社会关系,形成系统的外在矛盾关系。人性就此分为自然属性和社会属性,社会属性是人的本质属性。

人的存在包括作为自然人的存在和作为社会人的存在。作为自然的人,人类是自然界长期演化的产物。作为社会的人,人类是社会的存在物,是一切社会关系的总和。人类所具有的自然性和社会性的统一,表明人类是一种矛盾的存在。一方面,人类作为自然界长期演化进程中的特定环节,是自在的、自然的存在,这种存在统一于物质世界,物质世界是人类生存和发展的根据;另一方面,人类作为认识世界和改造世界的主体,又是自为的、自觉的存在。人类创造属于人自身的世界,人又是自己生存和发展的根据。人类既服从于自然的规律,又实现自己的目的,并以自身的社会实践活动而构成思维与存在、主观与客观、自然与历史的统一。这种对立与统一,构成了人的存在的全部内容。

人的意义是什么呢?人类自从进入文明社会以来,就在不断地追问自己:我是谁?我从哪里来?我要到哪里去?"认识你自己"成为人类追问自己存在意义的第一发问。苏格拉底认为,哲学不能单纯地研究自然,而不知道有用处的人事问题。不研究诸如虔诚、正义、勇敢等德性以及治国之道、统治者的品质等人的问题,而专注于猜测天上的事物,是不务正业,不通晓人事问题的人连奴隶都不如。亚里士多德认为,因此,人是天生的政治动物。康德从形而上学或本体论的高度来说明人存在的意义在于自由的实现。他认为"人是目的",人通过遵循"绝对命令"实现自由的目的。北宋著名哲学家张载对人生意义的理解,代表了我国古代仁人志士"以天下为己任"的人生追求。他认为,大丈夫应该"为天地立心,为生民立命,为往圣继绝学,为万世开太平"。马克思站在辩证唯物主义和历史唯物主义的角度,认为必须立足于社会历史现实、在人与世界的实践关系中把握人存在的意义。人的价值是自我价值和社会价值的辩证统一。只有发展生产力,使无产阶级由"自在的阶级"变为"自为的阶级",使人类社会由必然王国向自由王国迈进,人才能得到自由而全面的发展。

第二节　哲学的主要形态及其发展

哲学是开在人类智慧之树上的最高花朵。自有人类文明以来,世界各地的人们在生生不息的文化传承中,不断展开对自然、社会和人自身的追问,形成了一朵又一朵智慧之花。要对这些智慧之花进行分类是比较困难的,不同哲学家有不同分类标准。根据哲学研究的内容和对象来分,西方哲学史上比较普遍的是把哲学分为三类,即本体论哲学、认识论哲学和价值论哲学。现在也有人把哲学分为四类,即自然哲学(存在论)、认识论哲学(认识论、知识学、美学)、社会哲学(伦理学、政治哲学、经济哲学、历史哲学)和人生哲学。为便于初学者直观地了解哲学的形态和类型,这里按地域和大众思维习惯,简要介绍中国哲学、西方哲学、马克思主义哲学。

一、中国哲学

中国是世界四大文明古国之一,五千年文明延绵不息。中国哲学是中国"国学"的核心内容,也是世界哲学的重要组成部分。中国哲学博大精深,按照哲学体系的重要性和各个历史时期的特殊性,可以把中国哲学概括为孔孟儒学、老庄道学、墨家学说、魏晋玄学、隋唐佛学、程朱理学、陆王心学等。其中,儒家和道家学说是中国哲学思想中最主要的两大流派,对其后世各朝代的哲学思想影响深远。

(一)先秦哲学

1. 孔孟儒学

儒家学说,也叫儒家思想,是先秦诸子百家学说之一。最先由孔子创立,孟子、荀子等人加以丰富和发展,并由汉代董仲舒、南宋朱熹、明代王阳明等人加以传承与创新,逐步形成完整的儒家思想体系,成为中国传统文化的主流,对中国、东亚乃至全世界都产生了深远影响。这里仅介绍孔子哲学思想。

孔子,名丘,字仲尼,春秋末期鲁国陬邑(今山东曲阜)人。我国古代著名大思想家、教育家,被后世统治者尊称为"孔圣人"、"至圣"、"万世师表"等。据传孔子曾受业于老子,带弟子周游列国,有弟子三千、七十二贤人。其思想散见于其晚年修订的六经(《诗》、《书》、《礼》、《乐》、《易》、《春秋》)及其学生整理的《论语》等典籍中。孔子的儒家思想主要体现在以下几个方面。

(1)仁。仁即仁爱,是孔子儒家哲学思想体系的核心。樊迟问仁,子曰:"爱人。"(《论语·颜渊》)仁即爱、善的意思。在孔子看来,有仁慈之心,对人友善关爱,既是个人修身的基本要求,也是处理人与社会关系的道德准则。怎样才能做到仁呢？子张问仁于孔子。孔子曰:"能行五者与天下,为仁矣。""请问之。"曰:"恭、宽、信、敏、惠。"(《论语·阳货》)孔子认为,仁人应该具备五种品德:庄重、宽厚、诚实、勤敏、慈惠。仁体现在政治上就是"德治",体现在教育上就是"有教无类",体现在社会关系上就是人与人的相互尊重与平等。

(2)礼。指用纲常礼教来规范政治、社会秩序。德政是治国理政的最高境界。"克己复礼为仁。"(《论语·颜渊》)孔子在《论语·为政》里说:"道之以政,齐之以刑,民免而无耻;道之以德,齐之以礼,有耻且格。"意思是用政令来治理百姓,用刑法来约束百姓,他们只求能免于惩罚却没有廉耻之心;而用道德来教育百姓,用礼教去规范他们,老百姓不仅会有羞耻之心,而且能严格遵守。

(3)重义轻利。《论语·里仁》:"君子喻于义,小人喻于利。"《孟子·告子上》:"生,亦我所欲也;义,亦我所欲也。二者不可得兼,舍生而取义者也。"这种义利观,即将义放在第一位,而把物质利益放在第二位。

(4)中庸之道。"中庸之为德也,其至矣乎！民鲜久矣。"(《论语·雍也》)孔子认为,中庸是道德的最高境界,老百姓很久没达到这种状态了。

2. 老庄道学

老庄道学,即老子和庄子的道家哲学思想。道家哲学和儒家哲学并称中国文化的两大中流砥柱,对中国哲学影响深远。这里仅介绍老子哲学思想。

(1)道为万物之始的宇宙一元论。道为万物的本原,道生万物。"道生一,一生二,二生三,三生万物。"(《道德经》第四十二章)宇宙万物千千万万,但都只是一个"有"。"一"即是"有","二"和"三"则是"多"。而"有"生于"无"。

扫一扫了解
自然无为——
老子

(2)自然的不变规律。"无有为常",世间万物都是运动变化的,但决定万物变动的法则却是不变的。"自然而然",自然总是有其自身的规律的。"人法地,地法天,天法道,道法自然。"(《道德经》第二十五章)

(3)"无为而无不为"的处世方法。"无为"与"有为"相对立,意指不要刻意人为、加工、造作。

(4)"反者道之动"的辩证法思想。事物正反两方面的转化,既是事物的本性,也是宇宙的最高原理。

3. 墨家学说

墨子,名翟,春秋末期战国初期宋国人(也有学者认为是鲁国人)。墨家学派创始人,著名思想家、教育家、科学家、军事家。曾担任宋国大夫,著有《墨子》一书,在数学、物理、机械、军事等方面也颇有造诣。

(1)宇宙论。墨子在宇宙观上表现出唯心与唯物并存的二元论。一方面,他认为世界上是有鬼神存在的。《天志篇》《明鬼篇》强调世上有鬼神存在,神爱世人,神的心意就是要世人彼此相爱。"天"是有人格的最高主宰,它全知全能,无所不在。另一方面,他又认为,宇宙是一个有时空范围、由各个局部构成的统一整体。万事万物始于"有",而不是老子所说的"无"。因此,人应该"非命"、"尚力",要通过自己的力量与命运抗争。

(2)经验主义认识论。把"耳目之实"的直接经验作为认识的唯一来源。判断事物的有与无,不能凭个人的臆想,而要以大家所看到的和听到的为依据。为此,墨子提出著名的"三表法",即"有本之者,有原之者,有用之者"。

(3)政治哲学。即国家的权威有两个来源,一是民众,二是天志。国君顺民意和神意而产生,必须有绝对权威。"兼爱"(兼相爱)是墨子的政治理念与社会理想,非攻、节用、节葬、非乐等主张,也都是由此而派生出来的。"兼爱"即博爱,"兼即仁矣,义矣"(《墨子·兼爱下》)。墨子提出的"爱无差等",与孔子的"爱有差等"相反。

(4)逻辑与思辨思想。墨辩、因明学(古印度逻辑学)和古希腊逻辑学并称世界三大逻辑学。墨子大量运用逻辑推论的方法来建立或论证自己的政治、伦理思想。他强调"以名举实",注重类、故、理等逻辑推理的几个环节。

(二)两汉经学

儒家经典在后世被称为"经",研究儒家经典的学问就叫作"经学"。两汉时期,儒家学说经过新的整合取得了思想上的统治地位,而道家学说则成为影响最大的非正统思想。与此相应,在天人关系问题上,形成了以儒家思想为基础的天人感应观和以道家思想为基础的天道自然观。前者以董仲舒为代表,后者以王充为代表。这里仅介绍董仲舒的哲学思想。

1."大一统"论

"大一统"论即"大一统"是宇宙间最一般的法则,封建王朝必须遵循。只要不是儒家思想内容,不在"六艺"(即"礼"、"乐"、"射"、"御"、"书"、"数")之列的,都不许存在发展下去。只有思想统一才有统一的法度,百姓才有行为的准则,这样才能维护与巩固政治的统一。

2."天人感应"说

董仲舒在政治上论证专制统治的合法性和合理性,认为宇宙内的一切,从自然界到人类社会,都是照着天的意志而显现的,春、夏、秋、冬四季变化是天的爱、严、乐、哀的表现;天气的暖、清、寒、暑则是帝王的好、恶、喜、怒等。

3.以德治国

董仲舒提醒汉武帝不要好法术、刑名,不能重用酷吏和严刑峻法来加强统治,这样会给人民带来灾难和痛苦。应该缩小贫富差别,协调社会矛盾,让人民休养生息。

(三)魏晋玄学

玄学即老庄之学。《道德经》中说:"玄之又玄,众妙之门。"魏晋时代,玄学之风突盛,人们将《道德经》、《庄子》和《周易》并称"三玄"。魏晋玄学是指魏晋时期以老庄(或"三玄")思想为骨架,从两汉烦琐的经学解放出来,以自然为本为体,以名教为末为用,探讨"本末"的有无,即宇宙的本体问题,企图调和"自然"与"名教"的一种特定的哲学思潮。魏晋玄学的核心问题是名教与自然的关系。名教即"名分教化",指封建社会的礼乐制度和道德规范;自然即自然而然、自然无为,它是道的特性和法则。从道家的观点来说,名教属于有为的范畴,自然属于无为的范畴,二者是相对的。所谓名教与自然的关系,实际上就是纲常礼法与自然无为的关系。魏晋玄学是对汉末时期虚伪名教的扬弃和反叛,玄学家大多既崇尚老庄的自然无为,追求放任自由的生活方式,又不能完全背弃名教礼法,于是名教与自然的矛盾就成为他们必须解决的问题。在这个问题上,他们或偏重于自然,或偏重于名教,或将二者调和起来,于是形成各种不同的观点,这就是所谓"名教与自然之辨"。代表性的观点有:王弼的"名教本于自然"(统治者应当用自然无为的办法统治天下);嵇康的"越名教而任自然"(自律代替他律,万物要遵循自然规律与法则,顺应其自然本性发展);郭象的"名教等于自然"(自然不在名教之外,安于名教就等于顺从自然天性)。

(四)隋唐佛学

佛教与基督教、伊斯兰教并称世界三大宗教。佛教相传于公元前6世纪至前5世纪由古印度迦毗罗卫国(今尼泊尔境内)净饭王太子乔达摩所创,1世纪正式传入中国,魏晋南北朝是传入的初盛时期,隋唐时期佛学在中国达到鼎盛。唐王朝一直采取儒学为先、尊佛崇道的开放文化政策,促进了儒、佛(释)、道三教的冲突和融合,推进了三教思想文化的大发展。

作为一种宗教,佛教包括佛、法、僧"三宝"。"佛"指佛教的创始人释迦牟尼,也泛指一切佛;"法"指佛教教义;"僧"指信教的僧众。释迦牟尼创立的原始佛教教义,主要内容是"四谛"、"六道轮回"、"十二因缘"。宣扬人生是一个"苦海",由于人们的"无明"(愚昧无知)而引起了欲望、追求、反抗意识,从而造成了人生种种痛苦。只有通过修行,消除"无明",惩治个人的身心活动,方能脱离"苦海",进入"常乐我净"的"涅槃"境界。

在隋唐佛教诸宗派中,最富于思辨特色、对中国哲学发展影响很大的是唯识宗、华严宗和禅宗。唯识宗,也叫法相宗。创始人是玄奘,其代表作是《成唯识论》。玄奘信奉大乘佛教瑜伽行派的学说,特别注重对法相(事物现象)的分析。华严宗,创始人是法藏,其代表作是《华严经探玄记》、《华严经金师子章》等。华严宗将《华严经》奉为经典,主要阐述一切差别的事物之间都是交互含容、全息统一的,真心与妄念、本质与现象以及现象与现象之间都是相即相入、圆融无碍的。中国禅宗,实际创始人是慧能,主要经典是《坛经》。禅是一种修行的方法,指安静地沉思。禅宗关心三大问题:一是觉悟解脱是否可能,认为众生成佛的根据在于自己的本心;二是关于修行实践的方法,认为修行实践的活动应当是自主的,即"顿悟成佛";三是觉悟解脱的实践,认为觉悟解脱是一种豁然贯通而又一无所得的境界。

(五)宋明理学

儒学发展到宋明时期呈现鼎盛态势。经过长期战乱,统治者迫切需要医治战争创伤、发展生产力、重建社会秩序,因此儒家思想特别受到统治者青睐。由于宋明时期中国哲学的主要代表形态是理学,因此人们以"宋明理学"来称呼这一时期的哲学。此时期的哲学家尤以程颢、程颐和朱熹最为突出,故宋明理学有时又以"程朱理学"作代称。

宋明理学以不同方式为发源于先秦的儒家思想提供了宇宙论、本体论的论证,以儒家的圣人为理想人格,以实现圣人的精神境界为人生的终极目的,以儒家的"仁、义、礼、智、信"为根本道德原则,以"存天理、灭人欲"为道德实践准则,在不同程度上"援佛入儒"、"援道入儒"。宋明理学讨论的主要问题有理气、心性、格物和致知、主敬和主静、涵养、知行、已发未发、道心人心、天理人欲、天命之性与气质之性等。

按现代学术界的通常做法,宋明理学又可分为"气学"(以张载为代表)、"数学"(以邵雍为代表)、"理学"(以程颐、朱熹为代表)、"心学"(以陆九渊、王守仁为代表),此四派也逻辑地再现了宋明理学逐步深入的发展过程。在历史发展中,"理学"和"心学"是其中占主导地位的流派。

宋明理学中,陆王心学的影响特别大,这里稍多做介绍。

陆九渊,字子静,号象山,南宋著名理学家、思想家,宋明两代"心学"的开山之祖,代表作是《陆象山全集》。王守仁,字伯安,别号阳明,明代著名哲学家,心学的集大成者,著有《王文成公全书》,继承和发展了陆九渊的心学思想。由于二者都是理学中的一派——心学的集大成者,故虽相隔300多年,仍被人们合称为"陆王学派"或"陆王心学"。

陆九渊与朱熹同时代。二人在对儒学发展的过程中通过质疑和争论,分别阐述自己的心学、理学思想。陆九渊心学思想的核心是"心即理",也就是"心即性"。心既是宇宙本体,也是道德本体。"宇宙便是吾心,吾心即是宇宙。"(《陆象山全集》卷二十二)陆九渊在与朱熹讨论"为学之方"(道德修养方法)的问题上发生了激烈争论(即鹅湖之会),他认为道德修养在于人之本心,不必逐一格物。在对待儒学经典的态度上,陆九渊强调"六经皆我注脚",批评朱熹所强调的修养离不开研习经典的学风("我注六经")。

王守仁和陆九渊一样,是"心本论"者。他也认为"心即理",提出"心外无事"、"心外无物"、"心外无理"。他强调良知的重要性,认为既然心外无理,格物即是格心,致知就是致心中的良知。"良知"就是"天理",是孝、悌、忠、信等道德规范的基础。他主张"知行合一"说,反对程颐、朱熹的"知先行后"说,强调知与行不能割裂。"只说一个知,已自有行在;只说一个行,已自有知在","知行如何分得开"?(《传习录》上)"知行原是两个字说一个工夫。"(《答友人问》)

(六)清代实学

中国实学有广义、狭义之分。广义实学是指自先秦以来注重现实、经世致用的学问;而狭义实学则是指发轫于北宋中叶、昌盛于明末清初,针对明末居敬主静、明心见性的理学及"束书不观、游谈无根"的王学末流所造成的种种积弊进行理性反思和深层批判基础上形成的一股社会变革思潮。

明末清初,资本主义萌芽,社会矛盾尖锐。清朝统治者为维护统治地位,大力提倡程朱理学,思想、文化日益走向保守。明清之际的哲学家以清初三大儒黄宗羲、顾炎武、王夫之为代表,对宋明理学做批判性总结,以强调务实、注重实用的清代实学应运而生。在自然观上,强调"气"为存在之本;在社会历史观上,反对君主"私天下",主张实行民主民本政治;在人性论上,推崇先秦儒学倡导的大同、平等、自由、仁爱的伦理道德精神。清代实学重视科学技术,弘扬实践理性,吸收西方文化的精华,希望重振华夏文明的雄风。

(七)现代经验论哲学

19世纪中叶以后,伴随西方列强侵入中国,一方面,国家羸弱无力,四分五裂,适应统治阶级需要的传统哲学思想逐渐式微;另一方面,西方学术思想大量传入。以戊戌维新运动为标志,长期统治中国哲学的儒学思想发生动摇。启蒙思想家严复有感于中国传统思想无助于挽救民族危机和国家富强问题,将以儒家思想为代表的中国传统学术斥之为无用、无实之学,提出要以西方学术尤其是英国经验论为代表的新学,作为中国学术发展的方向。自此,一直到五四新文化运动时期,"西学东渐"、"洋为中用"成为中国文化思潮的主流。这一时期的代表人物有严复、王国维、胡适、冯友兰、金岳霖、梁漱溟、熊十力、牟宗三等。

二、西方哲学

西方哲学是指发源于古希腊,以欧洲为核心、以思辨为主要形式的西方民族的哲学。西方哲学是世界哲学的重要组成部分,与中国哲学、印度哲学并称为世界三大哲学。任何哲学都是自己时代精神的精华。伴随古希腊罗马时期城邦奴隶制和工商贸易的发展、中世纪宗教神学的繁荣、近代以来西方科技发展和工业革命等,西方哲学经历了古希腊哲学、中世纪哲学、近代西方哲学和现代西方哲学四个阶段。

(一)古希腊哲学

古希腊哲学也称古希腊罗马哲学,是西方哲学发展的最初形态。时间上从公元前6世纪到公元6世纪初,延续了一千多年,地域上从小亚细亚的希腊扩展到地中海沿岸地区。哲学家们探究宇宙本原,思索万物真实,诘问人生目的,内容丰富,气象万千,为人类的理论思维开辟了道路,给以后西方哲学的发展奠定了基础。古希腊哲学早期被称为自然哲学时期,包括米利都学派、毕达哥拉斯学派、爱丽亚学派和原子论者,他们重视对自然科学的研究。公元前5世纪,以苏格拉底为代表的古希腊哲学家的研究重点由自然转向人。公元前4世纪,古希腊哲学进入系统化时期,代表人物是柏拉图和亚里士多德,他们总结各派的哲学思想,创立了自己的哲学体系。

1. 古希腊早期哲学

米利都学派是古希腊的第一个唯物主义学派,因产生于伊奥尼亚地区的米利都城而得名。代表人物有泰勒斯、阿那克西曼德和阿那克西美尼,他们的共同其特点是从物质的具体形态中寻求世界的本原。泰勒斯认为水是世界的本原,水滋养万物,万物复归于水。阿那克西曼德认为只有"无定"这种存在才能解释火气水土、冷热干湿等物质现象及其变化。阿那克西美尼认为,"气"是万物的本原。毕达哥拉斯学派认为,"数"为万物的本原,"数"是众多的、不变的。因为一切事物的性质都可以被归结为"数"的规定性。而毕达哥拉斯则是第一个使用"哲学"这个词的人。爱利亚学派最基本的哲学思想是:世界的本原是不变的"一"。这一学派的奠基人色诺芬尼认为世界的本原是"土","一切都从土中生,一切最后又都归于土"。巴门尼德是色诺芬尼的学生,他把"存在"(being)作为真理的对象,第一次提出"思维与存在是同一的"这个命题,表现了人类认识从个别到一般的进步。芝诺是巴门尼德的学生,他坚持和发展了老师的存在论学说,认为"存在"是"一"而不是"多"。芝诺还提出了"二分法"、"阿基里斯与龟"、"飞矢不动"等著名悖论。

扫一扫了解古希腊三贤之首——苏格拉底

2. 苏格拉底的哲学思想

苏格拉底出身雅典的公民阶级,是古希腊著名的哲学家和教育家,柏拉图的老师。苏格拉底是第一个把哲学从天上拉回到人间的人。苏格拉底有以下观点。第一,唯心主义神学目的论。认为神有目的地创造了万物,万物也因追求一定目的而存在。人生的目的就是追求道德上的"至善"——神,人要达到"至善"就必须放弃物质欲望。第二,认识你自己。哲学不能只研究自然。他推崇"认识你自己"这句德尔菲神庙的铭句,认为不研究人的虔诚、正义、勇敢等德性以及治国之道、统治者的品质等人的问题,只猜测天上的事物都是不务正业。第三,德性就是知识。德性是过好生活或做善事的艺术,是一切技艺中最高尚的技艺。知善必然行善。第四,"问答法",即通过对话、诘问的方法探求真理。他"自知自己的无知",希望通过"助产术"的方法认识真理。

3. 柏拉图的哲学思想

柏拉图出生于雅典贵族家庭,是古希腊著名哲学家、思想家和政治家。他与老师苏格拉底、学生亚里士多德并称为古希腊哲学三贤。柏拉图提出以下观点。第一,理念论。理念是一切事物的本原。存在着两个世界:一个是理念世界,即"可知世界";一个是现实世界,即"可见世界"。理念世界是现实世界的原本、原因、原型。现实世界是理念世界的摹本或影子。第二,理想国。社会和国家起源于经济需要,个人的灵魂即人性由三部分——理性、意志和情欲,对应于三种道德——智慧、勇敢和节制,从而形成三个执行不同职责的等级(阶层):第一等级是少数统治者,第二等级是武士或军人,第三等级是平民。第三,灵魂回忆说。灵魂与肉体的区分是两个领域区分的延伸。正如世界有可见与不可见两种,人也有可见的形体和不可见的"内在的人"即灵魂。

柏拉图

4.亚里士多德的哲学思想

亚里士多德是古希腊百科全书式的科学家、哲学家、思想家,柏拉图的学生,亚历山大大帝的老师。他的著作涵盖许多学科,如物理学、形而上学、诗歌、音乐、生物学、动物学、逻辑学、政治学、伦理学等。亚里士多德哲学的基本特点是,动摇于唯物主义和唯心主义之间,也动摇于辩证法和形而上学之间,而归根到底又倒向了唯心主义和形而上学。亚里士多德提出以下观点。第一,第一哲学——形而上学。第一哲学即实体哲学,主要包括"实体说"、"四因说"、"潜能现实说"等。他认为,构成万物的实体莫过于水、火、土、气四种。第一实体是具体的个别事物,第二实体是第一实体的"属"和"种"。第二,第二哲学——自然哲学(物理学)。自然哲学包括本原(原因)论、运动论和灵魂论。本原是实物产生、存在和被认识的起点,运动是从潜能到现实的过程,灵魂是自然运动特别是生物运动的本原。第三,认识论。认识来源于感觉,感觉经验是认识的基础,认识的过程是从个别到一般,从感性认识到理性认识。第四,逻辑思想。亚里士多德是西方形式逻辑的奠基人。他第一次提出了逻辑思维的三个规律,确定了判断的定义及分类,制定三段论的规则和"格",研究了归纳和演绎两种推理。第五,社会伦理思想。"人是天生的政治动物",最理想的政体是君主制。"中庸"、"适度"是伦理的最高标准。

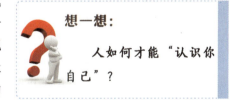

想一想:
人如何才能"认识你自己"?

(二)中世纪哲学

中世纪哲学一般指欧洲5世纪至15世纪的哲学。基督教哲学成为此时封建社会占统治地位的意识形态,哲学和科学成了基督教神学的"婢女"或工具。神与人、天国与世俗、信仰与理性的关系问题是中世纪哲学探讨的主要问题。

1. 早期的中世纪哲学

5世纪至11世纪,以古罗马思想家奥古斯丁为代表,称基督教为"真正的哲学"。认为世俗哲学家把人类智慧当作幸福,是不可靠、不真实的,上帝才是真理自身和人类真理的来源,这就是上帝存在的知识论证明。

2. 中期的中世纪哲学

11世纪至14世纪初期,教会学院的学者们以理性形式为教义做出各种证明和解释,产生了以抽象思辨和烦琐论证为特征的经院哲学。其所讨论的问题集中于唯名论与实在论之争。实在论以英国的大主教安瑟尔谟(也译为安瑟伦)为代表,主张只有普遍是实在的,普遍先于个别而独存。观念就证明存在,人既然具有神的观念,就证明神在现实中存在。唯名论以罗瑟林为代表,认为只有个别的具体事物才是真实的。13世纪后期,最著名的经院哲学家托马斯·阿奎那的哲学思想不仅是经院哲学的最高成果,也是中世纪神学与哲学的最大、最全面的体系。他认为哲学和神学有着共同的研究对象,从经验事实出发("后天证明"),而不是安瑟尔谟那种从完满观念出发("先天证明")来证明上帝的存在。阿奎那的形而上学把实体分为三类:最高实体上帝、精神实体和物质实体。他认为人类的至善是以上帝的至善为原因的结果,道德活动的终极目标不是幸福而是上帝。

3. 晚期的中世纪哲学

13世纪中晚期,英国唯名论者罗吉尔·培根就提出了全面系统改造经院学术现状的计划,认为实验科学是最有用、最重要的科学;14世纪初,城市手工业、商业进一步发展,市民阶级兴起,怀疑主义和人本主义思潮逐渐抬头。新唯名论创始人威廉·奥康(也译为威廉·奥卡姆)关心共相与殊相的区别,主张一切知识以事实为标准,宗教信仰的内容不应成为理性探究的对象。一切既无逻辑自明性又缺乏经验证据的命题和概念都必须从知识中剔出去,这一思想被比喻为"奥康(奥卡姆)的剃刀"。14世纪下半叶,哲学家们探讨的问题转向了神的一体三位之间关系、人的灵魂的功能、神是否预知人的自由意志的选择等,这反映出人们在神学体系中力求扩大人的地位的思想。

(三)近代西方哲学

近代西方哲学指15世纪中期至19世纪40年代的西方哲学。近代西方哲学又分为三个时期:一是过渡时期,即"文艺复兴"时期;二是近代哲学的中期,这个时期资本主义进一步发展,自然科学出现了分门别类的研究,现实世界成了可以由人类把握的对象,哲学的兴趣集中在主体与客体的关系、思维与存在的统一等问题上;三是自18世纪末康德哲学以后的时期。

1. 文艺复兴时期的西方哲学

文艺复兴运动和宗教改革运动,使经院神学与哲学在意识形态中失去了统治地位。人们的思想从空幻的彼岸回到了现实的此岸,从清净的僧院走到了纷扰的尘世,从而发现了自然,也发现了人自身。"人的发现和世界的发现"成为这个时期的两大主题。[①] 这一时期出现了两大思潮。

一是人文主义思潮。主张以人为中心,一切为了人的利益。它研究古代文化和各种哲学流派,是以资产阶级人道主义为核心的反封建、反神学的新文化运动。主要代表人物有意大利的但丁、达·芬奇,西班牙的塞万提斯,荷兰的爱拉斯谟,法国的蒙台涅、拉伯雷,以及英国的莎士比亚等。他们用文学、艺术等手法强调人的尊严、才能和自由,主张以人性反对神性,以人权反对神权,以提高自由、平等和个性解放。

二是唯物主义思潮。1543年,波兰天文学家哥白尼发表太阳中心说,实现了自然科学史上的一次伟大革命。自然科学宣布脱离神学走自己独立发展的道路,从而推动了西方哲学的发展。自然哲学的代表人物有库萨的尼古拉、特勒肖、康帕内拉和布鲁诺等人,他们用自己的唯物主义反对经院哲学的唯心主义,用经验观察的科学方法反对经院哲学的推演方法,用辩证法的思想反对经院哲学的形而上学,强调人们所认识的自然是和谐的自然、能动的自然和经验的自然。

2. 中期的近代西方哲学

17世纪至18世纪末,是近代西方哲学的中期,这个时期被称为"理性的时代"。近代自然科学的勃兴,使人类可以科学地把握现实世界,主客体关系、哲学研究方法成了近代哲学研究的主要内容,哲学认识论出现了经验论与唯理论之争。经验论思想源于中世纪的唯名论,认为哲学的研究方法只是以实验、观察为基础的归纳法,知识只限于感官经验中的东西,代表人物是培根、霍布斯、洛克、巴克莱和休谟。唯理论思想源于中世纪的实在论,依据数学演绎法,认为思维独立于感官经验,思维可以把握超经验的东西,代表人物是笛卡儿、斯宾诺莎、莱布尼茨和沃尔夫。笛卡儿是二元论哲学的典型代表和近代唯理论的奠基人,他坚持统一的科学观,认为所有科学门类都统一于哲学。哲学是一棵大树,树根是形而上学,树干是物理学(自然哲学),树枝是医学、力学、伦理学等应用科学。他坚持二元论的世界观,用普遍怀疑方法得到"我思故我在"这个命题——第一原理。

3. 晚期的近代西方哲学

18世纪后期到19世纪中期的德国古典哲学是晚期近代西方哲学的典型代表。以康德、黑格尔为代表的哲学家们建立了自己宏伟的哲学体系。康德的批判哲学对经验论和唯理论的总结和黑格尔对以往哲学体系的总结,标志着西方哲学进行了一次大的飞跃。

---

① [奥]布克哈特.《意大利文艺复兴时期的文化》.何新译,商务印书馆,1979年,第280-302页.

康德是德国古典唯心主义哲学的创始人、不可知论者,其代表作有《纯粹理性批判》《实践理性批判》和《判断力批判》等。康德的哲学思想主要如下。第一,二元论的存在论。康德坚持思维和存在、主体和客体的二元论。他认为,人类认识的进行,不仅必须先假定有一个作为先天认识能力及其知识形式的来源和基础的人类自我意识的"主体"或"自我",而且还必须同时先假定一个在人的意识之外客观存在的"自在之物"的"客体"或"对象"。这两者都是人类认识必需的先决条件或前提。第二,"哥白尼式革命"。康德不仅对莱布尼茨-沃尔夫派的唯心主义和牛顿的形而上学思想进行了批判,而且颠覆了传统哲学研究知识和规律的思维路径。康德的"哥白尼式革命"认为,科学知识的真理性即普遍必然性不能来源于经验,而只能是先天的。问题在于我们如何能够先天地认识对象。不是知识符合对象,而是对象必须符合知识,即符合主体的先天认识形式。第三,认识论上的不可知论者。康德认为,"自在之物"在彼岸世界,现象在此岸世界,两个世界之间横着一条不可逾越的鸿沟,人的认识能力是有限的,人只能认识"现象",不能认识"自在之物"。他强调,要通过"先天综合判断",即用先天形式去整理后天的感觉经验材料,才能构成科学知识。第四,信仰主义的伦理学。他认为,只有在彼岸世界才会得到意志自由,才会真正有道德行为。而道德的最高原则是善良意志,道德行为必须遵守"绝对命令"。

黑格尔是德国古典唯心主义哲学的完成者,他建立了一个庞大的客观唯心主义体系,完成了唯心辩证法的创造,对欧洲哲学思想的发展做出了重大贡献。其主要思想集中在《精神现象学》《逻辑学》《法哲学原理》等著作中。黑格尔的哲学思想主要如下。第一,唯心主义存在论。黑格尔批判了康德割裂思维和存在关系的不可知论,在唯心主义基础上建立了"思维和存在同一性"的学说。他认为,思维决定存在,绝对精神是世界的本原。第二,唯心主义辩证法。黑格尔哲学最重要的成果就是辩证法。黑格尔在唯心主义基础上,在西哲史上第一个全面叙述了辩证法的一般运动形式。他认为,发展是从量变到质变的运动,哲学所唯一把握的真理就是联系、发展和矛盾,他把辩证的否定称之为"扬弃"。第三,唯心主义认识论。黑格尔把绝对知识的发生解释为一个从低级到高级的发展过程,经历了意识、自我意识、理性、精神等阶段,最后达到绝对知识。第四,社会历史观。黑格尔第一次从客观唯心主义的辩证法出发,认为形形色色变化多端的历史实践和现象背后必然遵循"普遍法则",而理性则是"自然界的内在规律和本质",历史是一个不以人的意志为转移的合规律的过程。

(四)现代西方哲学

现代西方哲学是19世纪中叶以来主要流行于西方世界的各种哲学流派的总称。现代西方哲学一般指黑格尔之后至今的西方哲学,其特点是新流派众多、思想方式变化深刻、与现代科技与人文众学科的关系密切。现代西方哲学按地域可分为英美哲学和欧陆哲学,按本质特征可分为唯科学主义和人本主义两大阵营,按流派可分为新经院哲学、新黑格尔主义、新康德主义、意志主义、实用主义、分析哲学、现象学、存在主义、解释学、西方马克思主义、结构主义等,按研究对象又可分为语言哲学、科学哲学、政治哲学、社会哲学、生命哲学、存在哲学、道德哲学、艺术哲学等。

19世纪中叶到20世纪初,西方资本主义从自由竞争进入垄断阶段。20世纪以来,俄国十月革命的胜利和社会主义阵营的出现,标志着人类历史进入新时期。二战后,西方社会出现了短暂的经济繁荣,继之而来的则是经济停滞和社会动荡以及与之相应的各种社会矛盾和精神危机的深化。与此同时,自然科学和技术科学在西方得到了巨大发展。19世纪末至20世纪初,演绎逻辑的形式化使数理逻辑成为科学知识系统化和哲学研究的重要手段;物理学中相继出现的相对论和量子力学,及其引发的科学技术革命,使科学概念结构发生了根本性的变化,表明人类的认识在宏观世界和微观世界两方面都有很大的进步。20世纪六七十年代出现的科学技术革命,更加扩大了人类知识的领域,呈现出现代科学技术发展综合化、整体化的趋势。各种新的社会矛盾交织和现代自然科学的新发展,都直接或间接地反映在现代西方各流派的哲学之中。

叔本华的生存意志论认为,意志是世界的本质,人的全部活动都受生存意志的支配。"一切客体都是现象,唯有意志是自在之物。"①人的躯体是自我意志的表现,动物和植物的各种活动都受生存意志的支配,整个大自然以及无生命的事物都不例外。杜威建造了实用主义的理论大厦,他认为知识或经验是人所特有的接受刺激和给予反应的方式,他反对传统的灌输式教育方法,认为"教育即生活","学校即社会"。罗素的分析哲学认为,"所有健全的哲学都应从命题分析开始,这是一个无须证明的自明真理"。通过将哲学问题转化为逻辑符号,哲学家们就能够更容易地推导出结果,而不会被不够严谨的语言所误

扫一扫了解
存在主义哲学家
海德格尔的
生平与思想

导。哲学家的工作就是发现一种能够解释世界本质的理想的逻辑语言。作为罗素的学生,维特根斯坦认为,语言是关于世界的图式,语言的意义在于描述世界。哲学的任务就是要通过纠正对语言的误解来消除哲学问题。萨特反对一切形式的决定论,强调存在先于本质。他认为,人的自由先于人的本质,人的本质不是类本质,决定人的本质的存在是一个自由选择的过程,人的任何存在状态都是人的自由选择。弗洛伊德通过出版《梦的解析》一书,阐述了他的精神分析的方法和人格学说。他认为,梦的本质是潜意识愿望的曲折表达,人格由本我、自我和超我三部分组成。

三、马克思主义哲学

马克思主义哲学也叫辩证唯物主义和历史唯物主义,是关于自然、社会和思维发展一

---

① [德]叔本华.《作为意志和表象的世界》.石冲白译,商务印书馆,1982年,第165页。

般规律的学说,是科学的世界观和方法论,是马克思主义的三个组成部分之一。由马克思和恩格斯在19世纪40年代创立。它是人类历史发展和哲学发展的必然产物,是哲学上的伟大变革。尽管产生于欧洲,在地域上属于西方,但由于其深刻的思想内容和普遍的指导意义,尤其是对苏联、中国社会主义革命和建设的巨大指导作用,因此单独作为一个类别列出。

马克思主义哲学以社会实践观点为基础,科学地解决了思维和存在的关系问题,创立了唯物史观,实现了唯物主义和辩证法的统一,唯物主义自然观和历史观的统一,以及唯物主义认识论、逻辑学和本体论的统一。它是吸收了几千年来人类思想和文化发展中的优秀成果,尤其是在批判地继承吸收德国古典哲学、英国古典政治经济学以及法国和英国的空想社会主义合理成分的基础上,在深刻分析资本主义社会的发展趋势和科学总结工人阶级斗争实践的基础上,创立并发展起来的。它强调不仅要科学地解释世界,更重要的是在于改变世界。

马克思主义哲学的主要观点包括以下几个方面。第一,辩证唯物主义的物质观。世界是物质的,物质的唯一特性是其客观实在性,物质第一性、意识第二性,物质与运动不可分。第二,唯物辩证法。物质世界是普遍联系和永恒发展的,矛盾是事物发展的动力。第三,唯物主义认识论。认识是主观见之于客观的实践活动,实践是检验真理的唯一标准,认识过程具有反复和无限性。第四,社会历史观。社会存在决定社会意识。人类社会有其自身发展规律,生产方式在社会发展中起决定作用。人民群众是历史发展的主体。人的全面发展是共产主义社会的本质特征。

马克思主义哲学的科学性、实践性和革命性特征,使它成为科学的世界观和方法论,成为指导无产阶级革命的强大思想武器,一百多年来的革命实践充分地证明了这一点。尽管随着社会的发展和时代的进步,当今社会呈现出经济、政治、文化思潮的多元化态势,但马克思主义哲学的强大生命力和当代价值不容否定。

第三节 哲学的功用

哲学的功用不是表现在它的实用性上,而是表现在它的间接指导作用上。哲学虽然不能烤出面包,但却能教人知道为什么要吃面包。哲学教人烤出的是精神面包,滋养的不是肉体而是灵魂。哲学能够提供和坚定人的人生信念;哲学能够培养人的宽容精神;哲学可以提高人的理论素质;哲学具有世界观和方法论上的指导作用;哲学可以帮助人们建立批判性的思维方式等等。正因为如此,才有罗马哲学家西塞罗的慨叹:"哲学!人生的导师,至善的良友,罪恶的劲敌,假使没有你,人生又值什么!"

一、促进自觉思考

小卡片

法国哲学家、数学家、物理学家,近代概率论的奠基者帕斯卡尔在他撰写的哲学名著《思想录》里有一段名言:"人只不过是一根苇草,是自然界最脆弱的东西;但他是一根能思想的苇草。用不着整个宇宙都拿起武器来才能毁灭他;一口气、一滴水就足以致他死命。然而,纵使宇宙毁灭了他,人却仍然要比置他于死命的东西高贵得多;因为他知道自己要死亡,以及宇宙对他所具有的优势,而宇宙对此却是一无所知。因而,我们全部的尊严就在于思想……"

正如帕斯卡尔所说,思想形成人的伟大。人与动物的本质区别就在于人有思想。有了思想,人才会去考虑人生的意义和价值。因此,思想是人的本质规定和存在方式。人之为人者决定了我们必须要有思想上的追求。而哲学可以帮助人进行自觉的思考,使人成为真正思想自由的人。

人是有思想的动物,人们的学习、工作和生活离不开思考,而思考又借助于一定的思维方式进行。为了使人的思考具有合目的性和规律性、具有真理性和创造性,学习哲学是关键。哲学是思想的产物。哲学起于惊讶,而惊讶就是人们思考的表现。不过哲学不会止于惊讶,它要在惊讶的基础上展开对对象的进一步思考、分析,形成理论化、系统化的思维结果。笛卡儿的哲学思想直接冠名为《第一哲学沉思集》;康德的"三大批判"也是对如何思考的一种探索;黑格尔的《逻辑学》为我们提供了辩证思维的模型;马克思主义的辩证唯物主义和历史唯物主义把辩证思维提到了更高的水平。冯友兰对哲学有过精辟的论述:"哲学是人类精神的反思。所谓反思,就是人类精神反过来以自己为对象而思之。人类的精神生活的主要部分是认识,所以可以说,哲学是对于认识的认识。对于认识的认识,就是认识反过来以自己为对象而认识之,这就是认识的反思。"[①]哲学是人类的高层次的精神反思,它能锻炼人的思维水平,自觉培养人们理性思维的习惯,形成客观的、全面的、真理性的认识。

反思具有事后性。黑格尔在谈论反思时,经常使用"后思"一词。在黑格尔那里,哲学就是一种反思性的认识活动,而且是指认识主体事后对既有的经验和现实对象的思考。如果没有既有的经验和现实对象,哲学也就无法进行反思。正是由于反思的后置性,黑格尔把哲学比作直到黄昏才起飞的猫头鹰。他说:"直到现实成熟了,理想的东西才会对实在的东西

---

① 冯友兰.《中国哲学史新编》.人民出版社,1982年,第9页。

显现出来……密纳发的猫头鹰要等黄昏到来,才会起飞。"①

反思具有超验性。反思是一种超越经验的思维活动。因为反思是以"思想"为对象的思维活动,思想本身已经是源于经验又超越经验的理性认识,因而对于思想的思想,就应该不是沉于经验的表象思维或超于经验之外的形式思维,而是超于经验之上的关于经验内容的思考。

反思具有批判性。"反思"一词本身含有反省、内省之意,是一种贯穿和体现批判精神的思考。哲学反思,就是把"思想"作为"问题"予以追究和审讯的思维方式。批判是人类特有的活动方式,它包括观念形态的精神批判活动和物质形态的实践批判活动这两大批判形态。哲学批判不等于简单地批评,更不是粗暴的政治批判。哲学批判是对某种观点、信念、理论、生活或社会现实进行审查,揭示真假、善恶、美丑,也就是对于物质现象世界和人类思维领域的存在的合理性问题的思考,它包括审视、分析、判别等一系列活动。

二、指导实践活动

哲学作为究天人之际、判万物之理的智慧之学,是应人们对客观世界探求的需要而产生的。它对人类实践的指导,不是单个的、具体的、微观的,而是全局的、抽象的、宏观的。它的指导,主要是在世界观和方法论方面的指导。哲学作为世界观,是从总体上指导人们如何正确认识和妥善处理、驾驭自己同外部世界的关系;哲学作为方法论,是给予人们认识世界和改造世界最一般的方法,帮助人们按照客观规律来认识和改造世界。

(一)指导社会变革

哲学思想和观念往往同社会现实活动密切联系在一起,在社会变革中起着非常重要的作用。哲学不是超脱于客观世界之外的空中楼阁,其任务不仅仅在于认识世界、解释世界,更重要的在于改变世界。随着人类社会实践的多样化、社会变革速度的急剧加快和社会结构的复杂化,哲学思维对于社会发展的指导作用会越来越突出,并成为人们思维不断创新、社会不断发展的一个非常重要的精神动力。

1. 指导人们树立社会理想,确立价值导向

人类的实践活动是有目的的改造自然和社会的活动。哲学作为对人类实践活动起指导作用的思维活动,它不仅以现实批判的方式对时代和社会产生否定性影响,而且通过构建理想的方式对时代和社会产生建设性影响。现实批判只是实现社会功能的手段,构建理想、引导社会进步才是哲学社会功能的最终归宿。树立社会理想和确立价值导向,是事关全局和

---

① [德]黑格尔.《法哲学原理》.商务印书馆,1979年,第14页.

人类发展的大事,不是心血来潮的感性直观,而是深思熟虑的理性把握,它必须通过微观与宏观、历史与现实的哲学考量。中国古代的大同社会、近代孙中山的"天下为公"、当代中国的社会主义,体现了不同时代中国人的理想政治追求。而柏拉图的理想国、托马斯·阿奎那的上帝存在的证明、霍布斯的社会契约论、黑格尔的现代国家理论等,对西方社会的理想追求也起到了指导作用。

2. 指导人们解放思想

思想观念取决于人的思维方式,本质上属于哲学问题。解放思想就是要摆脱习惯势力和主观偏见的束缚,以创造性的思维来解决实践中出现的新问题。在人类的社会实践过程中,要真正做到实事求是地回答和解决实践中提出的问题,就必须提高认识能力,开辟认识新领域,客观地、全面地、深刻地认识现实。这就需要解放思想、改变观念。思想的解放程度,决定社会发展和进步的程度。哲学作为"自己时代精神的精华",以其特有的思辨性、前瞻性和洞察力,为人们提供正确认识世界的思维方法和理论根据,指明时代特征和历史发展方向,帮助人们不断进行反思和批判,研究新情况,冲破传统习俗和模式的阻力,解决实践中出现的各种新问题。毛泽东提出实事求是,开辟中国革命和建设的正确道路;邓小平提出实践是检验真理的唯一标准,建设中国特色社会主义,体现了马克思主义哲学的重要指导作用。

井冈山会师

南方谈话

(二)指导科学研究

1. 为科学研究指明正确的方向

科学研究是以科技工作者为主体所进行的一项认识自然界客观规律的社会活动。在科学研究过程中,科学家不可避免地会遇到种种世界观、自然观、物质观、科学观和价值观之类的问题,这些问题或直接或间接地制约着科学家科学研究方向的选择。世界的物质统一性原理是马克思主义哲学大厦的基石,是辩证唯物主义世界观的核心,也是科学研究的理论基础。

> **哲人哲语：**
> 相信有一个离开知觉主体而独立的外在世界，是一切自然科学的基础。
> 相信世界在本质上是有秩序的可知的这一信念，是一切科学工作者的基础。[①]
> ——爱因斯坦

正是对世界的客观实在性、物质统一性和规律性的认识和坚定信念，指引着科学家进行艰苦的研究工作并得出正确的结论。爱因斯坦从事科学研究的前提和世界观基础，就是始终坚信世界的物质统一性，因而创立了狭义相对论和广义相对论。德国物理学家普朗克始终坚信："感觉世界的后面，还有另一个实在世界的存在。实在是独立于人类而存在。"正是这一彻底的、科学的唯物主义信念，支持着普朗克向科学的高峰挺进，并使他最终成了量子力学的创始人。奥斯特在世界统一性观念的鼓励下，尝试把电与磁的现象联系起来，并最终导致了电流磁效应的发现。门捷列夫在坚信元素性质必定具有一定规律性的思想指导下，最终发现了元素周期律。

2. 为科学研究提供辩证思维的方法

科学家在科学研究中所运用的方法，要么是从前辈或同行那里学习来，要么是在实践中摸索、总结出来，要么是从其他学科中学习和借鉴来。哲学的思维方法对其他学科进行科学研究有重要的指导作用。科学研究作为人们的认识活动，不是简单地对事物现象的描述，也不能仅仅停留在事物的表面，而是要透过现象深入本质，发展规律。要达到这个目的，就要对现象进行思维加工，去粗取精，去伪存真，运用概念、判断和推理，对材料进行缜密的分析和综合。显然，这个分析和认识过程，是离不开理论思维即哲学的指导的。

3. 为科学研究提供认识论的方法

科学研究是人的认识活动，它必然服从人的认识发展的一般规律。科学家靠近哲学，总是与解决他们科学研究中的认识论问题结合在一起的。认识运动的总规律启示着科学家们在实践中发现真理、证实真理。尤其是在科学发展的危机时期，马克思主义认识论能启示科学家坚信真理的客观性和绝对性，能指引他们"拨开迷雾"，进而找到发现真理的科学途径。19世纪以来，物理学上除了物质结构新发现理论外，还出现了许多重大突破，很多科学家陷入迷茫，"危机"的出现使科学真理是否存在受到了怀疑。荷兰物理学家洛伦茨由于受形而上学思维方式的束缚，他绝望地叹息："真理已经没有什么标准了，也不知道科学是什么了！"爱因斯坦则自觉寻求唯物辩证法的帮助，他清醒地认识到："物理学的当前困难，迫使物理学

[①] 爱因斯坦.《爱因斯坦文集》(第1卷).许良英等译,商务印书馆,1976年,第284页.

家比其前辈更深入地掌握哲学问题。"正是在辩证唯物主义认识论的指导下,爱因斯坦澄清认识,摆脱困境,以创新的胆略和气魄,对自己的新发现做出了新的理论概括,创立了狭义相对论和广义相对论。

(三)指导管理活动

> **哲人哲语:**
> 倘若哲学家不能成为管理者,那么管理者必须成为哲学家。
> ——克·霍金森

1. 为管理者提供世界观和方法论指导

管理者的管理活动(计划、组织、指挥、协调、控制、评价等)实质上是包含一系列权衡、判断、分析和选择的思维过程,在这个过程中起主导作用的是管理的理念、价值观和思维方法等。管理哲学对管理者起着潜移默化的支配作用,并外化为特定的管理风格。管理哲学决定着管理行为和管理关系的性质,引导着管理方向,因而从根本上决定着管理的效果。

我国传统哲学中,蕴含着丰富的管理思想。比如,"以人为本"的管理思想。"以人为本"的思想是老子哲学的重要内容。老子认为:"故道大,天大,地大,人亦大。"(《道德经》第二十五章)意思是宇宙中有四个"大",而人是其中的一个。老子把人的地位等同于天地,这充分反映了老子的"以人为本"思想。政治家管仲提出的治国术就是"以人为本"。关于发挥人的主观能动性,荀子提出:"天有其时,地有其财,人有其治",认为人应该利用天时与地利,发挥自己的主观能动性。关于管理者的素质问题,古代先哲认为,"正人必先正己",领导者的道德素质非常重要,"道德教化"和"正己正人"才是正确的管理方式。

2. 促进管理者思维能力和水平的提高

管理活动是一项综合性的活动,它需要管理者具备各方面的能力和素质,比如洞察力、组织策划能力、预见能力、决断能力、分析判断能力等。这些能力的养成,除了管理实践锻炼外,更是需要管理者具有足够的管理智慧。哲学能够培养管理者良好的思辨能力去应对来自各方面的挑战。对管理思维、管理方法和管理价值观等有着深刻理解的管理者,在把握管理过程时显然可以期望更高的境界、更大的成就和更辉煌的前景。作为管理者和领导者,要有全局观念、系统观念,充分重视系统各要素的作用,理清它们之间的职责、权利义务关系,学会"弹钢琴"。成功的管理者,必然是一个有哲学头脑和哲学思维能力的人。

(四)指导日常生活

哲学最早起源于人们对生活的思考。哲学,如不用来指导实践、指导社会生活,显然会失去其应有的光辉。而生活中如果缺少了哲学,则我们的生活就会变成没有目的的"横冲直撞",甚至毫无意义。

哲学帮助人们思考人生的意义。人是什么？人的生命的意义是什么？什么样的生活才是人的生活？人的生活要怎么样才能有价值？这些问题是哲学中的重大问题。人要真正懂得人生的意义和价值,树立正确的人生观,就必须进入哲学领域。哲学所追求的是最高的人生智慧,是从最深层上寻求人的生命活动的根据和价值,是一门生活的学问,它教人们学会如何做人。黑格尔说:"哲学本身正是人的精神的故乡。"

不同的哲学思考决定不同的人生态度。儒家哲学强调人生应该"有为",做到修身、齐家、治国、平天下;道家哲学看重"无为",认为人应该顺其自然,寻求超越现实心灵的"逍遥"之境;佛教哲学提醒人们要忍受今生的痛苦,通过修行实现对现世的解脱,达到"涅槃"。这些哲学思考,既是对现世生活的总结和反映,又会反过来指导人们的生活。一个人该如何选择,取决于自身的哲学思考。

生活中处处有哲学。如何面对学习上的困难,如何跨越人际交往的障碍,在家庭、学校、单位里如何摆好自己的位子,等等,都是一门学问,都蕴含着哲学道理。比如唯物辩证法强调,要一分为二地看问题;说话不能过分;做事不能走极端;看人既要看他的优点,也要看他的缺点,不能只看其中一面。这些在我们现实生活中经常要用到。哲学教会我们做人做事的道理。

小故事

从前有一个又穷又愚的人,一夕之间突然富了起来,有了钱,却不知道如何来处理这些钱。他去向一老和尚诉苦,这位和尚开导他说:"你一向贫穷,没有智慧,现在虽然有了钱,可是你还是没有智慧。你进城里去,那里有不少有智慧的人,你出百两银子,别人就会教你智慧之法。"

那人真的进了城,逢人就问哪里有智慧可以买。有位住持告诉他:"你如果遇到疑难的事情,且不要急着处理,可先后退七步,然后再朝前走七步,这样进退三次,智慧便来了。"

"智慧"就那么简单吗？那人听了将信将疑。

当天半夜回家,他推门进屋,昏暗中发现妻子居然与人同睡,顿时怒起,拔出刀来便要砍下。这时,他忽然想起白天买来的智慧,心想:何不试试？

> 于是,他后退七步,再前进七步。如此反复三次。然后,点亮了灯再看时,竟然发现与妻子同睡的原来是自己的母亲。
>
> 这个故事说明,人在生活中遇事要冷静,不能头脑发热、怒火中烧、意气用事。冷静、理性处理生活中的大小事情,凡事"先退七步"再看之,必然大有益处,这就是生活中的哲学、生活中的辩证法。

三、提升人生境界

作为爱智之学的哲学,其特质在于以慎思明辨的理性,以反思、怀疑、批判为武器,究宇宙之根本,寻知识之真谛,释人生之意义,力图从总体上理解与协调人与自然、社会和自身的关系,为人类生存与发展寻求安身立命之所。

(一)培养独立人格

独立人格是指人在思想和行动上的独立性、自主性和创造性。它要求人不依赖于任何外在的精神权威,也不依附于任何现实的政治力量,在真理的追求中具有独立的判断力,在政治的参与中具有独立的自主性。哲学的反思与批判功能有助于培养人的独立人格。哲学批判在指出知识、现象和行为的合理性、必然性的同时,指出它们的局限性、片面性和暂时性。法国唯物主义者高举批判的旗帜,主张一切都要裁决于理性的法庭,其结果促成了法国资产阶级大革命;德国哲学家康德、费尔巴哈等高举批判的旗帜,促进了认识论的发展和人们思维的解放;中国古代哲学家强调"兼听则明,偏信则暗",告诫统治者要广开言路、用全面的观点看问题;马克思主义哲学主张对一切事物都要从实际出发,用对立统一的观点看问题,反对盲从、迷信和教条。

(二)引领人生方向

哲学是关于人的学问。作为人类智慧的结晶,哲学总愿意向人们发出善意微笑,伸出友好的臂膀,指明前进的方向。苏格拉底强调"精神助产术"的作用,希望通过诘问的方式产出"真理的婴儿";孔孟儒家哲学把"仁"作为人生努力的方向,认为人应该修身、齐家、治国、平天下;康德认为善良意志是道德的最高境界,人应该服从道德的"绝对命令";马克思主义哲学阐释了人生的本质意义,强调通过社会实践与阶级斗争,最终实现人类自由全面的发展。

(三)升华精神境界

马克思说,哲学是"自己时代的精神上的精华"。人类的实践活动遵循两个指导原则:真理原则和价值原则。科学探求真理,哲学思考价值。尽管自然科学对于人类具有十分重要的作用,但它不是人类知识的全部,也不能解决人类的所有问题。它能揭示客观外物"是什么"及"是怎样",却不能回答客观外物与人类自身的关系问题。哲学解决了运用科学知识的价值、意义问题,它给人以信念和精神支柱,提升人的精神境界,为人类确立前进的目标和方向。与自然科学相比,哲学着重研究人与世界的关系,它教人超越主客关系,在更高水平上达到主客融合的一种物我两忘的境界,这是一种最高的审美意义上的精神境界。孟子认为,"生,亦我所欲也;义,亦我所欲也。二者不可得兼,舍生而取义者也"。北宋理学家张载倡导"为天地立心,为生民立命,为往圣继绝学,为万世开太平"。冯友兰认为,客观世界只有一个,而主观世界各有不同。在主观世界中,各人对于人生的觉解,构成自己的精神境界,分为四个层次,即自然境界、功利境界、道德境界、天地境界。世界观不同,人的精神境界就不同。人研究自身与世界关系的程度不同,其达到精神境界的层次也会不同。

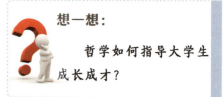

想一想:

哲学如何指导大学生成长成才?

拓展延伸

案例分析

泰勒斯的"水本原说"

泰勒斯(Thales,约公元前 620 年—前 550 年),古希腊著名思想家、科学家、哲学家,"米利都学派"的创始人,"科学和哲学之祖"。

泰勒斯是古希腊城邦的一位上流社会的富家子弟,家境殷实,聪明好学,受过良好的教育,曾参与过政治和经商,甚至随军与波斯人征战,战败后去了埃及,继续研究学问,对自然表现出极大的兴趣。他到过不少地中海沿岸国家,学习古巴比伦人观测日食、月食和测算海上船只距离的知识,在埃及学习土地丈量的方法和规则,在美索不达米亚平原研究数学和天文学知识,晚年转向哲学。他几乎涉猎了当时人类的全部思想和活动领域,获得崇高的声誉,被尊为"希腊七贤之首"。

正是由于游历和研究的范围广,泰勒斯能基于各种自然现象抽象出对世界本原的认识。他长期生活在海边,从小就对海的无边无际、博大浩渺充满好奇和敬畏。海洋给人们提供生活的所有来源,给人以生命。水蒸发为气,气凝聚为云,云遇冷又降为水,循环往复。大地上的一切生物离不开水,有水则活,无水则死。他观察,海上的木船正是因为有海水的托浮才能驶向远方,人们脚下的岛屿、陆地应该也像海船一样是漂浮在大海上的。在尼罗河畔,他观察到每年夏季,尼罗河水定期泛滥,浩渺的洪水覆盖广漠的大地。洪水退却后,尼罗河两岸的大地土壤肥沃,湖泊河流水量丰沛,植物茂盛,鱼虾肥美,各种飞禽走兽云集,人们的生活资源充足。古埃及人盼望着每年尼罗河水的泛滥,并根据月亮、星星的位置和洪水泛滥的季节规律,推算出历法。

泰勒斯

因此,泰勒斯认为,种子有水才能发芽,万物有水才能生长,植物、动物和人,都产生于水,离开了水,万物都不能生存。"水生万物,万物复归于水",水是世界的本原。泰勒斯的格言就是:"水是最好的。"

泰勒斯作为古希腊早期自然哲学的主要代表,提出"水本原说",具有划时代意义。

首先,他提出了"什么是世界的本原"这个有意义的哲学问题。当普通民众忙于打鱼耕种、采摘放牧等生产劳动,或仅仅停留于观察日月星辰、山川大地等自然现象的时候,极少数人已经开始透过现象研究本质和规律,试图借助经验观察和理性思维来解释世界。泰勒斯就是这些极少数"爱智慧"的希腊人中的杰出代表。

其次,他的"水本原说"表明了古代朴素唯物主义的物质观。唯物主义与唯心主义的对立,自人类有世界观以来就一直存在。早期人类文明,基于生产力的低下和认识的局限,能够提出唯物主义物质观已属难能可贵。泰勒斯认为水是万物的本原,也许有一定的唯心主义基础,因为埃及的祭司宣称大地是从海上升起来的,是神造宇宙。亚里士多德也认为,泰勒斯的观念与远古推崇水的神话和习俗有关。但是,泰勒斯通过经验观察和理性思维的方法,从自然现象中抽象出万事万物的共同本质,超越了唯心主义的神创论。

最后,体现了东西方文明的基本同步性。泰勒斯所处的时代,和我国春秋战国基本同步。早在殷周时期,我国就提出了阴阳说和五行说。春秋战国时代,百家争鸣,老子等哲学家发展了我国朴素唯物论思想,认为世界的本原是道或水、火、木、金、土等。因此,在同时代的东方和西方,早期哲学都产生了自然哲学这一哲学派别,体现了人类共同对世界本原的追问。公元前5—6世纪,远隔千山万水的地中海沿岸和黄河中下游地区,人类的演化和智慧的闪烁,竟有如此的同步性,不能不令人称奇。

密涅瓦的猫头鹰

美国有一所大学叫莱斯大学(Rice University),它的校徽中,盾牌图案上立着三只猫头鹰,冷峻地看着远方,象征着莱斯大学对智慧的尊崇。

猫头鹰属草鸮科鸮形目，分布于除南极洲以外的所有大洲，大部分为夜行性肉食性动物，其嘴短而粗壮，前端成钩状，头宽大似猫头，故俗称"猫头鹰"。它有着人脸一样的脸盘，双眼瞪向前方，神态沉稳，像神庙里的占卜师一样保持着思考的神态，因此古希腊人认为猫头鹰很聪明，它会像人一样思考。

在希腊神话中，"密涅瓦"（又译"密纳发"）是古罗马的智慧女神——雅典娜，正是她把纺织、缝纫、制陶、园艺等技艺传给了人类。因此，她最受雅典人的尊敬和崇拜。而猫头鹰则是雅典城的守护鸟，它每天站在雅典娜的肩头，和她一起守护着雅典城。到了晚上则又外出，为雅典娜传递消息。夜深人静时，它会发出唤醒世人的叫声，像是智者无法忍受民众的愚昧，而不断孤独地呼喊。猫头鹰因此成了智慧和理性的象征。

黑格尔认为，哲学是一种反思活动，是一种沉思的理性。日常生活、生产劳动、科学研究中的认识活动与思维活动，是一种直观的认识。而哲学的反思，则是对认识的再认识，对思维的反思。因为，哲学思维是一种终极思维，它超越各门具体科学的局部意义，是对世界、社会和思维领域各种深层问题的不断追问，探寻有限事物的无限意义，这才形成了人们所说的"哲学意义"。"哲学意义"的宗旨，就是追求具有最大普遍性和必然性的意义，是思维的最高层面的意义，因而具有"终极性"。这种"终极性"反思，居于"具体意义"之后。如果把"认识"和"思想"比喻为鸟儿在旭日东升或艳阳当空的蓝天中翱翔，"反思"当然就只能是在薄暮降临时悄然起飞。

黑格尔用猫头鹰在黄昏起飞作比喻，不仅说明哲学思考是在其他具体学科思考之后，是一种超越性的反思，而且也说明，哲学反思是深沉、低调和自甘寂寞的。它在黄昏之后，太阳下山，山川河流隐于黑暗，飞禽走兽归于沉寂时……恰如白天是各门具体科学的舞台，具体科学热衷于对具体事物和现象的思考，显山露水，使人们直接受益。而哲学只在低调和寂寥中思考世界，不哗众取宠，不追求轰动，就像黑暗中目视远方的猫头鹰。这种哲学反思，排除了日常生活中的急功近利和"空疏浅薄的意见"罗列，不为现象所蒙蔽，从"日常急迫的兴趣"中超脱出来，更多地追求精神上、情绪上的深刻，是一种冷峻的沉思、低调的奢华。

 思维训练

英国哲学家罗素说："一切确切的知识——我是这样主张的——都属于科学；一切涉及超乎确切知识之外的教条都属于神学。但是介乎神学与科学之间还有一片受到双方攻击的无人之域，这片无人之域就是哲学。思辨的心灵所最感兴趣的一切问题,几乎都是科学所不能回答的问题;而神学家们的信心百倍的答案,也已不再像它们在过去的世纪里那么令人信服了。世界是分为心和物吗?如果是这样,那么心是什么?物又是什么?心是从属于物的吗,还是它具有独立的能力?宇宙有没有任何的统一性或者目的呢?它是不是朝着某一个目标演进的呢?究竟有没有自然规律呢?还是我们信仰自然规律仅仅是出于我们爱好秩序的天性呢?人是不是天文学家所看到的那种样子,是由不纯粹的碳和水化合成的一块微小的东西,无能地在一个渺小而又不重要的行星上爬行着呢?还是他是哈姆雷特所看到的那种样子呢?也许他同时是两者呢?有没有一种生活方式是高贵的,而另一种是卑贱的呢?还是一切生活的方式全属虚幻无谓呢?假如有一种生活方式是高贵的,它所包含的内容又是什么?我们又如何能够实现它呢?善,为了能够值得受人尊重,就必须是永恒的吗?或者说,哪怕宇宙是坚定不移地趋向于死亡,它也还是值得加以追求的吗?究竟有没有智慧这样一种东西,还是看起来仿佛是智慧的东西,仅仅是极精炼的愚蠢呢?对于这些问题,在实验室里是找不到答案的。各派神学都曾宣称能够做出极其确切的答案,但正是他们的这种确切性才使近代人满腹狐疑地去观察他们。对于这些问题的研究——如果不是对于他们的解答的话——就是哲学的业务了。"①

结合本章内容和上述观点,请思考回答:
1. 哲学是研究什么的?
2. 如何划分唯物与唯心?
3. 你认为宇宙是否有统一性或目的性?
4. 宇宙中有没有智慧这样一种东西存在?如果有,人应该如何追求智慧?

网络探究

2016年,中国工程院院士李培根受邀在英国剑桥大学做了一场主题为"呼唤理性"的演讲。他首先对东方理性主义和西方理性主义进行了比较,然后强调实现中国梦需要呼唤理性,这些理性包括发展理性、工业理性、技术理性、创新理性、教育理性等。

那么,什么是理性?东方理性和西方理性的区别是什么?人为什么需要理性?人如何才能具备理性精神?你可以在网络搜索引擎中输入相关关键词以查找资料。

---

① [英]罗素.《西方哲学史》(上),何兆武、李约瑟译,商务印书馆,1963年,第11-12页。

视频推荐

1.《十分钟速成课:哲学》(2016,美国)

内容简介:本课程对西方哲学的一些重要问题,如认识论、哲学论证、心-身问题、自由意志与决定论、身份同一性、道德生活、美、上帝证明、语言意义等进行了详细的分析。每集10分钟,节奏紧凑,通俗易懂,翻译也很准确,可谓优质哲学入门课程。

2.《老子传奇》(2016,中国)

内容简介:以圣人老子一生的传奇经历和周末时期乱世之纷争的百年历史作为两条主线贯穿,将老子博大精深的道德思想显化,使人们能从中感悟大道之真谛,体会为人之根本、行事之准则。

 阅读推荐

1.马克思.《黑格尔法哲学批判导言》,见《马克思恩格斯选集》(第1卷).人民出版社,1995年。

2.[德]恩格斯.《路德维希费尔巴哈和德国古典哲学的终结》,见《马克思恩格斯选集》(第4卷).人民出版社,1995年。

3.邓小平.《解放思想,实事求是,团结一致向前看》,见《邓小平文选》(第2卷).人民出版社,1994年。

4.冯友兰.《中国哲学简史》.新世界出版社,2004年。

5.胡伟希.《中国哲学概论》.北京大学出版社,2005年。

6.胡军.《哲学是什么》.北京大学出版社,2002年。

7.祝和军.《哲学是个什么玩意儿》.中国长安出版社,2010年。

8.星汉.《哲学其实很有趣》.北京联合出版公司,2016年。

 课后思考

1.什么是哲学?

2.哲学的基本问题是什么?

3.哲学与具体科学是什么关系?

4.举例说明学习哲学对于当代大学生的作用。

扫一扫查看更多习题

第二章
本体论与求真之道

知之为知之,不知为不知,是知也。
——孔子

 **学习要点**

- 唯物主义和唯心主义是关于世界本原问题的两种世界观。
- 对于世界的存在状态,哲学上有辩证法和形而上学两种争论。
- 对立统一规律是唯物辩证法的实质和核心。
- 真理是客观事物及其规律在人的头脑中的正确反映,实践是检验真理的唯一标准。
- 认识世界需要正确的思维方法。

 故事导入

　　初秋的一天,阳光将斑驳的树荫洒在庭院的草地上,不远处传来海鸥欢快鸣叫的声音。草地上围坐着一群人,苏格拉底正和青年们探讨如何才能认识和坚持真理。苏格拉底让大家坐下来。他拿着一个颜色鲜艳的苹果,慢慢地从每个同学的身边走过,一边走一边说:"请同学们集中精力,注意嗅空气中的气味。"

　　然后,他回到自己的座位上,把苹果举起来左右晃了晃,问:"有哪位同学闻到苹果的气味了吗?"有一位学生举手站起来回答说:"我闻到了,是香味儿!"苏格拉底又问:"还有哪位同学闻到了?"学生们你望望我,我看看你,没有作声。

　　苏格拉底再次举着苹果,慢慢地从每一个学生的座位旁边走过,边走边叮嘱:"请同学们务必集中精力,仔细嗅一嗅空气中的气味。"

　　回到自己的座位后,苏格拉底又问:"大家闻到苹果的气味了吗?"这次,绝大多数学生都举起了手。稍停片刻,苏格拉底第三次走到学生中间,让每位学生都嗅一嗅苹果。然后再问:"同学们,大家闻到苹果的味儿了吗?"

　　他的话音刚落,除一位学生外,其他学生全部举起了手。那位没举手的学生左右看了看,也慌忙地举起了手。他的神态,引起大家的一阵笑声。苏格拉底也笑了:"大家闻到了什么味儿?"学生们异口同声地回答:"香味儿!"

　　可是,苏格拉底脸上的笑容不见了。他举起苹果缓缓地说:"非常遗憾,这是一枚假苹果,什么味儿也没有。"

　　这则故事引申出两大问题。第一大问题是,什么是苹果?苹果是何时产生的?在苹果出现之前,世界上有没有别的水果?在所有的水果产生之前,世界是什么状态?第二大问题是,如何认识苹果?苏格拉底手上拿的水果,学生们是通过看水果的形状、颜色还是气味去判断的?为什么一个做得很逼真的假苹果让同学们都闻到了香味儿?

　　其实,我们可以把苏格拉底手上的苹果放大。假定这不是一个苹果,而是地球,或者是银河系甚至整个宇宙。那么,同样可以产生有关地球的追问:什么是地球?它是怎么产生的?我们所看到的地球是真的吗?在"洞穴假相"、"剧场假相"等条件下,我们认识的对象,有多少是真的?

这就是本章所要探讨的话题:世界是什么,如何认识世界。

第一节 世界的本原

世界的本原问题,也就是"世界是什么"的问题。这是一切哲学家在开展哲学研究时首先要回答的。

古希腊自然哲学家最初主要就是探讨世界的本原问题,他们把水、火、气、原子、数等看作是万物的本原,中国古代"五行说"也把世界万象归纳为金、木、水、火、土五种基本物质。这些概括与抽象,已经实现了早期形而上学存在论从个别到一般、从特殊到普遍的超越。中世纪的神学家们把上帝耶和华等神灵作为宇宙至高无上的神,是最高的终极存在。近代自然科学的巨大成就,推动近代哲学研究向认识论转向,认为理性的绝对精神才是世界最真实的存在。现代哲学认为,世界的本原是什么,要通过对语言学和人的生存实践的研究才能把握。否则,你所认识的世界就是不真实或无意义的。马克思主义哲学完全超越了以往哲学存在论的观点,它以人和世界存在的辩证关系为基础论证感性的、生活实践的存在,认为世界的存在是现实的、人类生产实践活动改造着的世界。

马克思主义哲学把对世界本原问题的认识,划分为两大派别:唯物主义与唯心主义。凡是认为世界的本原是物质的,物质第一性,意识第二性,就是唯物主义;凡是认为世界的本原是意识的,意识第一性,物质第二性,就是唯心主义。

一、唯物主义

从古至今,唯物主义在反对宗教迷信和唯心主义的斗争中,产生了古代朴素唯物主义、近代形而上学唯物主义、辩证唯物主义与历史唯物主义三种基本形态。

(一)古代朴素唯物主义

1. 主要观点

古代朴素唯物主义认为,整个世界在本质上是物质的,世界由一种或几种具体的元素组成,万物由它产生,最后又复归于它。古希腊米利都学派的哲学家认为,世界的原初物质是具体的、有形的。泰勒斯认为世界的本原是水,阿拉克西曼德认为世界的本原是无定,阿拉克西美尼认为世界的本原是气,赫拉克利特认为世界的本原是火,德谟克利特认为世界的本原是原子。我国古代的"五行说"认为,世界是由金、木、水、火、土这五种元素构成。汉代的王充和宋代的张载将"气"作为天地万物的本原提出。王充认为,"天地合气,万物自生";张载在《正蒙·太和篇》中说:"太虚无形,气之本体","气不能不聚而为万物,万物不能不散而为太虚"。

2. 特点

古代朴素唯物主义坚持了世界的物质性这一正确的观点,但由于受到社会实践和科学发展水平的限制,朴素唯物主义是依据直观经验和比较粗浅的自然知识所做的理论概括,缺乏一定的科学论证和严密的逻辑体系,带有猜测、直观、朴素的性质。它的产生和发展经历了奴隶社会和封建社会,属于奴隶主民主派和新兴地主阶级或地主阶级进步阶层的世界观。随着近代自然科学的发展和资本主义的产生,朴素唯物主义就不可避免地为形而上学唯物主义所代替。

(二)近代形而上学唯物主义

1. 主要观点

近代形而上学唯物主义也叫机械唯物主义,它产生于16世纪,到18世纪和19世纪上半叶达到鼎盛时期。近代形而上学唯物主义继承了古代朴素唯物主义关于物质是世界的本原的思想,认为物质决定意识,意识是物质的产物,是人脑的机能,是对客观物质世界的反映。不是上帝创造了人,而是人创造了上帝。英国的培根、霍布斯、洛克,法国的狄德罗、霍尔巴赫和爱尔维修是主要代表。17世纪"英国唯物主义和整个现代实验科学的真正始祖"[①]培根,在继承古希腊唯物主义原子论的基础之上,提出了"基本分子"学说。他不仅肯定世界是物质的,而且认为物质就是由许多微小分子构成的集合体,物质的最小单位为基本分子。培根的物质观不仅肯定了物质的客观实在性,而且将古希腊模糊的原子论进一步具体化、科学化。

毕业于牛津大学的霍布斯,在英国资产阶级革命时期曾经流亡法国,并担任过查理三世的数学老师。他熟悉伽利略新创立的物理学,又精通数学。他的哲学思想带有明显的近代机械唯物论特征。他认为,世界和人都是机器。世界是由物体构成,而物体是由因果关系连接为整体。人属于自然物体,是世界这架大机器中的精巧的小机器。人和钟表一样,心脏是发条,神经是游丝,关节是齿轮,这些零件一个推动一个,构成人的生命运动。

---

① 《马克思恩格斯全集》(第3卷).人民出版社,1960年,第163页。

2. 特点

近代形而上学唯物主义在促进资本主义发展、推动人们对自然界的认识方面起着巨大的作用。与古代朴素唯物主义相比,近代形而上学唯物主义不再借助于直观和猜测,而是建立在近代实验科学的发展所取得成就的基础上,因而具有很大的进步性。但是,形而上学唯物主义的缺陷也很明显。一是机械性。它把自然界的各种运动简单地归结为机械运动,力图用机械运动的力学原理来解释一切,有的哲学家甚至把动物和人都比作是一部机器。笛卡儿认为,自然是受数学法则支配的机器。霍布斯也把世界看作是由因果链组成的一架大机器。在《利维坦》的开篇中他就说,生命运动就像齿轮和发条一样运动。一切事物都可以按照机械的规律进行计算。① 二是形而上学性。近代形而上学唯物主义把世界上的各种事物都看着是彼此孤立和静止不变的。当时的自然科学处于分门别类地收集资料的经验阶段,人们为了具体深入地认识自然界的各个领域和各个细节,就必须把事物从各种联系当中抽取出来,从运动变化中抽取出来,使事物成为孤立、静止的状态,以便于认识和分析。这是具体认识具体事物的必要方法,也是认识发展的必要条件。但是,这种方法被广泛采用并形成习惯后,人们误认为所有的事物和现象都是孤立的、静止不变的。这就是形而上学。三是不彻底性。近代形而上学唯物主义在社会历史领域仍然是唯心主义。笛卡儿生活在新旧知识交替的时代,他不仅是哲学家,还是著名的数学家和科学家,是解析几何的创始人。他认为世界上一切有形的事物都是物质实体;他又认为,一切外物的本质不是它们的可感性质,而是与我们的天赋观念相符合的广延。"我思"是单纯的思想原则,"上帝"是实在的终极原因。② 可见,近代唯物主义由于资产阶级的阶级局限性,也由于社会历史现象的特殊性,在对社会历史的解释上仍然没有摆脱唯心主义历史观的束缚,表现出自然观与历史观的分裂,因而是不彻底的唯物主义。

(三)辩证唯物主义与历史唯物主义

1. 主要观点

辩证唯物主义与历史唯物主义也就是马克思主义的辩证唯物主义,它是真正科学的革命的无产阶级世界观,是人类认识史上的最高成果。

辩证唯物主义认为,世界的本原是物质的,多样化的世界统一于物质。物质是不依赖于人的意识而存在并能为人的意识所反映的客观实在,物质的唯一特性是其客观实在性。早在19世纪80年代,恩格斯就曾在《自然辩证法》一书中指出:"物质无非是各种实物的总和,

---

① [英]霍布斯.《利维坦》.黎思复、黎廷弼译,商务印书馆,1996年,第1页。
② 赵敦华.《西方哲学简史》.北京大学出版社,2001年,第189页。

而这个概念就是从这一总和中抽象出来的。"[①]20世纪初,为了捍卫辩证唯物主义,回击唯心主义的进攻,在总结形而上学唯物主义无力击退唯心主义进攻的教训、概括19世纪以来物理学新发现的基础上,列宁循着恩格斯的思想,给物质概念下了一个科学的定义:"物质是标志客观实在的哲学范畴,这种客观实在是人通过感觉感知的,它不依赖于我们的感觉而存在,为我们的感觉所复写、摄影、反映。"[②]这个言简意赅的物质定义,包含了极其丰富的哲学内容,具有重要的哲学意义。

辩证唯物主义不仅认为世界是物质的,而且认为物质是运动的,运动是物质本身固有的根本属性,是物质的存在形式。整个世界是永恒运动着的物质的世界。时间和空间是物质运动的存在方式,任何物质的运动都存在于特定的时间过程和空间范围之中。在物质与意识的关系问题上,辩证唯物主义认为,物质是世界的本原,是第一性的;意识是物质所派生的,是第二性的。物质决定意识,意识对物质具有能动的反作用。世界的统一性在于它的物质性,物质世界的统一性是无限多样的统一。

2. 特点

辩证唯物主义与历史唯物主义继承了古代朴素唯物主义和近代形而上学唯物主义的优良传统,又克服了它们的严重缺陷,把唯物主义世界观建立在现代科学成就的基础上;克服了古代朴素唯物主义的直观性,把辩证法建立在唯物主义基础上;克服了近代唯物主义的机械性和形而上学性,并以科学实践观为基础创立了唯物史观,从而把辩证法和唯物主义结合起来,并把唯物主义贯穿到社会历史领域,形成科学的世界观和方法论,实现了人类认识史上的革命性变革。

二、唯心主义

唯心主义在其发展过程中有两种基本形态:主观唯心主义和客观唯心主义。

(一) 主观唯心主义

主观唯心主义认为,人的意识是世界的本原,人的意识决定一切。它把世界的本原、本质归结为某种主观精神,认为现实中个人的感觉、意识、心灵、意志等是第一性的,是世界的本原,而客观物质世界是这个主观精神的产物。我国宋代哲学家陆九渊认为,"宇宙便是吾心,吾心即是宇宙"。明代思想家、哲学家王守仁说:"心外无物,心外无事,心外无

扫一扫了解
心学集大成者——
王阳明

---

① 《马克思恩格斯选集》(第4卷),第2版.人民出版社,1995年,第343页。
② 《列宁选集》(第2卷),第3版.人民出版社,1995年,第89页。

理。"他主张心就是理,他说:"心即理也。天下又有心外之事、心外之理乎?"无独有偶,18世纪英国大主教贝克莱认为,"存在就是被感知","物是观念的集合",这些都是主观唯心主义的典型观点。

主观唯心主义夸大了主观精神和个人意志的地位和作用,从根本上否认了客观事物的独立存在,因而往往陷入唯我论,即除了自己之外,不承认别人和其他客观因素的存在。

(二)客观唯心主义

客观唯心主义认为,世界的本原、本质属于某种客观精神、绝对理念。这种客观精神、绝对理念先于物质世界、独立于物质世界之外而存在着,世界上的一切事物都是由它演化而产生的,并最后归结于这种外在于物质的绝对的精神。我国宋代哲学家朱熹主张"理"一元论,认为"理在事先","理在气先"。朱熹在《答刘叔文书》中说:"若在理上看,则虽未有物已有物之理。然亦但有其理而已,未尝实有其物也。"(《朱文公文集》,卷四十六)举例来说,在人未发明舟车之前,舟车的"理"已经存在。所谓"发明"舟车,无非是人发现了舟车的"理",于是按照它去制成舟车而已。在宇宙未生成之前,一切"理"便都已存在了。① 柏拉图则认为,整个世界应该分为两个世界,一个是现实的世界,一个是理念的世界。客观上存在着一种被称为"理念"的精神本体,现实世界不过是理念世界的影子,人们只有靠回忆才能把握这个最本质、最真实的"理念"。黑格尔认为,世界的本原是独立存在的绝对精神、绝对理念。有一种不是个人的也不是人类的"绝对精神"先于自然而存在,自然界、社会和人类都是它的派生物,它是一切存在的基础、本质和核心。

客观唯心主义把本来属于人类的精神和理性,经过抽象变成一种脱离人而独立存在的神秘的精神实体,这必然导致有神论。这种精神实体,其实也是人的主观臆造,是根本不存在的,更不会先于客观物质世界而存在。这种不存在的所谓"理"、"理念"、"绝对精神",实际上就是神或上帝的代名词。

三、唯物主义与唯心主义的相互斗争推动哲学的发展

哲学自产生以来,就有了唯物主义和唯心主义这个"对子",它们相比较而存在、相斗争而发展。一部哲学史,最终可归结为唯物主义和唯心主义相互斗争的历史。我们在探讨哲学基本问题时,往往会自觉不自觉地肯定唯物主义,哪怕它是朴素的或机械的唯物主义,否定甚至嘲笑唯心主义。难道唯心主义真的就是洪水猛兽或一无是处吗?事实并非如此。唯物主义和唯心主义是一对"孪生子",都是人类认识过程中绽放出的智慧花朵,它们舒展着各自的美丽,散发着各自的芬芳。它们是共生的,没有唯心主义也就无所谓唯物主义,二者的

---

① 冯友兰.《中国哲学简史》.新世界出版社,2004年,第256-257页。

同时存在正是认识过程辩证性的最好说明。在以下四个问题上,唯物主义与唯心主义既相互排斥、相互斗争,又相互统一、融会贯通。

(一)关于世界的本原问题

在蜿蜒前行的哲学发展的历史长河中,精神和物质何者为世界的本原问题是贯穿始终的主线。在前面提到的各家各派观点中,唯物主义学派的共同点是物质决定意识,物质是本原;唯心主义学派的共同点是精神决定物质,精神是本原。这两种观点自成体系,各有千秋。

(二)关于意识的起源问题

旧唯物主义坚持世界的本原是物质的,物质第一性,意识第二性,意识产生于物质,意识不能脱离物质而独立存在。但是,关于物质是怎样产生意识的论证,他们虽然做了很多尝试,但是由于当时自然科学发展水平和社会历史条件的限制,都没能做出科学的回答。古希腊唯物主义哲学家德谟克利特曾设想人的灵魂是由精细光滑的、富有活动性的、圆形的原子结合而成的;中国古代的唯物论者王充把形神比作烛与火,"天下无独燃之火,世间安得有无体独知之精"。近代资产阶级的唯物论者,比如拉美特利和狄德罗,他们根据自然科学的新材料,能够对意识的起源和本质做出新的探讨,他们认为人脑才是思维的器官。费尔巴哈在批判黑格尔的"绝对观念"先于自然界而存在的错误时,认识到了意识产生的根源,他说:"我们的意识和思维,不论它看起来是多么超感觉的,总是物质的、肉体的器官即人脑的产物。"但由于割裂了人与现实世界的辩证关系,离开社会实践谈意识,因此仍然没有科学地解释意识的起源和本质问题。唯心主义更是颠倒物质和意识的关系,把人的灵魂和意识看成是能脱离人的肉体而独立存在的、神秘的东西。朱熹推崇"理在事先",柏拉图主张"理念",黑格尔主张"绝对观念",贝克莱提出"存在即被感知",阿芬那留斯甚至直接说"我们的头脑不是思维的住所、座位、创始者,也不是思维的工具、器官、承担者"。

(三)关于物质存在的方式

在这个问题上,旧唯物主义和唯心主义有着本质上的关联。提出"原子论"的德谟克利特是古代唯物论的最高代表,由于他不了解必然性和偶然性的辩证关系,不能正确分析事物的因果关系,认为"一切都是由必然产生的",从而由唯物主义滑向唯心主义。中世纪以后,自然科学的发展为人们正确认识世界开辟了广阔的空间,培根、霍布斯、拉美特利等都能把运动看成是物质本身所固有的属性。但是,因为不能穷究物质运动的根本原因,最后只好把第一推力归咎于"上帝",仍然相信"上帝"的存在,认为"上帝"才是最高的理性实体,是宇宙的"始因"和"创造者"。

(四)关于认识论

在这个问题上,旧唯物主义和唯心主义也是因相互斗争、相互联系而纠缠在一起的。旧唯物论的认识论虽然坚持的是一条由物质到认识的正确的思想路线,但由于其形而上学的局限性,人们往往将认识的过程理解为一种直观的、镜面的、消极的过程,这无疑同认识的客观的辩证的过程有着本质的差异。而有些唯心主义者虽然坚持的是一条错误的思想路线,认为"心外无物",但在对认识辩证过程细节的描述和理解上,却比旧唯物主义者更加接近认识的客观过程本身。例如,在德国古典哲学中,作为唯心主义最高成就的黑格尔哲学,在认识辩证过程的论述方面就要比作为唯物主义最高成就的费尔巴哈哲学要深刻得多。唯心主义的发展也丰富发展了辩证法,在马克思主义哲学的发展中,黑格尔的辩证法思想就是其重要来源之一。

> **小卡片**
>
> **一元论、二元论和多元论**
>
> 在世界的本原问题上,哲学史上存在着一元论、二元论和多元论之说。所谓一元论,就是把世界万物归结为一种本原的哲学学说。一元论分为两种类型:唯物主义一元论认为,物质是世界的本原;唯心主义一元论认为,意识或精神是世界的本原。无论唯物主义者还是唯心主义者,他们都承认,世界的本原只有一个,要么是物质要么是精神。
>
> 所谓二元论,就是主张世界有物质和精神两个独立本原的哲学学说。持此观点的以17世纪法国著名科学家、哲学家笛卡儿为典型代表。他的心物二元论认为,物质和精神是两种绝对不同、相互独立的实体,物质的存在在于它有广延性,上帝即精神的存在在于它有思想,二者彼此完全独立,因为物质不能思想,精神没有广延。笛卡儿的二元论观念,在中世纪以后自然科学蓬勃发展的初期,把"心灵"、"上帝的意志"等意识的东西从自然物中分离出去,有利于自然科学的发展。但无法科学解释上帝何以成为世界的本原,因而最终还是倒向唯心主义一元论。
>
> 所谓多元论,就是主张世界是由多种本原组成的哲学学说。多元论也可以分为唯物主义多元论和唯心主义多元论两种。唯物主义多元论把世界归结为多种物质本原,如我国古代哲学家把世界的本原归结为金、木、水、火、土五种物质,即"五行说";古希腊早期自然哲学家恩培多克勒认为,世界万物都由火、土、气、水组成,即"四根说"。唯心主义多元论把世界归结为多种精神本原,如德国哲学家莱布尼

> 茨认为,世界是由无数独立的精神性的"单子"组成,是无数"单子"和谐的体系。实体是组成世界的最小单元,它们的数量无限多,每一个实体都是"单子"。而且这种单子没有广延,不能以自然的方式产生和消灭,它是知觉灵魂,是上帝的安排。

第二节 世界的存在状态

世界的存在状态问题,就是研究世界是以什么方式而存在着。整个世界是亘古不变的还是运动变化的?是孤立自存的还是普遍联系的?是自然演化的还是神之推动的?对于这些问题的回答,哲学上一直存在着辩证法与形而上学两种哲学观的争论。

一、辩证法与形而上学

(一)辩证法

辩证法(dialectics)是关于自然、社会和思维发展的最一般规律的科学,是科学的世界观和方法论。辩证法最初是指思辨与实证相统一的方法。

古希腊时期,哲学家们通过辩论的方式,论证和分析命题中的矛盾来研究世界的本原问题,如爱利亚学派的芝诺通过"飞矢不动"这一命题来证明只有唯一不动的存在才是真实的,如果承认事物的多样性和运动,就会陷入矛盾。苏格拉底把辩证法看作是发现真理的艺术,柏拉图把辩证法看作是认识"理念"过程中由个别到一般、又由一般到个别的方法,亚里士多德把辩证法看作是研究实体的属性、揭露对象自身的矛盾的方法。在中世纪,经院哲学家们运用辩证法论证"上帝的存在",把辩证法叫作区别真理与谎言的艺术。

18世纪末以后,自然科学发展和社会历史变革所展现出来的辩证性质,为德国古典哲学丰富辩证法的内容提供了条件。康德认为,当人们运用有限的范畴去把握世界时会陷入"二律背反"(即两个相反的答案都可以得到充分的证明)这种矛盾,这是理性在进行认识活动时必然产生的假象。黑格尔在客观唯心主义基础上丰富和发展了辩证法的含义,他认为辩证法不仅是一种思维方法,同时也是适用于一切现象的普遍原则,是一种宇宙观,只有辩证法才能揭示存在自身的矛盾和发展的动力,是获得其他科学知识的灵魂,是真正的哲学方法。

第二章 本体论与求真之道

19世纪中叶以来,自然科学的进一步发展和无产阶级革命的兴起都愈发显示出世界的辩证性,马克思、恩格斯由此创立了唯物辩证法,强调辩证法所反映的是客观世界本身所固有的规律,是关于自然、社会和思维发展的最一般规律的科学。

(二)形而上学

形而上学(metaphysics)有两种理解:一种是哲学上关于"终极实在"的研究,探讨宇宙万物存在的根本原理;另一种是表示思维方法,被认为是与辩证法相对立的,用孤立、静止、片面的观点看待世界的思维方式。由于马克思主义唯物辩证法强大的思辨性、科学性和生命力,现如今的形而上学,其定义域基本上被缩小为一种思维方法,经常被当作是唯物辩证法的对立面,是机械的、幼稚的、可笑的,甚至是错误的思维方式的代名词。

> **哲人哲语:**
> 吾爱吾师,吾更爱真理。
>
> ——亚里士多德

"形而上学"一词,最初来源于亚里士多德。亚里士多德把知识分为理论科学、实践科学(政治学、伦理学和理财学)、创作科学(指各种工艺技术及音乐、医学等),而理论科学则包括第一哲学、第二哲学(即自然哲学)和数学。他认为,其他各门具体科学都是以"存在"的某一方面为研究对象的,如数学只研究"存在"的量的属性,只有第一哲学是研究"存在"本身,是关于事物共同本质的研究。后来,笛卡儿在《第一哲学沉思录》里也有类似的划分,他把人类的知识比作大树,第一部分是树根,也是最基础的部分,叫形而上学,它是一切知识的基础;第二部分是树干,叫物理学;第三部分是树叶,包括其他自然科学。

扫一扫了解百科全书式的思想家——亚里士多德

黑格尔对形而上学做了比较系统的概括,他认为形而上学包括四个部分:第一部分是本体论,即关于本质的抽象规定的学说;第二部分是理性心理学或灵魂学,它研究灵魂的形而上学的本性,亦即把精神当作一个实物去研究;第三部分是宇宙论,探讨世界,世界的偶然性、必然性、永恒性、在时空中的限制,世界在变化中的形式的规律,以及人类的自由和恶的起源;第四部分是自然的或理性的神学,它研究上帝的概念或上帝存在的可能性、上帝存在的证明和上帝的特性。① 几千年来,形而上学的演变史几乎等同于哲学的发展史。在哲学家看来,如果哲学是人类科学中最美丽的王冠,那形而上学就是王冠上最美丽的那颗宝石。然

---

① [德]黑格尔.《小逻辑》.贺麟译,商务印书馆,1980年,第102-104页、106页。

而,在以黑格尔作为起点的现代哲学开始之后,西方开始普遍质疑形而上学,开始重新开辟道路,开展对传统的革命。

传统形而上学立足于从概念或从本体出发,仅仅凭借概念而非经验来建立自己的哲学体系,强调逻辑推论的重要性,认为依靠逻辑推论,便可以得到终极规律从而形成无所不包、完美永恒的体系,这样容易导致机械性和绝对性,理论脱离经验与现实。因此被康德批判为玄学。随着自然科学的发展,近代形而上学则在认识论转向的过程中,广泛采用近代以来自然科学研究的基本方法。唯理论用理性演绎法建立关于整个世界本质的绝对知识体系,经验论则主张一切认识都导源于经验,必须用综合归纳法从经验出发来认识本体。这往往容易陷入独断论与决定论的泥潭。

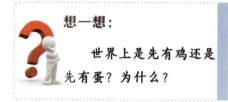

想一想:

世界上是先有鸡还是先有蛋?为什么?

以机械决定论为例。机械决定论又称"形而上学决定论",是盛行于17—18世纪西欧的一种只承认自然界的因果性、必然性、客观规律性,否认人的主观能动性和偶然性的一种形而上学观点。其代表人物为牛顿、拉普拉斯、斯宾诺莎、霍尔巴哈等人。牛顿创立经典力学后,认为牛顿力学规律是自然界唯一正确的客观规律,一切现象在本质上都是力学现象,人和动物都是按力学规律的机制组合起来的机器。一个系统的初始条件一旦确定,此后的运动都是必然确定的,不用考虑初始条件的复杂性和随机性,没有偶然性,一切都是必然的。机械决定论在承认自然规律的客观性、反对神创说和宗教神学上发挥了重大作用。但它只承认必然性,否认偶然性;只承认客观规律性,否认人的主观能动性;视机械运动为唯一的因果关系而不懂得因果联系的多样性、复杂性。这种错误的观念,其发展的必然结局就是宿命论。19世纪以后,随着自然科学的发展和辩证唯物主义的出现,机械决定论开始走向衰亡。

正因如此,近代以来的形而上学广受批判,被认为是用孤立、静止、片面的观点看待问题,是用直觉(超验)的方法判断事物的一种机械的、错误的哲学方法。

二、唯物辩证法

唯物辩证法是马克思主义哲学关于事物联系与发展的一般规律的科学,是具有普遍指导意义的世界观和方法论。马克思主义哲学认为,世界在本质上是物质的,事物之间以及事物内部诸要素之间是相互联系的,整个世界是一个普遍联系的整体。同时,任何事物又都是运动变化发展的,整个世界是一个永恒发展的过程。世界普遍联系和永恒发展的根本动力是矛盾。联系的观点和发展的观点是唯物辩证法的总特征。

(一)联系

1.什么是联系

恩格斯说:"当我们深思熟虑地考察自然界或人类历史或我们的精神活动的时候,首先呈现在我们眼前的,是一幅由种种联系和相互作用无穷无尽地交织起来的画面。"[①]联系是事物之间和事物内部诸要素之间相互依赖、相互影响、相互作用、相互制约的关系。物质世界是普遍联系的统一体。

"城门失火,殃及池鱼"漫画

2.联系的特点

(1)普遍性。一方面,世界上任何事物内部的诸要素之间是相互联系的,各个要素不能孤立地存在,都要同其他要素相互联系而存在,否则就不是这个事物而是其他事物;另一方面,世界上的一切事物、现象和过程也不能孤立地存在,都要与周围的其他事物、现象和过程这样或那样地联系着,整个世界是一个联系的整体。

(2)客观性。联系是事物本身所固有的一种客观现象,是事物原有的本性,是不以人的意志为转移的。自古以来的科学研究成果证明,事物之间的联系是客观的,而不是外力所强加的。19世纪的三大自然科学发现,以实证科学本身所提供的材料,进一步揭示了客观世界固有的联系。20世纪以来的最新科学成就,如相对论、量子力学和分子生物学,以及系统论、控制论和信息论等,进一步证实了事物之间联系的客观性。坚持联系的客观性,要求人们从客观事物本身所固有的联系出发,切忌主观随意性,切忌胡乱联系。

(3)多样性。一方面,相互联系着的事物或现象不同,其联系的内容和方式也就会不同,自然界的联系和人类社会的联系各有其特点;另一方面,即使是同样两个事物之间的联系,也有多方面的特点和形式。就联系的表现形式而言,联系可以分为内部联系与外部联系、本质联系与非本质联系、必然联系与偶然联系、直接联系与间接联系、主要联系与次要联系等。

(4)条件性。任何联系都是在一定条件下的联系。条件是指同某事物相关联的、对该事物的存在和发展产生影响的诸要素的总和,是事物之间和事物内部诸要素之间联系的基础或桥梁。条件是客观的。承认联系的条件性,就是要求人们在想问题、办事情的时候,要重视条件的作用,实事求是,一切以时间、地点和条件为转移。

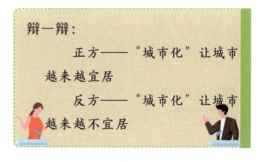

---

① 《马克思恩格斯选集》(第3卷).第2版.人民出版社,1995年,第359页。

(5)系统性。事物之间以及事物内部诸要素之间的相互联系,使整个世界构成一个有机联系的整体,形成一个系统。所谓"系统",是指由相互联系、相互作用的若干要素按一定方式组成,并同周围环境相互联系、相互作用的统一整体。在物质世界的普遍联系中,任何事物都是作为系统或系统的要素而存在的。整个宇宙就是由各个系统构成的最大的系统。系统具有整体性、层次性和开放性的特点。

(二)发展

列宁说,唯物辩证法是最完整、最深刻而最无片面性的关于发展的学说。世界既是普遍联系的,又是运动变化发展的。永恒发展的观点是唯物辩证法的又一总特征。

1. 什么是发展

发展是指事物由小到大、由简单到复杂、由低级到高级、由旧质到新质的变化过程。发展是运动变化的高级形式,是前进、上升的运动。发展是运动变化的结果,但并非任何运动变化都是发展。只有那些前进的、上升的运动和变化才是发展。因此,发展的实质是新事物的产生和旧事物的灭亡,是新事物不断代替旧事物。所谓新事物,是指符合历史发展的必然趋势,代表事物的前进方向,具有强大生命力的事物;所谓旧事物,是指丧失了存在的必然性、日趋消亡的事物。

2. 发展的特点

(1)普遍性。唯物辩证法认为,客观事物的发展具有普遍性。世界上的一切事物,包括自然界、社会和人的认识在内,都是不断发展的。

(2)过程性。一切事物的发展,都要经历一定的过程。任何事物的发展都不是一蹴而就的,而是一个动态的过程。脱离过程认识事物,或脱离事物认识过程,都是片面的、不正确的。

(3)规律性。规律是事物运动变化发展过程中本身所固有的本质的必然的联系。事物的发展具有规律性,现代科学深刻揭示出自然界运动变化发展的规律,唯物史观揭示了人类社会的发展规律,思维领域同样存在着认识发展规律。发展是新事物的产生和旧事物的灭亡,是前进性和曲折性的统一。

(三)矛盾

在事物发展的实质问题上,唯物辩证法和形而上学是两种根本对立的发展观。唯物辩证法用联系和发展的观点看问题,而形而上学用孤立和静止的观点看问题。二者的根本区别和分歧的焦点在于,是否承认事物内部的矛盾,是否承认矛盾是事物发展的根本动力。矛盾规律是唯物辩证法的实质与核心。

1. 什么是矛盾

唯物辩证法所讲的矛盾是指辩证矛盾而非逻辑矛盾。辩证矛盾是客观事物本身所固有的基本性质和基本方面,是客观存在的矛盾;逻辑矛盾则是指违背思维规律和形式逻辑所造成的逻辑错误。二者不能混为一谈。

唯物辩证法认为,矛盾是指事物内部或事物之间所表现的既对立又统一、既排斥又依存的关系。矛盾存在于事物发展的一切过程中,又贯穿于一切过程的始终,是一切事物变化发展的根本原因。矛盾双方既对立又统一,推动事物的发展和转化。同一性和斗争性是矛盾的两种基本属性。

矛盾的同一性也叫统一性,是指矛盾内部对立双方在一定条件下相互依存和相互贯通的性质。相互依存是指相互排斥的对立面共处于一个统一体中,互相依赖并互为对方存在的前提条件。比如地球的南极和北极,方向相反,但二者共处于地球这个物体上,没有南极也就无所谓北极,反之亦然;社会领域的生和死,没有生也就无所谓死;战场上的敌我双方,如果敌方不存在,我方也就没必要上战场。相互贯通是指相互排斥的对立面在一定条件下可以互相渗透和转化。比如动中有静,静中有动;遗传中有变异,变异中有遗传;胜利转化为失败,失败转化为胜利;大悲大喜、大喜大悲等。

矛盾的斗争性是指矛盾双方互相排斥、互相对立的性质,体现着双方相互排斥、相互分离的性质和趋势。矛盾的斗争性是一个有广泛含义的、普遍存在的哲学范畴,它是对包括自然界、社会和思维领域中一切形式的对立或排斥的共同本质的哲学概括。有矛盾就有斗争,一切矛盾都要通过适当的斗争形式才能得到解决。

> **小故事**
>
> **天堂与地狱**
>
> 有人问上帝:"什么是天堂,什么是地狱?"
>
> 上帝对他说:"我先让你看看什么是地狱吧。"上帝把此人带到一个房间门口,看见房间里有一群人,个个瘦骨嶙峋,满脸菜色。他们正围着一口大锅,锅里炖着肉汤。他们每人手里都拿着一把长柄勺子在舀汤,可就是把汤送不到嘴里去,因为勺子太长了。所以尽管有热气腾腾的肉汤,这群人还是天天挨饿。
>
> 接着,上帝又把这个人带到另一个房间门口说:"我们再看看什么是天堂吧。"这个房间里同样是一群人,一锅肉汤,一样的长柄汤勺。但这群人个个心宽体胖,他们快乐幸福地生活着。
>
> 这个人不解地问:"怎么会有这么大的不同呢?"

上帝微笑着说:"很简单。地狱里的人,只想着自己给自己喂食,而汤勺的柄太长,他们的汤送不到自己的嘴里;而天堂里的人,他们拿着汤勺,都是给别人喂食,所以大家都能成功。"

漫画《天堂与地狱》

(作者 王大光 载自《讽刺与幽默》2005年12月)

2. 矛盾的特点

矛盾的普遍性又称矛盾的共性,是指矛盾无时不在,无处不有,整个世界时时处处都充满着矛盾。具体表现为:第一,矛盾存在于一切事物的发展过程中,即处处有矛盾;第二,每一事物的发展过程中存在着自始至终的矛盾运动,即时时有矛盾。科学发展和社会实践证明了矛盾的客观普遍性。天体运动上的离心力与向心力,物理学上的作用力与反作用力,化学上的化合与分解,生物学上的遗传与变异,人类社会领域的生产力与生产关系,伦理道德上的善与恶,以及美与丑,思维过程中的感性与理性,认识发展中的真理与谬误,等等,都是一对对矛盾。矛盾存在的普遍性要求人们,要善于发现和分析矛盾,实事求是地正视矛盾和解决矛盾,而不能回避和否认矛盾的存在。

矛盾的特殊性又称矛盾的个性,是指每一事物的矛盾及每一矛盾的每一方面都各有其特点。每一事物都有其特殊的矛盾,规定着这一事物的特殊本质,使这一事物与其他事物区别开来。不同事物的矛盾各有其特殊性。在复杂的矛盾体系及其发展过程中,各种矛盾和矛盾的各个方面的发展是不平衡的,地位和作用也不相同。因此,要解决矛盾,必须充分认识矛盾的特殊性,要从诸多矛盾中区分根本矛盾和非根本矛盾,区分主要矛盾和次要矛盾,即使是对于同一对矛盾,也要区分其主要方面和次要方面。只有这样,才能坚持唯物辩证法的"两点论"与"重点论"的统一,才能具体问题具体分析。

3. 矛盾分析方法

矛盾分析方法即对立统一的方法,是认识一切事物的根本方法,是科学的世界观和方法论,是正确分析和研究客观世界的基本方法和认识工具。它要求人们要运用对立统一规律,具体分析事物的矛盾,并从中找到解决矛盾的科学方法,推动事物的发展。

(1)要坚持"两点论"与"重点论"的统一,学会"一分为二"地观察和处理问题。要根据主要矛盾和次要矛盾、矛盾的主要方面和次要方面的相互关系原理,用联系、发展、全面和矛盾的观点看问题,既要看到事物的两点,又要看到两点之中又有主次之分;既要看到矛盾的主要方面,又要看到矛盾的次要方面。在坚持唯物辩证法的"两点论"和"重点论"时,必须反对形而上学的"均衡论"和"一点论"。

扫一扫了解
如何用矛盾的
观点看问题

(2)根据矛盾的普遍性与特殊性的辩证关系原理,把马克思主义普遍原理同中国革命和建设的具体实践结合起来,要具体问题具体分析,建设中国特色社会主义。中国革命和建设的伟大成就,充分证明了矛盾普遍性与特殊性辩证关系原理正确运用的重要性。毛泽东在《矛盾论》中重申列宁关于具体问题具体分析的思想时说:"马克思主义的最本质的东西,马克思主义的活的灵魂,就在于具体地分析具体的情况。"

(3)矛盾分析法也是时代青年正确处理个人与社会、学习与工作、事业与爱情、理想与现实问题的最基本最有效的方法。

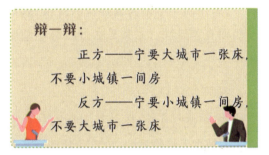

第三节 对世界的认识

认识的辩证发展过程,就是在实践的基础上,不断发现真理、发展真理的过程。认识的直接任务和目的就是要获得真理,以便更有效地认识世界、改造世界,推动人类社会向更高的阶段进步。马克思主义认识论以科学的实践观为基础,坚持唯物主义与辩证法的统一,深化了人们对真理观的认识,科学地回答了什么是真理、真理的本质特征、真理的标准等一系列问题。

一、人要认识什么

(一)真理及其本质与特征

1. 什么是真理

真理是客观事物及其规律在人的头脑中的正确反映。从形式上看,真理是主观的。因为真理作为一种认识、反映,是客观事物及其规律在人的头脑中的一种主观映像,而且是通过语言和思维的方式表达出来的。但是,从内容上看,真理又是客观的。因为真理来源于人们对客观事物及其规律的认识,证明认识正确与否的不是人们主观的判断,而在于实践。因此,真理又被称为客观真理。

2.真理的本质属性

(1)客观性。真理的客观性表现为两个方面的含义。第一,真理的内容是客观的。真理的内容中包含着不以人的意志为转移的客观内容,人的认识之所以成为真理,其根本原因不在于它的主观形式,而在于它的客观内容。第二,检验真理的标准是客观的。检验真理的唯一标准是实践。人们认识的正确与否,必须要拿到实践中去检验才能确定。

(2)超阶级性。真理面前人人平等。真理内容的客观性表明,在一定的时间、地点和条件下,对于同一事物的真理性的认识,其内容是相同的、确定的,不会因不同的人、不同的阶级而有差异性。尤其是在自然科学领域和思维领域,人们对自然规律和思维规律的认识都应该是完全一样的。

3.真理和谬误

所谓"谬误",是指与客观事实不相一致的认识,是对客观事物及其规律的歪曲、错误的反映。客观世界是物质的,物质世界是纷繁复杂、千变万化的;人类对客观外界和人类自身的认识,因为主客观条件的限制,也是各有不同的。所以,在认识过程中产生谬误在所难免。即使是伟大的科学家、政治家和思想家,他的认识能力总是有限的,也会不可避免地产生错误的认识。人的认识过程,就是一个既有真理,又有谬误,真理和谬误相比较而存在、相斗争而发展的过程,就是一个不断地发现真理、修正谬误的过程。

哥白尼与日心说

真理和谬误的关系,是对立统一的辩证关系。首先,二者是相互对立、相互区别的。真理是对客观事物及其规律的正确的反映,表明了主观与客观的相符、相一致;而谬误则是对客观事物及其规律的歪曲的、不正确的反映,表明主观与客观的背离、分裂。所以,在一定范围内,真理就是真理,谬误就是谬误,二者不能混为一谈。其次,二者是相互联系、相互依赖的。真理和谬误在认识过程中相比较而存在,相斗争而发展。没有真理也就无所谓谬误,而没有谬误也显示不出真理。最后,二者在一定条件下可以相互转化。任何真理都是对客观事物及其规律的正确认识,但是这种认识总是在一定的范围、一定条件下进行的。如果超出了一定的时间、地点、条件限制,真理的内容也会发生改变,甚至真理会转化为谬误。

> **小故事**
>
> 《列子·说符》中有一个"歧路亡羊"的故事。相传战国时期,有一次杨子的邻居丢了一只羊,派全家人去寻找,同时也请杨子的仆人帮忙去找。杨子对此大惑不解:"不过是丢了一只羊罢了,为什么要这么多人去寻找呢?"丢羊的邻居说:"因为岔路太多了。"
>
> 可是这些人找了一整天,也没有把那只羊找回来。杨子问:"找到没有?"他们都叹息说:"没找到。"
>
> 杨子又感到不解,询问其中的原因。他们回答说:"路之中又有歧路,岔路太多,我们不知道羊往哪一条岔路上去了,所以就回来了。"
>
> 杨子听后感触颇深,闷闷不乐好几天。家里的人感到非常奇怪,便问杨子:"羊是不值钱的牲畜,何况走失的羊又不是你的,为什么要这样心事重重的?"杨子听后并没有回答。
>
> 可是这些话被站在一旁的杨子的学生听到了,他感慨地说:"道路因为岔路多,所以容易使羊丢失;做学问的人因为方法太多也容易迷失方向。杨子的不快乐难道还不明白吗?"后来,人们用"歧路亡羊"比喻事理复杂多变。如果没有正确的方向,就找不到真理,就会犯错误。在追求真理的道路上也有很多岔路啊!

(二)真理的评价标准

1.关于真理标准的哲学争论

通过什么标准来检验真理,曾经是哲学史上长期争论的问题。由于对真理的看法和界定标准不同,过去的哲学家们对真理标准的看法也各不相同。

在真理标准的问题上,历史上有两大类错误的观点。

第一类是唯心主义者的观点。他们不承认真理的客观性,因而也就不承认检验真理的客观标准。他们坚持主观真理论,把真理的标准主观化,把它归结为人的主观意识领域的东西。他们有的人坚持"圣人标准",主张以圣人的观点为准,比如我国古代有人主张"以孔子之是非定是非",汉代学者扬雄认为"万物纷纭则悬诸天,众言淆乱则折诸圣";有人主张以自己的观点为标准,"以吾心是非为是非"、"宇宙便是吾心,吾心即是宇宙";有人主张以多数人的观点为标准,英国经验派哲学家贝克莱认为检验真理的标准应该是"集体的知觉";还有人认为应该以领导人的意见为准,我国"文革"时期就有人说,最高领导人的话"一句顶一万句"、"句句是真理"等等。所有这些观点,都把真理标准看作是人的精神领域里的主观的、不确定的东西,主张精神第一,物质第二,因而是唯心主义的真理标准论。

第二类是旧唯物主义者的观点。他们承认真理的客观性,认为判断人的认识是否是真理,要看它是否与客观事物及其发展规律相符合,主张在人的主观意识之外寻找真理的标准。比如法国哲学家、百科全书派代表人物狄德罗说:"我们有三种主要方法:对自然的观察、思考和实验。观察搜集事实;思考把它们组合起来;实验则证实组合的结果。""除了实验之外,没有别的办法可以识别错误。"①在这里,狄德罗把实验看作是检验认识正确与否的唯一办法。而德国古典哲学家费尔巴哈则认为,"理论所不能解决的那些疑难,实践会给你解决"②。他直接提出了认识正确与否的标准应该是实践这一天才性的论断。这些思想确实难能可贵,比唯心主义者的主观标准论前进了一大步。但是,由于他们不能科学地理解认识与实践的关系,不懂得实践的社会性,机械地强调从客体、自然的直观形式去认识和把握客观事物本身,没有理清真理本身与检验真理标准之间的关系,把真理和检验真理的标准混为一谈,因而也就没能最终科学地回答如何检验认识真理性的问题。

辩证唯物主义把科学的实践观引入认识论,第一次正确地解决了检验真理的标准问题,认为只有实践才是检验真理的唯一标准。在《关于费尔巴哈的提纲》里,马克思指出:"人的思维是否具有客观的真理性,这不是一个理论的问题,而是一个实践的问题。人应该在实践中证明自己思维的真理性……关于思维——离开实践的思维——的现实性或非现实性的争论,是一个纯粹经院哲学的问题。"③此后,马克思主义经典作家们反复强调了检验真理的实践标准观点。他们认为,判定认识是否是真理,不能依据人的主观感觉而定,而应该依据社会实践的结果来确定,只有实践才是检验真理的唯一标准。

2. 为什么说实践是检验真理的唯一标准?

从真理的本性来看,真理是一种正确的认识,是客观事物在人的头脑中的正确反映,是主观认识同客观对象相符合。主观认识是否与客观对象相符合,认识本身不能自己检验和证明自己,自己不能成为检验自己的标准。"王婆卖瓜,自卖自夸",缺乏论证的标准。因为认识本身就是观念上的东西,认识不能在主观范围内自己证明自己。同时,客观事物本身也不能充当检验真理的标准,因为客观事物本身不会开口说话,不会用语言和思维的形式来证

---

① 转引自梁树发.《马克思主义哲学原理》.中国人民大学出版社,2003年,第209页。
② [德]费尔巴哈.《费尔巴哈哲学著作选集》(上卷).荣震华、李金山译,商务印书馆,1984年,第248页。
③ 《马克思恩格斯选集》(第1卷).第2版.人民出版社,1995年,第55页。

明认识的正确性,离开人的实践活动而独立存在的客观事物不可能直接把某种认识与自身对照,说它是正确还是错误。因此,既不能在纯主观的范围内,也不能在纯客观的范围内解决检验认识正确与否的问题,只有能把主观与客观联系起来进行比较的东西,才能充当检验真理的标准。

从实践的特性来看,实践是主观见之于客观的物质活动。只有实践才能把主观和客观联系起来,充当主客观联系的"桥梁"。社会实践活动,不是个别人的单个的活动,而是具有普遍性特征的并广泛贯穿于一切人类活动的社会历史性的活动,普遍的实践活动可以检验普遍性的认识。同时,实践是主观见之于客观的物质活动,具有直接性、现实性的特点。认识正确不正确,可以通过实践活动,直接得以验证,从而直接现实地检验出认识与客观现实是否相符合及符合的程度,即检验出理论的真理性。

> **小卡片**
>
> 1978年5月,《光明日报》发表了《实践是检验真理的唯一标准》一文,引发了全国开展关于真理标准问题的大讨论,冲破了"两个凡是"的思想禁锢,实现了拨乱反正,使广大干部群众从过去盛行的个人崇拜和教条主义的精神枷锁中解放出来,使党的马克思主义思想路线得以重新确立。在党的十二大上,党的思想路线表述为:"一切从实际出发,理论联系实际,实事求是,在实践中检验真理和发展真理。"从此,实践是检验真理的唯一标准成为我党思想路线的重要内容。在党的几代领导集体的不懈努力下,在马克思主义中国化的过程中,从毛泽东提出实事求是,到邓小平提出解放思想、实事求是,江泽民提出马克思主义具有与时俱进的理论品质,胡锦涛提出科学发展观,到习近平新时代中国特色社会主义思想等,这是对中国共产党的实事求是思想路线不断深化的过程。解放思想、实事求是、与时俱进的思想路线,成为我们党领导全国人民坚持真理,开拓创新,不断取得社会主义建设事业伟大胜利的强大思想武器。

(三)追求真理是一个过程

客观真理不是凝固不变,而是不断发展的。因为真理是客观事物及其规律在人们头脑中的正确反映,这种反映不是静态的而是动态的,是一个过程。真理是绝对性和相对性的辩证统一,追求真理的过程是一个由相对真理走向绝对真理的过程。

1.真理的绝对性和相对性

真理的绝对性也称"绝对真理",是指真理内容的客观性和发展的无限性。真理的绝对性表现为两方面的含义。第一,任何真理都有不依赖于人的主观意志、不以人的意志为转移的客观内容,都是对客观事物及其规律的正确认识,这是绝对的、无条件的。第二,人类对客观事物的认识,对真理的追求,总是一个永恒发展的、由低到高的、不断接近的过程,这个过程和趋势是无限的、无条件的,因而也是绝对的。

真理的相对性也称"相对真理",是指人们在一定条件下对于无限多样的物质世界的正确认识总是具体的和有限的。真理的相对性表现为两方面的含义。第一,任何真理都是人们对于客观事物及其规律的认识,都是属于意识的范畴,是第二性的,它要依赖于客观物质世界。而且,任何真理都要通过语言、逻辑思维等形式才能实现对客观对象做出正确的反映,它并不是客观事物及其规律本身。因而是相对的,有条件的。第二,任何真理都是对无限发展着的客观世界的一部分、一个环节或对一个事物的一个阶段的正确的反映,它没有穷尽整个世界。所以,从广度上讲,任何真理性的认识都不可能穷尽客观世界的一切方面和一切过程,人类的认识还有待进一步扩展;从深度上讲,任何真理性的认识也只能是对客观事物及其本质的一定程度、一定层次的正确反映,认识还有待进一步深化。从这个意义上说,真理是有条件的、相对的。

2. 真理的绝对性和相对性是辩证统一的

绝对真理和相对真理相互联结、相互渗透、相互包含。一方面,相对之中有绝对。任何绝对真理都是一定条件下、一定范围内和一定程度上对客观事物及其规律的正确反映,在这个特定的范围内,真理具有永远不被推翻的客观内容。一切具有相对真理性的认识中,都包含着这种绝对的、永远不可推翻的客观内容。所以说,相对之中有绝对。另一方面,绝对之中有相对。任何绝对真理都不是孤立的存在,都是通过无数相对真理性的认识表现出来,绝对真理体现在相对真理之中。总之,没有离开相对真理的绝对真理,也没有离开绝对真理的相对真理,二者是一种相互的包含关系。

真理的发展总是一个由相对真理向绝对真理不断转化、不断上升的无限过程。每一个真理性认识的获得,都是在一定条件下,人们对以往实践经验的阶段性总结。这种总结,既是前一认识过程的终点,又是后一认识过程的起点。真理发展的过程就是不断接近无限发展着的客观世界的过程,这个过程就是一个由相对真理向绝对真理不断转化发展的过程。

绝对主义真理观片面夸大真理的绝对性,否认真理的相对性,否认真理是一个发展过程,把现存真理都看成是终极真理,从而把真理变成教条。相对主义真理观片面夸大真理的相对性,否认真理的绝对性,把真理看成是没有客观内容和客观标准的纯粹的相对的东西,从而否认客观真理

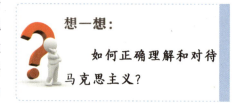

想一想:
如何正确理解和对待马克思主义?

的存在。这样就把真理的相对性夸大为主观的随意性,从而导致相对主义和怀疑主义,实际上是一种诡辩论。

二、人应该怎样认识

认识是人类有别于动物的特有现象,而且是一个在实践的基础上不断发展的过程。了解认识的基础和过程,掌握正确的思维方法,有助于人们提高自己的认识能力和水平。

(一)实践是认识的基础

马克思主义认识论认为,实践和认识实质上是人类认识活动的双向矛盾运动过程,实践决定认识,实践是认识的基础,而认识会反作用于实践。实践对认识的基础性作用表现在以下几个方面。

1.实践是认识的来源

人们只有在改造客观世界的实践活动中,通过自身的感性活动和理性思维,才能把客观对象的内容反映到人的头脑中,经过加工、整合,形成关于对象的认识。客观事物不可能自动地成为人们的认识客体,实践的需要产生了认识。比如,种植业的需要产生了农学;农业灌溉、手工业制造、航海等的需要产生了力学;对劳动成果的计算和管理的需要产生了数学等等。实践推动着认识的发生。人们为了生产生活的需要而开展实践活动,在实践活动开始前和实践活动进行过程中,人们会不断地去认识对象,总结经验,积累知识,实践出真知。

> **哲人哲语:**
> 不登高山,不知天之高也;不临深溪,不知地之厚也。
> 不闻不若闻之,闻之不若见之,见之不若知之,知之不若行之。
> ——荀子

2.实践是认识发展的动力

人类的认识是随着社会实践的不断发展而逐步由低到高、由浅入深、由零散到全面的一个前进性的过程。实践的需要推动认识的发展。一方面,实践的发展不断为认识提出新的课题,要求人们不断探索未知领域。恩格斯说:"社会一旦有技术上的需要,则这种需要就会比十所大学更能把科学推向前进。"[①]另一方面,实践的发展给回答新问题提供必要的经验材

---

① 《马克思恩格斯选集》(第4卷).人民出版社,1995年,第732页。

料,为人们提供日益完备的认识工具和手段。人们在实践中创造出的机械设备、精密测量仪器、电子计算机等,延长了主体的感觉器官和思维器官,增强了人们的认识能力,使认识得以不断深化和拓展。

3.实践是认识的最终目的

实践不仅是认识的起点和源泉,而且是认识的归宿。人类总是要生存与发展的,总是要通过实践来不断地获得与外界的物质与能量的交换。人认识世界的目的,不是为了认识而认识,而是为了改造世界。任何理论知识的获得,都是为了更好地指导实践,为实践服务的。如果不是为了指导实践与服务实践,而把理论束之高阁,再好的理论也是没有实际意义的。

4.实践是检验认识正确与否的唯一标准

人类的认识不外乎两种,一类是真理,一类是谬误。产生于实践的认识是否正确,既不是依人的主观判断,也不是依客观事物本身。只有通过实践,使主观见之于客观,才能检验认识的正确与否。

(二)认识的过程

主体对客体的认识过程是一个辩证发展的过程。从生动的直观到抽象的思维,再由抽象的思维回到实践,这就是认识发展的辩证途径。毛泽东认为,认识的过程应该是"实践、认识、再实践、再认识,这种形式,循环往复以至无穷"[①]的过程。

1.从实践到认识

认识的辩证发展过程首先是从实践开始的。人们通过实践,在实践的基础上产生感性认识,然后从感性认识上升到理性认识,这是认识过程的第一次飞跃。

(1)感性认识是认识的初级阶段。感性认识是人们通过各种感官直接与外部世界接触所获得的关于事物的认识。它是通过认识主体借助自己的感觉器官或一定的物质中介,对外在对象进行表面的、局部的、个别特征的感觉和了解,然后在大脑中形成初步的综合印象。感性认识的特点是直接性、形象性和具体性。感觉、知觉和表象是感性认识的三种基本形式。

(2)理性认识是认识的高级阶段。理性认识是人们通过思维器官对感性认识材料进行抽象和概括而形成的关于事物的全面的、本质的、内部的联系的认识。它是通过认识主体在感性材料的基础上对事物的共同特性进行概括形成一般概念,然后分析判断事物的本质属性,最后合乎规律地推断出反映事物内在联系的、新的认识内容的高级认识形式。理性认识的特点是间接性、抽象性和概括性。概念、判断和推理是理性认识的三种基本形式。

---

① 毛泽东.《毛泽东选集》(第1卷).第2版.人民出版社,1991年,第296页.

2. 从认识到实践

从感性认识到理性认识的第一次飞跃，仅仅完成了整个认识过程的一半，认识运动到此并未结束。要实现一个完整的认识过程，人们还必须用理性认识来指导实践，并要用实践对理性认识进行检验，从而实现认识过程的第二次飞跃。

实践是认识的目的，认识世界是为了改造世界。没有理论指导的实践是盲目的实践，与动物出于自身的本能去适应环境的无目的的活动没有什么区别。人类的实践活动之所以高于其他动物的本能活动，就在于人的主观能动性，在于人的实践活动是有理论指导的。

认识只有回到实践中去，才能得到检验和发展。认识向实践的飞跃是理性认识自身的要求。理性认识形成以后，它自身的正确与否还没有得到确证，这种确证又无法在认识范围内由自己来完成，必须通过认识以外的实践才能得到检验、补充、修正、完善和发展。

实现理性认识向实践的飞跃，发挥理论对实践的指导作用，必须具备一定的前提条件。一是用来指导实践的理性认识必须正确；二是要坚持理论联系实际的原则；三是理性认识回到实践、指导实践，必须具备一定的物质条件。

3. 认识过程的多次反复和无限发展

由实践到认识，再由认识到实践，再认识，再实践，循环往复，不断上升，构成认识运动发展的总规律。这一规律，表明了认识过程的反复性和发展的无限性。

从静态的认识运动过程来看，认识的过程经过两次飞跃就完成了。但是，马克思主义认为，世界上任何事物都处于运动变化发展之中，认识的主体、认识的对象和认识的中介，都处于世界总的运动状态之中。不仅认识的对象的本质与规律的暴露有一个过程，其内在本质和外在形式处于不断的发展变化之中，而且认识的主体在一定时空范围内，其认识水平与认识能力总是有限的，认识的中介、手段也会随着时间地点条件的变化而不断发展变化着。因此，要想一次性完成对事物正确的、终结性的认识是不可能的。实际的认识过程总是表现为从实践到认识、从认识到实践的不断反复过程。人们对于一个具体事物的正确认识，往往需要经过多次的认识、实践，再认识、再实践的过程。这就是认识过程的反复性、无限性和上升性。

"实践、认识、再实践、再认识"，循环往复、无限发展的认识辩证过程，体现了主观与客观、认识与实践的具体的、历史的统一。把握认识发展的这一总规律，对于指导我们开展自然科学研究和社会科学研究、指导我们开展社会主义现代化建设以及指导我们的日常学习、工作和生活，都有非常重要的现实意义。

三、正确的思维方法

人类的认识活动,无论是从感性认识到理性认识,还是从理性认识回到实践,都必须遵循和运用科学的认识方法。如果没有正确的思维方法和思维过程,人们不可能把实践中通过感觉、知觉、表象等形式获得的感性认识上升到理性认识,也不可能正确地发挥理性认识对实践的指导作用。正确的思维方法是青年学生勇于实践、获得真理的重要阶梯,也是青年学生了解社会、适应社会、实现自己人生目标的重要方法和手段。

(一)逻辑思维

1. 逻辑思维的概念

逻辑思维又称抽象思维,是思维的高级形式,是人们在认识过程中,借助于概念、判断、推理等思维形式能动地反映客观现实的理性认识过程。同形象思维不同,逻辑思维以抽象为特征,通过对感性材料的分析思考,撇开事物的具体形象和个别属性,揭示出事物的本质特征,形成概念,并运用概念进行判断和推理,从而概括地、间接地反映现实。人们只有通过逻辑思维,才能达到对具体对象本质规律的把握,进而认识客观世界。逻辑思维的基本形式是概念、判断和推理等。

2. 逻辑思维的基本要求

(1)概念的确定性。概念是逻辑思维最基本的单元和形式,是指反映对象特有属性或本质属性的思维形式。人们通过实践,从特定对象的许多属性中抽出其特有属性或本质属性概括而成。概念的形成,标志着人的认识已从感性认识上升到理性认识。

所谓概念的确定性,就是人们在进行逻辑思维的过程中,所使用的任一概念,都必须有确定的内涵和外延,并且与其所反映的客观对象相符合。概念的确定性是开展理性思维的前提和基础。也只有这样,人们才可以在明确了解和表达概念的基础上继续开展思维活动,完成整个认识过程。

> **小卡片**
>
> 概念有内涵和外延两个范畴。内涵是指概念中所反映对象的特有属性。比如,"人"这个概念,其内涵就是动物发展的最高级,会使用语言,能思维,会制造和使用工具,存在于一定的社会关系之中等。再比如,"商品"这个概念,其内涵就是

> 为了交换而生产的劳动产品。外延是指概念中所反映的具有某些特有属性的对象，即概念所指称的一切事物。比如，"人"这个概念的外延就是古今中外的所有的人，"商品"这个概念的外延就是市场上用来交换或用货币可以购买的所有的房子、汽车、服装、食品、日用品等。

概念的确定性主要表现为概念的严谨性。在现实生活中，人们往往不注意明确概念的内涵和外延，对一个概念的真实含义模模糊糊，或者不求甚解，随随便便地使用概念，最后引起歧义，使自己或者别人的逻辑思维陷入混乱。

> **想一想：**
> 女儿：我和男友分手了，因为没有共同语言。
> 母亲：怎么会没有共同语言，你们不都是讲汉语吗？
> 请问，女儿和母亲所说的"共同语言"是同一概念吗？

概念的确定性还表现在，在一个确定的语言环境下或同一思维过程中，一个概念要反映什么对象就只能反映什么对象。否则，就会引起思维混乱，违反同一律。比如，有这样一个三段论的推理的例子：

中国人的乒乓球水平是世界上最高的；
我是打乒乓球的中国人；
所以，我的乒乓球水平是世界上最高的。

这个三段论的推理很显然出现了问题，它犯了偷换概念或混淆概念的错误。

概念不仅具有确定性，而且也具有变化性。马克思主义哲学认为，世界上的一切事物都是运动变化发展的，没有一成不变的事物。客观事物的发展变化决定了人们的认识内容、认识水平和认识能力也要随之发生变化，对于同一客观对象的定义也应该随着人们认识能力的提高而相应发生变化。

（2）判断的准确性。判断是对事物的情况有所断定的思维形式。它是通过对思维对象的性质、关系等的肯定或否定来反映对象真假情况的一种认识活动。任何一种判断，都或者是肯定，或者是否定，因而或者是真，或者是假。如果一个判断所肯定或否定的内容与客观现实相符合，它就是真的；否则，就是假的。判断一般用陈述句来表达。

判断的种类有很多，形式逻辑教材中有详细的介绍，这里不一一展开介绍。单就判断事物具有或不具有某种性质的直言判断来说，就分为单称肯定、单称否定、特称肯定、特称否定、全称肯定、全称否定等六种判断类型。判断的准确性有以下几点要求。

第一,判断必须观点明确。任何一个判断都要有自己确定的断定内容,在同一思维活动过程中,要么肯定什么,要么否定什么,除此之外,没有第三条道路可走。否则就容易引起歧义,容易混淆视听。

想一想:

一个算命先生来到一个农民家庭给这家算命。主人问:"我有三个儿子,将来会有几个考上大学呀?您给算算。"算命先生摇头晃脑,念念有词,掐来掐去,最后伸出一个指头,含笑不语。主人问:"只有一个考上大学吗?"算命先生说:"天机不可泄露也。"在这里,他伸出一个指头,可以有四种说法:一个考上,另两个没考上;一个考不上,另两个考上;三个一起都考上;三个一个都考不上。想一想:算命先生是怎样让自己蒙混过关,骗取钱财的?

第二,判断要有事实依据。任何真实的判断,都必须建立在一定事实根据的基础之上。如果一个判断失去了其成立的依据,那么这个判断就是一个无根无据的虚假判断,这种判断是没有人相信的。例如,公安机关和人民法院在对刑事案件的侦破、审理过程中,必须严格按照"以事实为根据,以法律为准绳"的原则进行。要根据犯罪嫌疑人的犯罪动机、犯罪事实、犯罪过程、犯罪结果等予以判定。也就是说,要根据犯罪嫌疑人构成犯罪的共同要件和具体要件来进行分析,从而确定嫌疑人是否构成犯罪。如果是凶杀案,就要调查分析是单独作案还是团伙作案,作案的时间地点、作案的凶器、作案的过程、作案的结果、相关的人证物证等;如果是其他案件,也要有其他案件的构成要件。开展案件侦查、审理工作是如此,从事其他自然科学和社会科学研究工作也是如此。

第三,判断不能自相矛盾。矛盾律要求人们的思维必须具有一贯性。就是说,在同一思维过程中,一个人的思想或判断不能既是什么又不是什么。在现实生活中,人们如果不注意这一点,就会犯"自相矛盾"的错误。

第四,判断标准确定一致。任何事物的存在都有其明确的规定性。同一个事物在确定的条件下,是什么就是什么,这是由事物的"质"的规定性所决定的。判断的标准统一,是进行正确逻辑思维的基本要求。判断标准的不确定,是诡辩论者惯用的伎俩。

> 小故事
>
> 老师:有两个人到我这里来做客,一个人很干净,另一个很脏。我请两个人去洗澡。你们想想,他们两个人中谁会去洗澡呢?
>
> 学生:当然是那个脏人。
>
> 老师:不对,是干净人。因为他养成了洗澡的习惯,脏人认为没有什么好洗的。再想想看,是谁洗了澡呢?
>
> 学生:干净人。
>
> 老师:不对,是脏人。因为他需要洗澡,而干净人不需要洗澡。如此看来,我的客人中谁洗了澡呢?
>
> 学生:脏人。
>
> 老师:又错了,当然是两个人都洗了。干净人有洗澡的习惯,而脏人需要洗澡。那么他们两个人后来到底谁洗澡了呢?
>
> 学生:两个人都洗了。
>
> 老师:不对,两个人都没洗。因为脏人没有洗澡的习惯,干净人不需要洗澡。
>
> 学生:有道理。但是我们究竟应该怎样理解呢?您讲的每次都不一样,而又总是对的!
>
> 老师:正是如此。这就是诡辩。①

(3)推理的逻辑性。推理的合乎逻辑性,就是要遵守形式逻辑的基本规律和有关推理规则。如果一个推理完全遵守普通逻辑的基本规律和相关的推理规则,那么它的推理形式就是有效的,即这个推理是有逻辑性的。如果一个推理违反了普通逻辑的基本规律和相关的推理规则,那么它的推理形式就是无效的,即这个推理是没有逻辑性的。例如:

广州人都会讲广州话;

老李不是广州人;

所以,老李不会讲广州话。

这个三段论形式的推理因违反了"前提中不周延的大项在结论中也不得周延"的规则,犯了"大项不当周延"的逻辑错误,是无效的推理形式。同时,其大前提"广州人都会讲广州话"是虚假判断,内容不真实。因此这个推理就是错误的。

关于推理逻辑性的基本规律和推理规则,可查看形式逻辑的有关书籍,这里不展开详述。

---

① 张晓芒.《正确思维的基本要领》.中央编译出版社,2008年12月,第76页。

> **想一想：**
>
> A、B、C、D四人对甲、乙二人是否有罪，做出如下判断：
> A.如果甲有罪，则乙有罪。
> B.甲有罪，但乙无罪。
> C.或者甲有罪，或者乙有罪。
> D.乙无罪。
> 事后得知这四个人所做出的判断，只有一个是假的。
> 请问：究竟是谁有罪？

(二)辩证思维

1.辩证思维的概念

辩证思维也称矛盾思维，是指按照辩证逻辑的要求，用唯物辩证法的规律进行的思维活动。它是立足于概念的辩证本性而展开的思维，通过概念、判断、推理、假说和理论体系演化等思维形式的矛盾运动，深刻反映客观世界的本质和规律。辩证思维有以下几个特点。

第一，全面性。辩证思维在认识对象时，用全面性的观点思考对象，特别是整体分析事物的各种矛盾和矛盾内部的各个方面。分析和认识构成事物运动发展变化的质与量、本质与现象、必然性与偶然性、内容与形式、原因与结果等矛盾着的对立面，即坚持用"两点论"的观点看问题。

第二，系统性。辩证思维用系统的观点认识对象，考察对象在系统中所处的地位，分析构成系统各要素的作用以及对认识对象的影响。

第三，发展性。辩证思维用历史发展的观点来认识对象，把对象放在历史发展的长河中考察，考察它们的因果联系和发展的基本过程。

2.辩证思维的基本要求

(1)归纳与演绎。归纳是从个别上升到一般的思维方法。它包括完全归纳法和不完全归纳法。个别是指单一事物的个体性、独特性；一般是指一类事物或一切事物普遍具有的共性和本质，反映事物的普遍联系和统一性。所以归纳就是从个别事实中概括出共同的、一般的本质。比如，"久晴必有久阴，久阴必有久晴"就是人们在长期的生产劳动实践中对大量个别天气现象进行归纳得出的一般结论；"和平与发展是时代的主题"则是人们对当今世界大量政治与社会现象进行概括和归纳得出的一般结论。归纳法在科学认识中有重要作用。任何一门自然科学在其发展历程中，都有一个积累经验材料的时期。从大量的观察、实验中发现自然规律,总结出科学定理或原理,是科学工作中最初步的也是最基本的工作。达尔文曾经说:"科学就是整理事实,以便从中得出普遍的规律或结论。"科学史表明,自然科学中的经验定律和经验公式,大都是运用归纳法总结出来的。例如:关于电磁作用的毕奥-萨伐尔定律、法拉第定律以及著名的哥德巴赫猜想等。演绎是由一般性原则到个别结论的方法。演绎通常由前提、逻辑规则和结论三部分组成。演绎推理是一种必然性推理。推理的前提是一般,推出的结论是个别,一般中概括了个别。凡是一类事物所共有的属性,其中的每一个别事物必然也具有,所以从一般中必然能够推出个别。然而推出的结论是否正确,要取决于推理的前提是否正确和推理的形式是否合乎逻辑规则。在推理的形式合乎逻辑的条件下,运用演绎法,从真实的前提中一定能得出真实的结论。演绎推理是做出科学预见的一种手段。把一般原理运用于具体场合做出的正确推论就是科学预见。由于科学理论是已被实践检验过的真理,由此做出的推论就是有科学根据的,它对实践有指导作用。

归纳和演绎是对立统一的辩证关系。一方面,二者是相互依存的。没有归纳就没有演绎,演绎必须以归纳为基础。作为演绎出发点的公理、定律等,都是从包括归纳法在内的非演绎法中得来的,而且演绎法从共性推论出个性,其结论也还需要归纳法来论证和丰富;没有演绎也没有归纳,归纳需要演绎作为指导。归纳法不能抛开演绎法进行所谓纯粹的归纳,无论是收集还是整理经验材料,都必须有某种一般的理论原则作为指导,这就是演绎的作用。完全脱离演绎的归纳是盲目的,完全脱离归纳的演绎是缺乏基础的、不科学的。另一方面,二者可以相互转化。当认识活动从个别事实归纳出一般原理时,作为归纳结果的一般原理就可以转化为演绎的前提,这时归纳转化为演绎;当从一般原理演绎出个别结论时,作为演绎结果的结论又可转化为归纳的指导,这时演绎转化为归纳。

(2)分析与综合。分析和综合是比归纳和演绎更深刻地揭示事物内在本质的方法。客观事物是复杂多样的,它由各个部分、各个侧面和许多不同的属性所组成,而这些部分、侧面和属性又相互联系、相互依赖组成一个有机的整体。因此,在认识客观事物的思维活动中,必须进行必要的分析和综合。

分析是把整体分解为各个部分、方面、要素,以便逐个加以研究的思维方法。辩证的矛盾分析,必须把事物的各个部分、侧面或属性放到矛盾及其诸方面的相互联系中,放到事物的矛盾运动中来研究。分析的形式有定性分析、定量分析、因果分析、结构分析、功能分析、信息分析、系统分析、模式分析、流程分析等。

综合就是在把整体分解为各个因素、方面和属性的基础上,再将它们组合成一个整体的思维方法。综合方法是与分析方法演绎方向相反的思维方法。它旨在从整体上把握事物的本质和规律。综合不是对事物各个部分、侧面和属性的简单凑合或机械相加,而是按照它们的内在联系把整个事物在思维中再现。

现代系统科学丰富和发展了分析与综合的辩证思维方法。系统科学不是停留在部分与整体的简单组合关系上看分析与综合,而是联系事物矛盾运动的复杂关系去揭示分析与综合诸环节,从而使分析与综合真正成为一种辩证的思维方法。现代系统科学的一个重要成就,就是深化了对事物进行结构分析、择优分析或决策分析的认识。同时,系统科学实现了从定性分析到定量分析的跃升。

分析与综合是对立统一的辩证关系。首先,二者是互相联系、互相依存的。分析是综合的基础,没有对具体事物各个部分、侧面和属性的分析,认识就不能深入,就不能把握客观事物的本质和规律,就难以实现综合;综合是分析的指导,没有以某种综合的成果作为指导,分析也是盲目的、零散的,所形成的认识也是支离破碎的。其次,二者相互渗透相互转化。在认识客观事物的过程中,没有也不可能有完全的、纯粹的分析和综合,分析中往往渗透着综合的因素,综合中也包含着分析的内容,二者是相互融合的。在认识发展的过程中,分析进行到一定程度,思维就要转化为综合,而综合进行到一定程度,又要进行进一步的分析。所以二者是一个相互转化的过程。"分析—综合—再分析—再综合"以及分析与综合完全融合成"分析综合法",构成了人们认识事物无限循环发展与上升的思维方法。

(3) 抽象和具体。人对客观事物从现象到本质的认识过程,有着其自身内在的逻辑机制,那就是思维的"具体—抽象—具体"的由肯定到否定再到否定之否定的认识过程。在这一过程中,人的认识是从感性具体经过思维抽象而达到思维具体的有规律的逻辑上升过程。

抽象是指在思维中把对象的某种属性、因素抽取出来而暂时舍弃其他属性、因素的一种思维方法。抽象是一种理性的思维分析活动,它通过对事物各种属性、特点、内容、关系等的分析,剔除其表面的、偶然的、非本质的东西,抽取出必然的、本质的、反映事物发展客观规律的东西,形成一定的理性认识。牛顿从苹果落地等自然物的下落现象抽象出万有引力定律,马克思、恩格斯从资本主义社会的各种现象抽象出资本主义社会的发展规律等,都是抽象思维的结果。具体有两层含义,一是感性具体,二是理性具体。它们分别处于人们抽象与具体认识活动的两端,即感性具体—抽象规定—理性具体。所谓感性具体是指人们在感性认识中形成的关于事物生动而具体的完整形象。它是认识过程的起点,但是这种感性具体只是对客观事物表面的、零散的、现象的反映,是对事物整体的混沌的认识,还不是认识的目的。理性具体是指人们在抽象的基础上形成的对事物各种规定性的综合,是具体在思维中更深刻的体现。

抽象和具体是对立统一的辩证关系。所谓对立,就是二者的区别,它们各有自己的规定性。所谓统一,主要表现为二者是相互依赖的。一方面,感性具体是抽象规定的基础和前提,没有对事物感性具体的认识就不可能形成抽象规定。同时,抽象规定又是理性具体的基础和逻辑出发点,没有对具体事物各个方面本质属性的抽象,就没有事物整体在思维中的明晰再现。另一方面,理性具体又是抽象规定的目的和逻辑终点,没有理性具体就不能把握事物的本质。

(4) 历史与逻辑的统一。历史的方法是指从事物自身的运动变化发展过程考察事物的方法,即从对象的自然过程研究考证描述对象的方法。人类认识客观事物,必须站在历史的角度考察对象。恩格斯说:"历史从哪里开始,思想进程也应当从哪里开始,而思想进程的进一步发展不过是历史过程在抽象的、理论上前后一贯的形式上的反映。"[①]任何事物都处在不

---

① 《马克思恩格斯选集》(第2卷).第2版.人民出版社,1995年,第43页。

断运动变化发展的过程之中,都有它的过去、现在和未来。事物的本质和规律,正是通过它的历史进程而逐步体现出来的。因此,必须历史地考察事物,才有可能如实地揭示事物的本质和规律,逐步形成科学的认识。逻辑的方法是指透过对象自然过程中种种表面的、个别的、暂时的现象,从纯粹抽象概括的基础上研究揭示对象的本质和规律的思维方法。所谓逻辑思维,就是按照理论体系的逻辑层次、次序、关系的内在规律进行思维活动。

逻辑与历史的统一,要求任何一门科学理论,其概念或范畴的逻辑推演与人们对该门学科所反映的对象的认识应该是一致的。逻辑的东西与历史的东西是辩证统一的。一方面,在辩证思维看来,物质决定意识,存在决定思维。理论概念体系的逻辑顺序、层次、关系是认识对象历史发展顺序、层次、关系的反映,客观事物的历史发展是逻辑思维的物质基础,逻辑的进程和历史的进程具有内在的一致性。历史是逻辑的基础和内容,逻辑是历史的理论再现。另一方面,逻辑与历史的一致,是包含了差异的本质上的一致。因为历史的发展有其自身的发展规律,是必然性和偶然性的对立统一,其中既有本质的、主流的、必然性的东西,也有非本质的、非主流的、偶然性的东西。而逻辑的东西是对历史本身的抽象与概括,它会舍弃大量非本质、非主流、偶然的东西,集中反映历史发展过程的本质、主流、必然的部分。

(三)批判性思维

批判性思维是英语critical thinking的直译,在英语中指的是那种能抓住要领、善于质疑辨析、基于严格推断、富于机智灵气、清晰敏捷的日常思维。在西方,批判性思维又称论证逻辑、非形式思维等,有审视、质疑、分析和判定等含义,它要求人们对获得的知识和信息不能盲从,不能简单否定,要经过认知主体大脑的独立的思考来进行分析、评价,有理由地做出判定。[1] 总之,批判性思维是指思维主体在批判性精神的基础上,对所获得知识的内容、背景、材料、证据以及产生知识的过程、方法、评价标准等的正确与否做出自我判断的一种思维方式和认知能力。它包括批判性精神和批判性思维能力两个方面。

1.批判性精神

(1)怀疑精神。怀疑,就是心存疑惑。怀疑精神是认识主体在接受客观事物时的疑虑、再思考和不盲从的一种认识品质。怀疑精神是科学精神的根本特征,是破除先入之见、推动科学发展的原动力,也是创新性人才必不可少的品质。怀疑是产生新思想的起点,是科学发展的原动力,是"走向真理的第一步"。怀疑是科学家、哲学家必不可少的思维品质。当赫洛菲路斯确认脑是神经系统的中枢部分、是智慧的器官时,他纠正了亚里士多德把心脏看成是智慧的器官的错误;当哥白尼提出"日心说"时,他否定了托勒密的"地心说";当怀疑牛顿经典物理学的"绝对时空观"时,爱因斯坦提出了"狭义相对论"。

---

[1] 张晓芒.《正确思维的基本要领》.中央编译出版社,2008年,第209页。

提出问题是怀疑的基本方法。如果对某个事物或现象产生怀疑,最直接的思维习惯就是提出问题:这个事物怎么会是这样?他的观点有没有错误?这个结果是实验的唯一结果吗?奥地利科学哲学家波普尔在研究科学知识增长的原因时指出:"科学之所以进步,就在于它以批判的精神向权威、教条提出怀疑,提出问题。所以,科学知识发展的模式是:问题—猜想—证伪—新的问题……"

(2)理性精神。批判的精神体现在理性的思考。理性的探索精神是科学发展的重要内容。如果说怀疑精神需要的是认识主体自觉意识的觉醒、独立人格的完善和科学的勇气以及心灵的自由的话,理性的探索更需要人们深厚的知识背景、批判的态度和积极的思维。深厚的知识背景是理性思考的基础和前提,批判的态度是理性思维的基本要求,而积极的思维表现为认识主体在考察认识对象时表现出来的思维的主动性、独立性和开阔性。

批判的过程就是一个思考、甄别的过程,是把最初的疑问、怀疑上升为理性的判断过程。因此,在思维的过程中要发挥人的主观能动性,积极主动地进行思考,而不是被动地接受知识,这样能调动整个思维细胞,敏锐地发现问题,把真实的矛盾和问题凸显出来,并指出问题的要害和症结所在,从而更容易激发批判性思维,进而解决问题。理性的思维能使人在众多现象和观点面前坚持自己的思想,不为别人的思想或观点所左右,不为传统的条条框框所限制,对各种观点和看法进行冷静的、理性思考,不人云亦云,从而得出自己的独立判断。

(3)批判与宽容相结合的精神。理性的批判是与宽容的态度紧密联系在一起的。因为没有宽容就没有积极的批判。所谓宽容,就是批判过程中的肯定,是对认识对象的正确、积极的一面的肯定和保留。没有宽容就没有真正的批判。在平等交流的基础上,理论的探讨、观点的交锋、思想的互通以及立场的尊重,就是批判性思维中的宽容。只有采取积极自由的平等对话,才是理性批判的价值所在。

2. 批判性思维能力

批判性思维能力主要包括对问题的质疑能力、分析能力、解释能力、说明能力、评估与建构论证能力、自我调节和规范能力等。批判性思维是一种对认识是否符合客观事实、论证是否合理有效的评价能力和评价方法,因而它具有一定的工具性。通过对批判性思维能力的专门训练,能够使人们对所接受的各种信息做出系统、客观、深入的评价,形成自己新的认识。

(四)创造性思维

创造性思维是在已有知识、经验的基础上,凭借着各种思维手段,突破和重构已有的知识、经验和信息,产生各种具有独特见解和独特价值的新观点、新思想、新知识的思维活动和思维方式。创造性思维是思维的一种智力品质,是在一般思维的基础上发展起来的,是人类思维的最高级形式,是人类高智能活动的集中表现。

1. 创造性思维的基本特征

(1)独特性。独特性是创造性思维的最重要的特征。独特性有人也称之为独创性、首创性或创新性,其实意思就是一个,是指思维的内容和结果的独特新颖、前所未有和与众不同。一种认识活动能否被看成是创造性思维过程,应主要依据它所产生的结果有无独特性来判别。

法国微生物学家、化学家路易斯·巴斯德,作为近代微生物学的奠基人,像牛顿开辟经典力学那样,开辟了微生物学这一全新的领域。他发现,每一种发酵作用都是由于一种微菌的发展,用加热的方法可以杀灭那些让啤酒变苦的恼人的微生物。很快,"巴氏杀菌法"便应用在各种食物和饮料上。他发现每一种传染病都是微菌在生物体内发生作用的结果,传染疾病的微菌在特殊的培养之下可以减轻毒力,使它们从病菌变成防病的疫苗,从而建立了他的细菌理论。思维的独创性推动着人类认识世界、改造世界的能力不断增强。

(2)灵活性。创造性思维的灵活性又称思维的变通性,是指思维主体的思维活动不受常规思维定式的束缚,不恪守客观事物基本发展规律的秩序性和顺序性,采取跳跃性思维方式考察对象。由于创造性思维并无现存的思维方法和程序可循,所以它的方式、方法、程序、途径等都没有固定的框框。创造性思维往往借助于直觉和灵感,以突发、飞跃的形式寻求问题的解决。而这种新奇、独特的认知方式,往往能别出心裁地对各种复杂的环境进行综合概括,产生出与常规思维不同的、新颖奇特的创造性成果。在人们司空见惯之处,不受束缚、超越常规、摆脱成见、冲破障碍地发现问题和解决问题。苹果落地、水蒸气冲击壶盖,这些都是人们所司空见惯、熟视无睹的现象,但牛顿和瓦特却敏锐地察觉了其中的奥秘,从而发现了万有引力定律,发明了蒸汽机。

(3)突发性。创造性思维的突发性也叫偶然性、随机性,是指认识主体对隐藏于客观必然性背后的某些思想、观点和理论,因为某个偶然的事件的触发,而突然形成清晰的、正确的、有价值的认识的思维活动。古希腊大物理学家阿基米德洗澡时由于受水的浮力启发而豁然开朗,发现了举世闻名的浮力原理;美国发明大王爱迪生从电话筒膜片的振动顿悟出声音的力量,进而发明了留声机;英国数学家汉密尔顿在和妻子散步时茅塞顿开,发现了对数学具有重要意义的"四元数";美籍意大利物理学家费米则在捕捉壁虎的过程中,悟出了量子物理学著名的费米统计。古往今来,无数学者的科学发现和技术发明,都生动体现了创造性思维的突发性特征。当然,突发性思维是一个从艰苦思索到茅塞顿开的量变和质变交融渐进的过程,这也印证了巴斯德的一句名言:"机遇只偏爱那些有准备的头脑的人。"

(4)综合性。综合性思维是指对已有思维成果的综合运用,同时也指对多种思维方式、方法的综合运用。创造不是变魔术,不是无中生有,而是灵活运用各种知识,综合多种思维方法的一门全方位、多角度的综合性思维过程。对各种知识综合运用能力强的人才有可能"见多识广",产生新的思想,提出独特见解,而不拾人牙慧、步人后尘。换句话说,思维的综合性就是指思维主体善于从不同的角度和层次思考问题,它在认识客体面前,既是纵向思维和横向思维的融合,又是发散思维和收敛思维的交织和统一。

(5)客观性。创造性思维必须有客观性的根基,而不是与客观现实毫无关系的主观臆想。自有文明史以来,人类凭借创造性思维所创造的一切成果,都是物质世界的产物,都有其客观基础,符合事物的本性和客观规律,都不是主观臆想的结果。完全丧失客观基础的所谓"创造性思维",不过是封建迷信和宗教狂热的奇思怪想,只可能是水中花、镜中月,只会在现实面前摔得粉碎。

2. 创造性思维的基本形式

(1)发散思维。发散思维又称辐射型思维,是指思维主体沿着不同的方向去思考,通过对已知信息进行多方向、多角度、多渠道的思考,从而悟出新问题、探索新知识、产生新思想的思维过程。思维发散过程需要张扬知识和想象力,它不拘泥于一点或一条线索,而是从现有的信息中尽可能扩散开去,不受已经确定的原理、思想、方式、方法、规则、范围等的约束。通过扩散或者辐射式的思考,求得多种不同的解决办法,衍生出不同的结果。发散思维包括直觉、联想、想象、逆向思维、侧向思维、灵感等非逻辑思维形式,具有流畅性、变通性、独创性、灵活性、求异性等特征。牛顿对苹果落地奇思遐想所引发的对万有引力的研究,斯蒂夫·乔布斯和斯蒂芬·沃兹奈克由工业计算机所引发的个人计算机的奇想所带来的计算机革命,瓦特受壶水冲击壶盖的启发而引发的蒸汽机的发明,凯库勒受炉火"金蛇狂舞"的启发提出的苯分子结构的设想等等,都是发散思维在科学创新中的作用的典型例证。

(2)收敛思维。收敛思维也称集中思维或聚合性思维,是指思维主体利用已有的知识和经验,按照一定的模式,用逻辑的方法确定一个唯一正确答案或结论的思维过程。收敛思维主要包括演绎思维和归纳思维两种方法。演绎思维的特点是力图通过一般原理的逻辑分析来证实特殊事实的存在,如典型的三段论直言推理便属此类。归纳思维则力图通过特殊事实的存在来证明一般原理的存在,如达尔文的生物进化理论、罗蒙诺索夫的"运动能够产生热"的观点等,都是他们从对大量具体事物和具体事实的观察、考证中归纳出的结论。可见,收敛思维本质上是按照形式逻辑的要求,逐步进行分析论证,最终得出符合逻辑的结论的思维。门捷列夫发现元素周期律,天文观测史上对海王星、冥王星的发现等,都是收敛思维推动科技创新的典型佐证。

发散思维与收敛思维相互配合、协调发展。一方面,发散思维与收敛思维是两种不同的思维类型。收敛思维是把解决问题的种种可能性都考虑到之后,再寻求一个最佳答案,从特殊性中寻找普遍性,其主要功能是求同;发散思维则是围绕问题多方寻求答案,广开思路,从普遍性中寻找特殊性,其主要功能是求异。另一方面,发散思维与收敛思维又是密切联系、不可分割的。要创造性地解决问题,既需要发散思维,多角度去寻求答案;又需要收敛思维,以验证各种答案的科学性和可行性。爱迪生发明电灯、"司马光砸缸"的故事,都是发散思维和收敛思维综合运用的结果。发散思维是产生创造思维的前提,收敛思维则是创造思维最终得以实现的保证。

创新离不开实践。思维创新是人类在实践活动的基础上,创造性地改造既有思维方式的思维活动。实践是思维创新的动力。思维创新必须立足于现实、扎根于实践,把创新精神与务实精神紧密结合起来,使创新的内容和结果回报于实践,这样才能体现创新的意义。

长治女子

《聊斋志异》里有一篇"长治女子"的故事。

山西潞安府长治县有个叫陈欢乐的人。他有个女儿,又聪明又美丽。有个道士来化缘,看见这个美丽的女子,非常心动,从此以后每天都拿着钵来附近转悠。有一天,恰好一个盲人从陈家出来,道士追上去和他一起走,问他干什么来了。盲人说:"刚才是去陈家推八字算命。"道士说:"听说他家有个女儿,我的一个姑表弟,想和她家结亲,不知道她的年岁生辰如何?"盲人便把陈女的生辰八字告诉了他。

过了几天,陈女在屋里刺绣,忽然感到全身麻木,晕倒在地上。好一会儿工夫,才慢慢苏醒,想去告诉母亲。一出房门,只见茫茫一片黑色水波中,只有一条像线一样细的小路,吓得她直往后退。这时,大门房舍和自己的住屋已被黑水淹没。再看那条小路上,几乎没有行人,唯有一个道士缓慢地走在前面,陈女就远远地跟随在他的后边。走了几里路以后,她非常惊讶地说:"跑了这么多路,原来还在村里。怎么先前迷糊成这个样子!"于是兴奋地进了家门,可是没见着父母。又回到自己的房间,看见原来没绣完的绣花鞋,仍然放在床上。女子觉得跑得实在累极了,便坐在床上休息。道士忽然进来了,陈女大惊,想逃

《聊斋志异》画作

走。道士捉住她用力按住。陈女想呼喊,但嗓子哑了发不出声。道士急速用快刀子剖开她的心。陈女觉得灵魂飘飘忽忽离开身躯立在一旁。四面一看家舍全没了,只有崩裂的山崖覆盖着。又见道士用她的血点在一个木人身上,叠起手指念起咒语。陈女觉得木人和自己合在了一起。道士叮嘱说:"从此以后一定要听我的差遣,不得违抗!"于是就把她佩戴在身上。

陈家丢失了女儿,全家惊慌疑惑。寻找到牛头岭,才听到有人说,岭下有一个女子被剖心而死。陈欢乐急忙奔去查看,果真是自己的女儿,一时晕厥过去。醒来

后,他哭着跑去向县令诉说。县令拘捕了岭下的居民,拷问多次,终究没有头绪,便暂且把这些犯罪嫌疑人收监,留待查问。

话说道士掌控陈女后,四处云游。一天,道士坐在路旁的柳树下休息,忽然对陈女说:"今天派你第一件差事,去侦察县衙中审案的情况。去后一定要隐藏在大堂天棚上。倘若看见县令使用大印,必须赶快躲避!切切牢记不能忘了!"陈女听说后,浑身颤抖,飘然而去。瞬间到了县衙,按道士所说的那样潜伏在天棚上。

当时被拘的岭下居民都排列着跪在堂下,还没有审问。正好遇上要给公文盖印,陈女还没来得及躲避,官印已经出了匣子。陈女感到身体沉重疲软,天棚的纸格好像承担不了她的重量,突然爆裂出声,满堂人都惊讶地抬头看。县令再举官印,爆裂声音又响。第三次举官印时,陈女从天棚上翻坠地上。众人大惊。县令厉声喝道:"如果是冤鬼的话,就应当直说,可以为你昭雪。"陈女于是哽咽来到案前,一一诉说道士杀她的经过和派遣她来侦察的情形。

县令派衙役骑快马去,到了柳树下,道士果然还在那里。捉住他带回来,一审讯道士就服罪了,那些被冤屈的嫌犯也都立即释放。

县令问陈女:"你的冤情昭雪了,要到哪里去?"陈女说:"要跟从大人。"

县令说:"我的官署中没地方可以容你,不如还是暂时回到你家去吧。"陈女过了很久说:"官署就是我的家,我这就进去了。"

县令再问,已经寂然无声。他退堂后回到自己的住处,夫人刚刚生下个女孩来。

蒲松龄(1640—1715),号柳泉居士,世称"聊斋先生",清代著名文学家。他在《聊斋志异》中描写了诸多妖魔鬼怪与人相处的故事,语言通俗,情节奇幻,引人入胜。本则描写陈家女儿含冤成鬼、又由鬼变人的故事,反映了我国古代社会的有神论世界观——灵魂不灭。

客观唯心主义者认为,这个世界是有鬼神存在的,它们和人共处于同一时空中,又有超越时空、超乎人的能力的特殊能力。他们认为,人的躯体和灵魂是可以分离的。人死了只是躯体的腐烂和消失,而灵魂可以不灭和永存。

列宁曾在《哲学笔记》中把唯心主义比喻为"人类认识之树上一朵不结果实的花"。然而,任何哲学,都是其时代精神的精华。唯心主义的产生,有其深刻的根源。首先是社会历史根源。唯心主义产生于生产力水平低下、科学技术不发达的人类早期。其次是阶级根源。剥削阶级需要唯心主义宣扬本阶级的优越性,神化自身的能力,用精神的东西控制被剥削阶级,维护自己的统治。最后是认识根源。通过主观与客观、认识与实践的分离,片面夸大认识过程中的感觉、经验因素和概念、理性因素,认为有超越物质的、能主宰宇宙与人的精神力量存在。在唯物主义大行其道的今天,唯心主义似乎显得愚昧、迷信和不可思议。

血的教训

15世纪初,罗马教皇英诺圣特病危,群医束手无策。当时,意大利米兰有个叫卡鲁达斯的医生说,直接向教皇输入人血,可以救治。但必须是童男的热血,才是最神圣洁净的。他残忍地割开3个十二三岁男孩的动脉血管,让鲜红的血液流入铜质的器皿。3个孩子抽搐着一一死去,惨不忍睹。然后,卡鲁达斯在血液中加入名贵的药草,用手工制造的粗大注射针头,将血液输入教皇的血管中。教皇立即感到胸闷窒息,慢慢死去。4条人命,就此断送在庸医的手中。从现代医学的观点来看,这样的输血无异于谋杀。

不过,这毕竟是人对人输血的开端。从历史上看,仍有重要意义。

17世纪,医生们真正开始对人输血。当时人们对羊有一种特殊的感情,认为羊血最为圣洁干净。于是,外科医生用羊血输入人的血管来治病,居然有人活下来了。它治愈了一些严重贫血的患者,但不少患者却死去了,成功率不到10%。

从17世纪一些保存下来的油画上,可以看到用羊血对人输血的情景:一头健壮的公羊被缚在凳子上,颈部的毛被剃光,割破的颈动脉内插有一根管子,羊血不断流出来。管子的另一头是较细的针孔,刺在病人腕部的血管中。羊放在高处,病人躺在低处,羊血就向病人的血管流去。但是,许多病人往往猛烈窒息,血液也往往凝集,不得流通。羊和人一起死去。这种可怕的情景,可以从古画中看得出来。由于输血如此危险,故当时病人都要立下自愿书,一旦死去,和医生无关。

病人死得越来越多了,虽然都是些绝症患者,但也引起社会的震惊,以至巴黎的宗教法庭不得不发布命令,禁止输血。于是,仍旧回到喝血的老路上去。喝的大都是羊血,均无显著疗效。

直到100年后,人们才初步弄清楚羊血杀人的秘密。1875年,朗特亚医生终于在显微镜下弄明白,以往人们忽略了血液的其他特性。朗特亚写了一本书《血液移输》。书中一针见血地说:"羊的血清,具有破坏并使异体动物红细胞凝结的性质。"书中进一步说明了血液的主要成分是血浆、血细胞和血小板,而血细胞又有红细胞和白细胞之分。因此,不同动物的血液混在一起,可促使红细胞的凝结。羊血杀人,就是这个道理。

直到1900年,生理学家肖特克和朗特斯脱才发现人的血型,由于红细胞所含"抗原"(又称"凝集原")的不同,可以分成三类,即A型、B型和O型。红细胞只有A抗原的,就是A型血;只有B抗原的叫B型血;AB抗原都没有的即O型血。人对人输血,血型一定要相应。否则,红细胞就会凝集,严重时使人致命。这一发现恢复了人对人的输血,挽救了不知多少人的生命。

1910年,科学家强斯基和莫斯又发现了AB型血型。凡是AB型血型的人,可以接受任何血型的输血。后来,陆续又发现MN、P、Rh等血型,总共已有10多种血型。从此,输血就更安全可靠了。

经过 2000 多年的探索,牺牲了无数人的生命,人类终于弄清了血液这种神秘的东西,进入了输血的"自由王国"。

感性认识和理性认识是认识发展的两个不同阶段。由实践到认识,再由认识到实践,再认识,再实践,循环往复,不断上升,构成认识运动发展的总规律。这一规律,表明了认识过程的反复性和发展的无限性。

人类惊心动魄的输血史说明,错误是通向真理的必由之路。人们对客观事物的认识,总要经过从无知到有知、从错误到正确、从相对错误到相对正确的过程。

"实践、认识、再实践、再认识",循环往复、无限发展的认识辩证过程,体现了主观与客观、认识与实践的具体、历史的统一。把握认识发展的这一总规律,对于指导我们开展自然科学研究和社会科学研究、指导我们开展社会主义现代化建设以及指导我们的日常学习、工作和生活,都有非常重要的现实意义。

思维训练

这是一个古老的思想实验,源自古希腊作家普卢塔克的作品。"忒休斯号"取名于古希腊传说。忒休斯是希腊神话中的人物,是雅典的国王。他出身名门,其父亲是雅典的老国王埃勾斯,母亲是特洛伊国王的女儿艾特拉。忒休斯健壮英俊,沉着机智,勇力过人。他杀死过令雅典人闻之色变的猛兽,打败过无数穷凶极恶的强盗、恶徒,是人们心中的英雄。忒休斯当了国王后,把整个阿提喀地区的居民全部集中在城里,把零星的村庄组织起来,建成一个统一的国家。人民安居乐业,生活幸福。他曾把阿提喀 7 对童男童女乘坐的、能容纳 30 名水手的船献给阿波罗神。雅典人为了感恩和怀念伟大的忒休斯,把

"忒休斯号"海船

这艘船取名"忒休斯号",并设法保全这艘船,把腐朽的木板、零部件不断地更换。以至于多年以后,在亚历山大大帝时还能看到这一古老而珍贵的神船。

人们在传颂忒休斯的神话故事时,对这艘船的存在产生了浓厚的思辨兴趣:这艘包括每一块木板在内的所有零部件都被更换过的船还是原来的"忒休斯号"吗?如果是,它已经没有最初的任何一个构件了;如果不是,那它是从什么时候开始不是的?这就是著名的"忒休斯之船"悖论。后来,英国著名哲学家霍布斯在此基础上又延伸了第三个假设:如果将从"忒

休斯号"船上拆下的废旧零部件重新拼装成一艘船,放在博物馆里,那么仍然在海上航行的那艘船和现在在博物馆里的这艘船,哪一艘才是真正的"忒休斯号"呢?

网络探究

如果说现在有一台计算机,其运算速度超级快,记忆容量和逻辑单元的数目也超过了人脑,科学家还为这台计算机编写了许多智能化的程序,并提供了大量数据,使这台计算机能够做一些人格化的事情,如简单的听或说等。那么,我们是否就能说这台机器具有和人一样的思维能力了呢?关于这个问题,1950年,英国数学家艾伦·图灵设计了一个测试方法,后人称此方法为"图灵测试"。图灵测试为人工智能领域的发展竖立起一个目标,激励着无数人工智能学者的深入研究。今天,人工智能技术已经被应用到人类生产和生活的诸多方面,人类也逐渐认识到人脑的高度复杂性和计算机的局限性。

艾伦·图灵

那么,图灵测试是什么?计算机能否像人类一样思考?人工智能和人类智能有什么区别?电脑会不会超越人脑?你可以在网络搜索引擎中输入相关关键词,查找资料。

影视推荐

1.宇宙的构造(美国,2012)

内容简介:该片是基于著名物理学家兼畅销书作家布莱恩·格林(Brian Greene)的同名著作拍摄的一部科普巨作。片中,布莱恩·格林和世界名校的专家学者从牛顿因苹果产生的力学顿悟,到爱因斯坦相对论,再到量子论以及弦理论宇宙中的一切,向观众展现了科学家对于空间、时间最复杂图景的理解,以及宇宙中最有悖于我们常识的一面。4集内容分别为无限空间(What is Space)、时间幻象(The Illusion of Time)、量子跃迁(Quantum Leap)和多重宇宙(Universe of Multiverse)。

2.《生死与轮回》(美国,2015)

内容简介:该片用200分钟左右的时间,通过对杰出的科学家和轮回的研究学者的独家采访,基于大量来自意识研究领域、濒死体验和前世记忆研究的最新研究成果,以全新的视角,去条分缕析地探索了人类在生死与轮回上的普遍疑惑,第一次深入并科学地探索了这个谜团。4集内容分别是生死之间、前世记忆、探索意识和灵魂的秘密。

3.《冈仁波齐》(中国,2017)

内容简介:该片讲述了在西藏腹地古村普拉村,村民尼玛扎堆带着由其他11个村民组成的朝圣队伍去拉萨和神山冈仁波齐朝圣。这支队伍里有即将临盆的孕妇、家徒四壁的屠夫、自幼残疾的少年,每个人都有着不同的故事,也怀揣着各自的希望。为了去冈仁波齐,这支队伍踏上了历时1年、长达2500多公里的朝圣之路,其间经历了生老病死的故事。2017年10月,该片获得第二届意大利中国电影节最佳影片奖。

4.《我的个神啊》(印度,2014)

内容简介:这是一部奇幻爱情电影,讲述了一个带着研究人类目的来到地球的外星人PK,不慎丢失了能让他回家的飞船遥控器通信装置而无法与同伴联系,被迫留在了印度拉贾斯坦邦沙漠。女记者贾古偶遇PK并决定帮助他寻找通信装置。在二人的寻神之路上,PK以旁观者角度观看人间喜怒哀乐,其间跌跌撞撞闯入充斥了伪善与欺骗的各类宗教机构,顺带将自称有超能力的印度教大师、伪善的神棍"godman"揭露并拉下了神坛。

阅读推荐

1.恩格斯.《反杜林论》,见《马克思恩格斯选集》(第3卷).第2版.人民出版社,1995年。

2.列宁.《唯物主义与经验批判主义》.见《列宁选集》(第2卷).第3版.人民出版社,1995年。

3.毛泽东.《实践论》,见《毛泽东选集》(第1卷).第2版.人民出版社,1991年。

4.[美]皮特·莫尔.《改变世界的发现》.唐安华、粟进英译,湖南科学技术出版社,2008年。

5.[美]理查德·保罗、琳达·埃尔德.《思考的力量》.丁薇译,上海:上海人民出版社,2007年。

6.周桂钿.《十五堂哲学课》.中华书局,2006年。

7.张晓芒.《正确思维的基本要领》.中央编译出版社,2008年。

课后思考

1.什么是世界的本原问题?

2.什么是辩证法?什么是形而上学?

3.怎样理解联系与发展是唯物辩证法的总特征?

4.如何理解感性认识与理性认识的辩证关系?

5.真理的相对性和绝对性的辩证关系是什么?

6.当代青年学生为什么要具备辩证思维和创新思维能力?

扫一扫查看更多习题

第三章

道德哲学与向善之道

有两样东西，我们愈经常愈持久地加以思索，它们就愈使心灵充满日新月异、有增无减的景仰和敬畏：在我之上的星空和居我心中的道德法则。

——康德

学习要点

- 道德是调整人与人之间、个人与社会之间关系的,涉及善恶好坏、对错正邪等评价的行为规范和准则的总和,是社会关系的调节器。
- 道德哲学或伦理学是以人类的道德经验为研究对象,分析道德判断、道德情感、道德语言的功能或作用,或论证各种道德原则,建立道德理论、规范及判断人类的道德行为。
- 伦理学通常被划分为四种类型:描述伦理学、元伦理学、规范伦理学和应用伦理学。
- 伦理学的基本理论有结果论(目的论)、非结果论(道义论或义务论)和德性论三种。
- 生命价值、善、幸福和正义是人类普遍应该遵循的道德基本原则。

故事导入

美国教育心理学家、道德哲学家劳伦斯·科尔伯格曾经在他的研究中虚构了以下这样一个故事。

> 意大利某城市有个名叫海因茨的人,他的妻子得了癌症,危在旦夕。该市有个药剂师,研制了一种能够治疗这种癌症的特效药,配制这种药的成本只有200美元,而这个药剂师的卖价要2000美元。为了买到这种药,海因茨变卖了所有家产,并且四处借钱,但最终只凑得1000美元。海因茨恳求药剂师看在他的妻子快要死了的份上,能否将药便宜点卖给他,或者允许他赊账。可是药剂师拒绝了他,理由是他研制这种药就是为了赚钱。海因茨没有别的办法,于是在一个晚上潜入药剂师的仓库,把药偷走了,结果被警察发现,抓进了警察局。

科尔伯格的问题是:海因茨应该偷药吗?为什么?他偷药的行为是对的还是错的?为什么?他有责任或义务去偷药吗?为什么?如果他偷药的行为是违法的,那么在道义上也是错的吗?为什么?药剂师的行为是对的还是错的?为什么?

显然,科尔伯格的问题是典型的道德两难问题。因为一个人行为的对与错、应该与不应该、好与坏、善与恶都关系到这种行为是否是道德的,而这些道德问题又渗透我们人类生活的方方面面。爱因斯坦也曾说过,人类最有价值的努力是为自己行为的道德化而奋斗,人类的生存和发展都取决于道德,只有道德才能赋予生活以美和尊严。可见,生活的本质在于道德的生活。那么,什么是道德?人为什么要有道德?道德的评价标准是什么?有没有普遍的道德原则?这些都是本章所要讨论的内容。

第一节　道德与道德哲学

一、道德

(一)道德及其现象

1.道德的概念

道德是调整人与人之间、个人与社会之间关系的,涉及善恶好坏、对错正邪等评价的行为规范和准则的总和,是社会关系的调节器。"黄鼠狼偷鸡"、"老虎吃兔子"不能说是不道德的,而独自漂流在荒岛上的鲁滨孙的一切行为也无所谓道德与不道德。在具体的人的社会实践中,道德又有两层含义:一是调整社会中人的相互关系的行为准则和规范,被称为普遍性或工具性道德,它是维系一个正常社会合理的人际关系的基本手段;二是人们所追求的完美的情操品质、个人修养的德性境界,称为先进性或理想性道德,它是驱动社会大众自我完善的目标。

2.道德现象的概念

举例来说明:一个六岁的小姑娘患了严重的肾衰竭。她做透析的效果不是太好,医生认为她要存活必须通过肾移植手术,换入新的肾,并认为肾移植有"清晰的可能"解决目前治疗的问题。小姑娘的父母接受了这个建议。但是通过组织配型发现,母亲和女儿移植抗原不相配,父亲和女儿的很相配。医生把测试结果告诉了父亲,并且指出在器官移植后,女儿有可能恢复健康,但不能十分肯定必然会恢复。父亲犹豫再三后,决定不给他的女儿捐赠器官。理由是:第一,有可能找到一个死者捐赠的肾脏;第二,女儿通过手术恢复健康的可能并不确定;第三,他缺乏勇气去捐出自己的器官。但是,父亲害怕他说出自己不愿意捐赠的真相后,他的家人会埋怨他,甚至可能出现家庭破裂。因此,他希望医生告诉他的家人,他和女儿的移植抗原"不相配",尽管事实上他们是相配的。医生听了后,觉得很为难。但他最终答应了这个父亲的要求,告诉了他的妻子,由于"医学上的原因",父亲不能捐赠。

在这个例子中,父亲和医生的行为都是涉及道德的行为。一般来说,一种行为被实施,并造成了对他人生命和社会利益的损害,它就可以从道德上被评价,就成为一种道德(或不道德)的行为。道德行为既包括行为的过程,也包括行为的结果,在上述例子中还包括父亲犹豫和思考时的内心挣扎,或者说是父亲内心面临的道德选择。医生感觉为难是因为他面对一个道德困境:不同的道德直觉和原则发生了冲突。作为医生,他知道自己道德责任应该是诚实、保密、治病救人以及保障被诊治者(父亲)的身体健康和维护这位父亲的家庭完整。面对这些,诚实与撒谎对他来说都有一定的合理性或正当性,而他只能做非此即彼的选择,而不能同时兼顾。设想如果父亲撒谎之后总是感觉内心的不安和愧疚,在这种道德意识的作用下,良心发现说出事情的真实情况后,他不但会受到家人的谴责,甚至可能会面临社会广泛的道德评价。

通过这个例子,我们可以看到,道德现象是一个包括道德行为、道德意识、道德选择和道德评价等在内的综合体系。

(二)道德与伦理

作为道德哲学的两个基本概念,"道德"与"伦理"都是关乎人们行为品质的善恶正邪、生活方式、生命意义和终极关怀的,因此,人们一般不做严格的区分,甚至经常互换使用,但这两个概念的用法还是略有不同。

1. 二者的联系

道德常常意指仁、仁爱、德性、德行等。在中国古代,"伦"指的是人与人之间的关系;"理"指的是标准、原则。所谓伦理,是指在人际关系中应把握的准则,常常意指人伦、伦常、纲常、天理等。古人把基本的人际关系概括为五类:君臣、父子、兄弟、夫妻、朋友,称为"五伦"。"五伦"之中,父子、兄弟二伦属"天伦",即家庭血缘伦理关系;君臣、朋友二伦属"人伦",即社会伦理关系;夫妻一伦则介于天人之间,并联结着天伦与人伦。"五伦"的结构原理是:人伦本于天伦,天伦决定人伦。也就是说,家庭伦理是社会伦理的根基,社会伦理的原理由家庭伦理演绎引申而来。基于"五伦"的原理,便自然产生相应的道德标准,所谓"父慈子孝,君惠臣忠,兄友弟恭、夫义妇顺,朋友有信",此即"五伦十德"。在所有的德目之中,孔孟认为"仁、义、礼、智"四者最基本,称为"五伦四德"。可见,伦理是道德的基础,道德产生于伦理。因此,人们常常把伦理和道德放在一起,称为"伦理道德"。

2. 二者的区别

到了中国近代,伦理和道德成了固定和基本的道德哲学概念,并且分别和英文中的词有了约定俗成的联系,如伦理一般对应于英文中的 ethic、ethics,道德一般对应于 moral、morality,当然,这种对应也不是绝对的。二者的区别还表现在:作为日常用法,伦理倾向于表示人与人交往、社会关系的普遍准则和行为规范及其理论,更具客观、外在、社会性意味;道德则倾向于表示现象和问题,更多地或更有可能用于个人的修养和品质,更含主观、内在、个体性意味。而作为价值本身,伦理的核心是正当、适当、合适等,道德的核心则是善、好、美德、德性等。

(三)道德的起源与发展

1. 道德的起源

关于道德的起源问题,中外道德哲学史上历来有争论。神启论认为道德源于神秘的天启和神的意志,如古希腊罗马人信奉的神、犹太教徒信仰的上帝耶和华、基督教徒信仰的上帝和耶稣、伊斯兰教徒信仰的真主安拉以及印度教徒信奉的梵天;理念论把道德起源归结于至高的理念和精神,如柏拉图所说的"善"、黑格尔的"绝对精神";教育论、环境论和社会关系论则认为道德是后天教育和环境及社会关系影响的结果。以上这些理论都将外在条件和外部的事物视为决定道德产生的根源,可以称为客观论。

先天论认为道德是人生而有之的东西;人性论和本能论将人的本性和本能视为道德的根源,这一理论认为道德根源于人类自然的天性,而人的自然本性、本能决定共同的人性,道德正是为了满足人们的本能欲求和自然感觉而产生的一种工具性的方式;需要论认为道德产生于人类的需要和愿望,它是以人的情感和理性为基础的。"人们开始意识到所在环境和同自己一样的其他人时就已发现,他们团结在一起比相互隔绝能做更多的事。通过深切感受和思考,在取得许多经验之后,他们确定了'善'、'恶'之分,由此帮助他们共同生活得更成功、更有意义。"①这些观点被称为主观论。

> **哲人哲语:**
> 我不相信人的不道德性;我认为道德完全是人性所关切之事,不存在任何神权的支持。
> ——爱因斯坦②

总之,无论是单纯的客观论还是单纯的主观论都对这一问题仅仅做出了片面的回答,而马克思主义理论则第一次全面而科学地阐释了道德产生的根源问题。它从唯物史观出发,认为道德既不是人主观自生的,也不是神的意志,作为人类社会特定的意识形态和社会现象,道德的产生经历了一个漫长的历史过程,有多方面的条件。

第一,道德根源于经济关系。经济关系决定道德的产生并且是道德产生的根本原因之所在。

第二,劳动实践是道德产生的动因。经济关系对道德的决定作用,是通过劳动实践起作

---

① [美]雅克·蒂洛(Jacques P·Thiroux)、基思·克拉斯曼(Keith W·Krasemann).《伦理学与生活》.第9版.程立显、刘建等译,周辅成审阅,世界图书出版公司,2008年,第18页(注:以下同名著作的作者、译者姓名和出版社略)。

② 《伦理学与生活》.第9版.2008年,第16页。

用的,劳动实践是道德产生的根本动力,劳动实践的创造推动了道德的产生。

第三,伦理关系和社会分工是道德发生的前提和关键。只有在伦理关系和社会关系中,才不可避免地产生各种利益关系和矛盾,而道德是对利益关系和矛盾的调节与规范。因此,没有伦理关系和社会关系,就不会有道德的发生。而作为社会关系中的社会分工,更是道德发生的关键。

第四,人的生存与发展需要是道德发生的诱因。起初,人类生存的需要是社会利益的主要矛盾,为了调节人们的利益需要,便形成了一些最简单的行为规范和准则,以缓和利益的冲突和矛盾。随着生产力水平的提高,当人的生存需要不再是社会利益的主要矛盾时,由人的发展的需要所引发的矛盾冲突就成为道德所要调节的主要内容。

第五,意识水平是道德发生的主观条件。人类的意识是在实践中产生的,但一经产生就具有相对独立性。这种独立性一是表现在它使社会实践中存在的经济关系、社会关系服从于人的需要,二是表现在意识由不自觉到自觉的过程所形成的能动作用。

2. 道德的发展

人类道德的发展,是一个曲折上升的历史过程。人类道德发展的历史过程与社会生产方式的发展进程大体一致。随着社会的发展,人类道德在社会生活中所起的作用越来越重要,促进社会和谐与人的全面发展的作用也越来越突出,道德调控的范围不断扩大,调控的手段或方式不断丰富,调控的内容更加科学合理,道德的发展和进步成为衡量社会文明程度的重要尺度。

(四)道德的本质

1.马克思主义哲学之前的道德本质论

关于道德的本质问题,在马克思主义哲学诞生以前有几种不同的见解。

一是把道德的本质归之为人的先天固有善良或邪恶的意志,这是主观唯心主义的观点。中国的代表性观点有孔子、孟子"人之初,性本善"的"性善说",荀子的"人之初,性本恶"的"性恶说"等。

二是把道德的本质归之为"神的启示",这是客观唯心主义的观点。中国的代表人物有董仲舒的"王道之三纲,可求于天","道之大原出于天"之说。

三是旧唯物主义者反对从神出发,主张从人出发,反对神道主义,主张人道主义,认为道德的本质是人性的自然表现,是人的真实的、健康的"本性",而恶行、罪过只不过是人性的歪曲。旧唯物主义者把道德从虚幻的天国拉回到了世俗的人间,但他们所说的人的本性是抽象的人性,脱离了社会关系的永恒的人性,因而最终与唯心主义殊途同归。

2. 马克思主义哲学的道德本质论

马克思主义哲学认为,道德作为一种特殊的社会意识形态,具有三种不同层次的本质。

第一,道德是社会经济基础决定的一种社会意识形态,是社会经济关系的产物和反映,这是道德的一般本质。社会经济基础的性质决定了道德的历史类型和性质,决定了道德的基本原则和主要规范。有什么样的经济结构、经济关系,就会有什么样的道德观念和道德要求。在人类历史上,与不同的经济结构相适应,产生了不同的道德原则与不同的道德规范。因此,便出现了原始社会、奴隶社会、封建社会、资本主义社会和社会主义社会的不同的道德体系。在阶级社会中,处于同一经济结构之中的不同阶级的人由于经济地位和实际的经济利益不同,其道德观念、道德情感也有所不同。比如,在封建社会中,地主阶级要求维护贫富贵贱的差别,而广大受剥削受压迫的农民阶级则要求"均贫富、等贵贱"。在不同的道德观念之中,哪个阶级在经济生活中占据统治地位,哪个阶级的道德观念在道德生活中也就占据统治地位。

辩一辩:
正方——温饱是谈道德的必要条件
反方——温饱不是谈道德的必要条件

第二,道德是一种特殊的调节规范体系,这是道德的特殊本质。社会意识形态除了道德之外,还有政治、法律、思想、艺术、哲学、宗教等。在整个的意识形态中,只有道德是由各种准则构成的行为规范体系,其余几种或者根本不是行为规范,或者虽含有一些行为规范,但不构成体系,其性质与道德规范也不相同。道德作为行为规范,与法律规范、政治规范相比较,又是一种特殊的行为规范。

一方面,道德规范是一种非制度化的规范。道德规范是被社会绝大多数人认可的行为准则,它是处于同一环境中的人们在长期的生活过程中逐渐形成的生活秩序,是一种约定俗成的行为习惯,或是深藏于人们的品格、意向、价值观念之中。

另一方面,道德规范还是一种非强制性的规范。道德规范不使用强制性手段为自己开辟道路,它是靠人们凭借其内心信念的力量自觉自愿地去执行的。对于违背道德规范的人,除了社会舆论的压力外,不能给予其他强制性的惩罚。而这种压力要发挥作用,也必须通过人们的内心信念,使其产生内疚、自责、反省,从而改变自己不道德的行为。所以归根结底,道德规范是通过内心信念起作用,而不是通过外在的强制力量起作用。

第三,道德还是一种实践精神,这是道德的深层本质。作为人类把握世界的基本方式,如科学、艺术、道德等,它们各有特点,不能互相代替。科学是用理论思维的方式把握世界,认识的对象是客体自己的矛盾、规律,而不是主客体之间的关系,所追求的是真实、真理性的认识,面对的基本矛盾主要是真理与谬误。艺术是以形象思维的方式把握世界,是通过主体创造的形象反映主体对美的向往和追求,面对的主要是美与丑的矛盾。道德既不是通过主体的思维把握客体的内在规律,也不是通过主体创造的形象反映主体对美的向往,而是以实践精神的方式把握世界,通过认识与处理主客体之间的利益关系,把握主体在世界中的地位、价值,寻找社会发展和人类完善的理想境界。这种方式既是一种精神活动,又是一种实践活动。它需要主体将道德认识、道德情感、道德信念、道德意志、道德理想等道德精神活动付诸行动,才能发挥其作用。道德所追求的是善,基本矛盾是善与恶。

马克思主义关于道德本质的论断不仅说明了道德何以区别于其他社会的意识形态,也指出了人为什么要有道德:不论是从人的生存发展、自我完善来看,还是从人的生存环境来看,人都需要道德,只有确立和坚守道德规范和道德原则,人才会拥有和平、友爱、幸福、安定、自由、有创造性和有意义的生活。

二、道德哲学

(一)道德哲学的概念

道德关乎人们的价值选择、行为选择和人格培养,对道德本质和基础的哲学研究被称为道德哲学(moral philosophy)。而研究社会道德现象及其规律的学问又被称为伦理学(ethics)。因此,人们普遍地将道德哲学和伦理学视为同一内容的两个概念,道德哲学即伦理学,是哲学的一个重要分支。

(二)道德哲学的任务

道德哲学(伦理学)的主要任务是以人类的道德经验为研究对象,分析道德判断、道德情感、道德语言的功能或作用,或论证各种道德原则,建立道德理论,规范及判断人类的道德行为。通俗地说,道德哲学(伦理学)是关于人应该如何对待自我和对待他人的哲学研究,并且也是研究哪些事情是善、哪种类型的人是好人、值得尊重、值得赞美,以及哪些事情是恶、哪种类型的人是坏人、该受谴责、该受惩罚的专门学科。可见,"道德哲学或伦理学就是要告诉人应该如何生活,应该选择怎样的生活,但人们需要的不仅仅是'应该',更想知道为何'应该'"。[①]

(三)道德哲学的产生

道德哲学是一门十分古老而又年轻的学科。其在西方的历史十分悠久,源头可以在最古老的史诗与神话中考究。古希腊时代,亚里士多德确立了古希腊罗马伦理学。他的伦理

---

① [美]詹姆斯·雷切尔斯、斯图亚特·雷切尔斯.《道德的理由》.第 5 版.杨宗元译,中国人民大学出版社,2009 年,第 3 页。

学著作《尼各马可伦理学》，对后世影响十分深远。古希腊的斯多葛学派和伊壁鸠鲁学派都十分重视伦理学。斯多葛学派的芝诺认为，整个哲学就好比一个果树园，逻辑学是这个果树园的围墙，物理学是园中的果树，伦理学则是果树上的果子。他还以蛋来比喻整个哲学，认为逻辑学是蛋壳，物理学是蛋清，伦理学则是居于蛋中心的蛋黄。可见，在古希腊，伦理学不但是哲学的一个分支，而且简直成了哲学的核心。在中国先秦时代，孔子、孟子、荀子等儒家学者致力于"明人伦教化"，提倡仁义道德，为中国的道德智慧做出了开创性的贡献，《论语》、《孟子》、《荀子》可谓是中国古代的伦理学经典著作。经过两千多年漫长发展的伦理学，今天已日臻完备，同时又呈现出蓬勃旺盛的发展生机，它的领域不断拓宽，作用更加突出，对人类社会生活的影响也越来越明显。

第二节　道德理论

一、结果论

结果论(consequentialism)又称为目的论(teleology theories)，是一种以道德行为的目的性意义和实质性结果作为道德评价标准的伦理学理论。在行为正当性问题上，结果论强调将行为结果或效果的善性或价值作为评价依据，认为人应该做任何可以带来最大化良好结果的事情。结果论的两种主要表现是伦理利己主义和功利主义。

(一)伦理利己主义

1. 理论主张

伦理利己主义认为人应该只为了自身的利益而行动，行为的最大化良好结果也应该只针对自己，自利是人行为的终极原则，这一原则概括了人的所有义务。那么，是否意味着凡是利己的行为都是应该做的？有的人为了满足自身的利益不惜撒谎、欺骗甚至杀人放火，也有的人通过吸毒来享受感官上的快乐，这些行为难道都是应该的、道德的？答案是否定的。伦理利己主义并不认为这些行为是值得做的，因为从长远的角度看，这些行为并不能给自己带来良好的后果，实质上也不符合自身的利益。因此，伦理利己主义并不提倡为达到个人目的不择手段，但它始终只是将尊重、维护他人和社会的利益作为实现个人利益的手段，由此而产生的道德要求始终也只是一种手段的必需。

>
> **想一想：**
> 按照伦理利己主义的观点，在2008年的汶川地震中不顾学生的安危、独自逃命的老师范某某应该受到肯定，因为他的确是为自己的利益而行动。可是，为什么他却遭到了社会普遍的谴责呢？

2. 理论评价

伦理利己主义广受批评的原因有以下三点。

首先，它最大的缺陷在于会带来一系列不可调和的冲突和矛盾，不能成为普遍的道德判断原则。因为，我们生活的世界是一个"相互作为主体，同时也相互作为对象"的世界。每一个损人利己的行为者必须永远使自己处在主体的地位，这当然是不可能的，如果可以普遍化，如果其他人也能成为同样行为的主体，那么，或者是自己的利己行为落空，或者是反而处在一个受害者的地位。也就是说，要"普遍"就无法"利己"，要"利己"就无法"普遍"。①

其次，正如美国学者詹姆斯·雷切尔斯在《道德的理由》中所言："伦理利己主义提倡把世界上的人分成两类——我们自己和其余所有的人，并且它要求我们把第一类人的利益看得比第二类人的利益更重要。这一前提假设本身就是武断的，它和种族主义犯了同样的错误，它们都明显地违反了道德价值论的一般规则——平等对待原则。"②

最后，现实生活中，如果违背道德的行为恰恰能够给个人带来利益，而遵规守纪的行为没有给个人带来利益甚至使个人的利益受损，那么依据伦理利己主义的逻辑，伦理道德就毫无必要可言了，这显然违背了理性伦理的哲学本性。

（二）功利主义

1. 理论主张

功利主义正式成为一种道德哲学理论是在18世纪末19世纪初，由英国哲学家兼经济学家边沁和密尔提出的。两人都认为，人类的行为完全以快乐和痛苦为动机，唯一的目的就是求得幸福，所以对幸福的促进就成为判断人的一切行为的标准。而人应该做出能达到"最大多数人的最大幸福"的行为就成了功利主义的基本原则。功利主义不考虑一个人行为的

---

① 何怀宏.《伦理学是什么》.北京大学出版社，2008年，第86页。
② ［美］雷切尔斯·詹姆斯、雷切尔斯·斯图亚特.《道德的理由》.杨宗元译，中国人民大学出版社，2014年，第76页。

动机与手段,仅考虑一个行为的结果是否能达到最大的幸福(效益),如果能够达到最大的幸福(效益)就是善的,如果不能达到就是恶的。最大幸福是可以计算的,是行为所涉及的每个人的苦乐感觉之总和,快乐与痛苦是能够换算的,痛苦仅是"负的快乐"。因此,能增加最大快乐值的即是善,反之即为恶。

功利主义根据应用的方式可分为以下三种。

一是情境功利主义,强调的是在某个特定的情境下,该怎么做才能取得最大快乐值,而不关心将道德规范对快乐值造成的影响。例如,说谎一般来说是不对的行为,但在某些情境下,情境功利主义者会认为说谎是对的,像善意的谎言、为保守国家机密而说谎等。

扫一扫了解更多边沁的生平与思想

二是普遍功利主义,重视的是"若每个人都按照我现在遵守的道德律做出行为,这个世界会变成什么样子"。最典型的例子是"穷人可不可以分享富人的财富"。按照情境功利主义,这似乎是可以接受的,因为这可以促进最大快乐值,但普遍功利主义提醒我们,若每个人都这么做,那社会会变成什么样子?

三是规则功利主义,强调道德规则对快乐值的影响,认为如果每个人都永远遵守同一套道德规范,就能产生最大快乐值。常见的应用可见于交通规则,若大家都能遵守交通规则,那么交通就能安全便利(最大快乐值)。但需要注意这个规则制定时的合理性。

想一想:

严刑逼供是否正当?假如你是公安机关负责侦破一起恐怖事件的警察,你抓住了一名恐怖分子嫌疑人,你有理由怀疑就是他在一栋人员密集的高楼大厦安装了一个定时炸弹。但是无论你怎么审问,他都拒绝承认是恐怖分子或供出这个炸弹的位置。那么,我们能否正当地对他施行严刑拷打直至他供出炸弹的位置与解除的办法?

2.理论评价

功利主义不仅提供了以"两害相权取其轻"、趋乐避苦、诉诸感受性标准为内容的重要的道德智慧,还契合了人们体现在追求整体和长远益处最大化的常识性的道德直觉,这正是功利主义经久不衰的奥秘之所在。但是即使如此,功利主义仍然备受抨击。

首先,功利主义最被诟病的理论缺陷是没有尊重个体权利,可能导致集体自私。换句话说,缺少对少数个体的关心和尊重,仅仅考虑了满意度的总和,它可以恣意践踏个体公民。这正如美国当代伦理学家麦金太尔曾尖锐批评的那样,假设在一个由10人组成的社会中,其中8人是虐待狂,这8人联合起来虐待其余2人,使他们获得极大满足和快感。这8人的满足与快感较之那2人的痛苦,在量上要大得多。根据功利主义关于最大多数人的最大利益原则,这8人的虐待行为岂不是正当和善的?

其次,功利主义把道德而且把人当作手段,使之服从于最大化的利益追求,有可能使道德哲学成为谋利之学。

再次,它将行为所带来的最大利益视为行为道德与否、正当与否的标准,可是人类的有些行为所带来的结果不容易预见,因为它并不是立竿见影的,或许要经历很长一段时间才会看到,如核技术、克隆技术、转基因食品等问题,而功利主义对这种现象无法做出合理的解释。

最后,功利主义漠视了比功利总量的最大化更重要的社会价值——公正,而公正又是伦理学中的一个核心概念。一个在分配上严重不公平的社会,即便其福利总量不断增长,但福利的享受仅仅由极少数人所垄断,这绝对不会获得人们道德上的认同。

二、非结果论

非结果论(nonconsequentialism),又称为道义论或义务论(deontology theories),是一种不以结果,而以行为所具有的一些内部特质作为道德评价标准的伦理学理论。这种内部特质常是由于感受到一种义务的自我要求,因而要履行义务所规范的行动。在行为正当性问题上,非结果论强调该行为是否符合某一相应的普遍道德规则,是否体现了一种绝对的义务性质,或者说是否出自行为者纯真善良的行为动机。通俗地说,就是只有为义务而尽义务,为道德而实行道德,不应考虑行为的目的和结果,也不应考虑行为的内容或对象。神诫论、康德的义务论和罗斯的显见义务论是这种非结果论的典型代表。

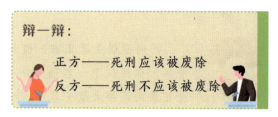

辩一辩:
正方——死刑应该被废除
反方——死刑不应该被废除

(一)神诫论

所谓神诫论,是主张道德是以超自然存在物(神)为基础的一种伦理学理论。根据神诫论,人们只有服从想象中由神向他们颁布的命令,他们的行为才是正义的,人才是善良的,而不管结果如何。例如,根据犹太人和基督教的传说,上帝为人类制定了十条基本的道德规则,即"十诫",这些诫令是人行为的依据,不能违反,人如果违反了其中的任何一条,就是对上帝和人做出了不道德行为。可是,人们要问的是:这些规则对不信仰上帝的人来说还有效吗?何以证明神的存在以及戒律的正确性?如果人们对戒律有不同的解释该以什么为标准呢?正因为这些无法圆满解释的问题,神诫论常常遭遇批评。

> **小卡片**
>
> **摩西十诫**
>
> 1. 我是你的上帝,不可信仰别的神。
> 2. 不可亵渎上帝之名。
> 3. 谨守圣安息日。
> 4. 孝敬父母。
> 5. 不可杀人。
> 6. 不可奸淫。
> 7. 不可偷盗。
> 8. 不可作伪证陷害别人。
> 9. 不可贪恋别人的配偶。
> 10. 不可贪恋别人的财物。
>
> 《圣经·出埃及记》20:1-17

哲人哲语:
人类历史上最大的灾难可能就是宗教对道德的绑架。

——阿瑟·C.克拉克

(二)康德的义务论

1. 理论主张

康德的义务论与神诫论相反,它认为,道德不是由人之外的任何因素决定的,而是由人的内在理性和意志以及由此产生的义务感决定的善的行为。康德伦理学的"义务",是指行为者服从理性支配的义务、尊重规律的义务、遵循善良意志的义务,也就是执行绝对命令的义务。在《道德形而上学原理》中,康德系统地阐述了由三个重要原则构建起的义务论道德体系。

第一,"善良意志"原则。康德认为人的道德行为的出发点应是"善良意志",这也是康德道德体系的核心概念。他说人应当追求一种绝对的、无条件的善,这种善是一种对道德法则绝对尊重或敬重的意志,即善良意志。他认为凡是基于善良意志动机、遵循道德原则的行为都是道德的,不管行为产生的利益和结果如何。按照康德的理论,人应该出于义务感和自律遵守道德规则,而非出于情感上的意向(如爱、憎、同情、虚荣等)。这种义务感和自律,是指不受外界约束、不为情感所支配的,根据自己的意志良心,为追求道德本身的目的而制定的道德原则。他认为,只有遵循自律的行为才是道德的行为,如果仅仅是行为之结果合乎义务,与义务的戒律符合,而以情感为动机的行为,则无多大道德价值,甚至完全没有道德价值。

第二,"绝对命令"原则。在康德看来,人的行为是由善良意志决定的,而善良意志表现为对道德原则的绝对尊重。那么,这种道德原则在形式上就应当表现为一种命令,这种命令规范人们的行为,告诉人们应当做什么或不应当做什么,康德称之为"绝对命令"。即无条件的、绝对的,是道德行为的最高准则,具有普遍有效性并成为普遍的立法原则。如人不应该偷盗、不能杀人就是对所有理性的人具有普遍有效性的道德原则,是绝对命令。

想一想:

"不想被抓住就不要偷东西"和"无论被抓或不被抓,都不许偷东西",以及"无论会不会被看穿,会不会失信于人,都不要撒谎",哪种说法属于康德的"绝对命令"?

第三,"实践命令"原则。这一原则被康德表述为:不论对待自己或对待别人,任何人在行事时都必须把人当作目的,而不应当作为工具和手段。因为人作为理性存在物是以自身为目的,即"人就是最高绝对的目的"。这种"人是目的"的思想突出了在道德领域人的主体性地位。

2. 理论评价

康德提出的善良意志原则和绝对命令原则,标志着主体性道德体系的诞生,这在西方伦理学史上引起了重大的方向性转变,把道德的根据和价值标准从主体外部引向了主体内部,从感性引向了理性,使道德由他律变为意志的自律,这种转变对伦理学的发展有其积极意义。

康德认为,没有哪一种道德原则是基于情感之上的,因而道德行为不是一时的情感冲动。他认为,作为道德义务,不应该因为爱某人而去帮助他,也不应该不爱或憎恶某人而在他有难时不提供援助。有人批评康德的这一理论是唯动机论,但事实上,在现实生活中,我们有时的确是按照康德的道德评价原则对人们的行为进行评价的。例如,在我们的社会中,不乏道德模范和好人好事,有人倾其所有常年捐资助学,有人不顾危险危难之中见义勇为,有人诚实守信坚持还清借款,有人悉心照顾孤寡老人几十载。我们的社会对上述行为加以表彰并把这样的人称为好人时,不是以行为是否达到了既定的目的或结果,而恰恰是以他们的行为动机是否善良以及由此动机激发的行为本身是否符合道德律为根据的。

扫一扫了解小镇上的天才——康德

> **想一想：**
>
>
> 如果有一个人患有传染性疾病，隔离他就等于把他只当作手段，即当作实现其他人不被传染的手段。而不隔离他又等于把其他人只当作手段，即作为实现对这个人的福祉的手段。因此可不可以说，有些时候，把人只当作手段是不可避免的？

但是，上述例子也不能说明康德的这一理论是无懈可击的。康德的义务论也有一定的局限性，大多批评者将康德的伦理学视为僵硬的绝对主义。因为要求人们不能以情感意向和任何效益结果而要以纯粹的义务感为行为动机，在现实生活中不但很难达到，而且往往存在一些康德不能解决的矛盾。例如，当你与一个亲密的人或一个陌生人的利益发生冲突时，按常理来说，应该给前者更多的关注，而如果按康德的观点，应该放下个人的情感，完全不偏不倚地从"绝对命令"的道德义务出发行动，这样的要求何其严格！再说，人的行为有时确实是出于情感的动机和目的，但恰恰又是道德义务所要求的行为，难道这种行为就是不道德的吗？况且，人有时的确也要考虑好行为可能会带来的预期结果才去行动，难道这不是理性的人应该做的吗？

(三)罗斯的显见义务论

1. 理论主张

英国现代伦理学家罗斯在他著名的《正当和善》(1930年)一书中提出了他的显见义务(prima facie duty)论，又称初始义务论或初步义务论。所谓显见义务，就是指一切人在考虑任何其他因素之前都理所当然应遵从的义务，简单地讲，就是那些最强烈迫切的、所有人普遍首先应遵守的义务，除非有不能遵守的重要理由。那么，哪些义务属于"显见"的呢？罗斯提出了具体的七条显见义务：忠诚、补偿、感恩、公正、慈善、自我改善和不害人。如果一个人的父亲和另一陌生老人都同时掉入水中，而他又只有救一个人的能力，他究竟该救谁呢？无论是功利主义还是康德的理论都很难给出令人满意的答案，而按罗斯的理论则显然应该救自己的父亲，因为他对父亲具有对他人所无的厚重的感激义务。可是如何确定这样的义务就是正确的？罗斯说这些义务就像数学中的公理一样显而易见、不证自明，它只能靠我们的直觉来领悟和把握，但其确定性和数学公理是一样的，只要是受过教育、精神上成熟的人都会自然具备这种直觉能力。

2. 理论评价

罗斯的道德立场介于康德伦理学和结果论之间。一方面，由于很多时候，我们可能同时要面临一个以上的初步义务来规范行为,而它们彼此之间有可能相冲突,此时,我们应该遵循较强烈或迫切的义务。例如,你答应了朋友开车送他去坐飞机,可在途中你却碰到了有人出车祸伤势严重并向你求救,在这个两难选择中,当然后者救人性命是更为迫切的义务。另一方面,虽然不相信结果决定行为的善恶,但他确实认为当面临道德选择时有必要考虑结果。由于强调判断哪一种道德义务具有较高迫切性并无客观标准,而是由当事人的当下感受或当下的直觉来决定,这使得罗斯的理论常被批评为流于主观和直觉主义,无法以理性或客观理据来说明如何做道德的选取。

三、德性论

德性论(virtue ethics),是指以个人内在德性完善为基本价值(善与恶、正当与不当)尺度或评价标准的道德观念体系。它"把伦理学理解成作为一种人生幸福的学问、作为一种内在力量的道德、作为一种普遍仁慈的道德、作为一种关爱情怀的道德,总之,是一种力图使人生更加完善充实丰富的学说"[①]。德性伦理学不同于规范伦理学(结果论和非结果论都属于这一范畴)以"我应该做什么"为研究核心,而是以"我是什么人"为研究核心。因此,在这种伦理学中,品质、美德和行为者居于中心的、决定的、主要的地位,而道德、规范和行为则处于从属的、次要的、被决定的地位。德性伦理学是历史上最早产生的道德理论形式,中国的儒家学说和古希腊亚里士多德的伦理思想是人类思想史上两个最为成熟、最有影响力的德性伦理学体系。中世纪之后,德性伦理学被边缘化了,而结果论和非结果论则成为伦理学理论的主流。在最近几十年里,德性伦理学在西方又出现了复兴的趋势。

(一)儒家德性论

儒家伦理学就是以"仁"学和"性善"论为核心、致力于使人本有的善性展开,并使良好的人伦关系能得到实现与圆满的伦理道德体系。

1."仁"学思想

培养德性、完善人格,是古代德性伦理学的目标,也是孔孟儒家的道德理想与追求。

首先,"仁者爱人"是"仁"学的核心。在孔子那里,仁不但是一切道德行为和价值的根源,也是最基本或最高的根据。而且,仁是人与人之间能够同情共感的基础,是促使人们做出道德行为的动力。孔子的学生樊迟问老师何为仁?孔子曰:"爱人。"即仁者爱人。爱什么人呢?孔子认为首先

扫一扫了解
万世师表——
孔子

[①] 高国希.《道德哲学》.复旦大学出版社,2005年,第254页。

要爱自己,然后要爱自己的父母,再爱他人,一切人。

其次,"忠恕之道"是"仁"的基本要求。所谓"忠道"就是"己欲立而立人,己欲达而达人"。自己有所树立,也应要别人有所树立;自己有所通达,也应要别人有所通达。所谓"恕道"就是"己所不欲,勿施于人"。

再次,礼是"仁"的实现途径。孔子念念不忘恢复周礼,即一套以血缘关系为基础的纲常礼仪,他强调通过礼才能实现仁。仁是礼的内在本质,礼是仁的外在表现手段。礼要符合仁的要求,仁要受礼的制约,二者互相影响和制约。

最后,"君子人格"是仁学的追求目标。仁要靠各种具体的美德来表达,而君子人格也展现为各种美德,如忠、恕、智、勇、孝、悌、温、良、恭、俭、让、宽、信、敏、惠等。孔子认为,实现了恭、宽、信、敏、惠这五种美德,天下也就为仁了。关于美德,与亚里士多德一样,孔子也重视中庸之道,并认为中庸是一种至高的德性,既是小人和君子的区别之一,又是处世做事的最佳标准和尺度。

2. "性善"学说

孟子继承和发展了孔子的伦理道德思想,提出了"性善"的学说,回答了人因何会有不安不忍心理及因何爱人的问题,也给孔子的仁学提供了人性基础和伦理根据。

首先,孟子认为道德的根源出自我们的"不忍人之心"。顾名思义,不忍人之心就是不忍心看到他人受到伤害的心理,孟子将它也称为"恻隐之心",这是每个人与生俱来都有的道德意识,也是人为仁向善的发端。"恻隐之心,仁之端也;羞恶之心,义之端也;辞让之心,礼之端也;是非之心,智之端也。""四心"所产生的"四端"是人具有的最基本的道德意识。"四心"和"四端"不是人后天学习或经验积累所得来的,而是人天生赋有的一种道德特质,是"我固有之"的道德观念,孟子称之为"良知"、"良能"。

其次,既然人先天具有道德本性,是不是这种道德本性会伴随人一生呢?孟子的回答是否定的。他认为虽然人性本善,但在人的成长过程中,由于外界环境的影响,人的善良本心会受到蒙蔽。因此,人需要不断地加强自身的道德修养。一方面加强个人修养要从自身做起,正己才能正人施人,修己才能安人,推己及人,"老吾老以及人之老,幼吾幼以及人之幼"的社会理想才能实现。另一方面,要"修身养性"。孟子要求人们"扩充本心"、"存心"、"尽心"、"求放心",以便存性尽性,其方法是"养气"、"寡欲"、"反求诸己"。

此外,"经邦济世"也是儒家道德实践的一个重要方面。这种强调在道德实践中摆脱小我的局限,自强不息,胸怀天下的道德精神有着强烈的历史使命感。孔子周游列国14年以寻求仁政的行为就是儒家经邦济世思想的最好体现,也为后世儒家提出"修身齐家治国平天下"的主张奠定了基础。

(二)亚里士多德的德性论

古希腊大思想家亚里士多德的《尼各马可伦理学》是西方伦理学史上第一部系统的伦理

学著作。亚里士多德的德性论是集苏格拉底和柏拉图等人的德性论思想之大成的产物,是古典德性伦理学最典型的代表。他的伦理学回答了什么才是最好的生活,或者说,至善至美的生活是什么样的,什么是美德以及我们怎么样才能获得幸福和满足等问题。

1. 幸福是至善

亚里士多德在他的伦理学的开篇说,自然界的每一个事物都有自己的目的或最后的原因。对人类整体生活而言,也存在一个最高的目的,那就是人类的善。所谓"幸福",是众善中的至善,是人类一切活动的最高和最终目的。其他任何的善都只能是它的从属和实现的手段。亚里士多德认为,符合美德的生活就是幸福,而美德又分为理智的和实践的两类。理智的美德包括智慧和聪明,通过教育获得;实践的美德是自由、节制、正义、富贵、荣誉、友谊等,它们是习惯和实践的产物。审慎是两类美德的联结纽带。

拉斐尔画作《雅典学院》

柏拉图和亚里士多德①

2. 美德即中道

亚里士多德关于幸福还有一个通俗的说法,即幸福就是生活得好和做得好。生活得好意味着有优越的生活,做得好则意味着行为良好。怎样保证一个人的行为良好呢?那就是寻找介于两个极端之间(不足与过量之间)的平衡点,这个平衡点被他称为"中道"。他认为,美德即中道。例如,怯懦和鲁莽都不是美德,介于二者之间的勇敢才是美德。

那么,我们怎样才能具有美德呢?亚里士多德说,美德是可以通过学习和训练而达成的一种习惯,美德是教育的结果。事实上,他也十分强调这一点:对于美德,仅止于认识是不够的,还必须努力培养它、运用它,或是采取种种方法,以使我们成为良善之人。

---

① 柏拉图(左)夹着自己的一部抽象的形而上学论著《蒂迈欧篇》,手指更高的事物(理念世界);亚里士多德手持他的《伦理学》,他的手势似乎表明我们要脚踩大地。两种哲学的对立贯穿了整个西方哲学史。

小卡片

亚里士多德美德条目表[①]

方面(关于)	(恶)不足	(美德)中道	(恶)过头
害怕与自信	胆小	勇敢	鲁莽
快乐与痛苦	冷漠	自制	放纵
金钱的给、取	吝啬	慷慨	浪费
大量财物给、取	小气	大方	无度
名誉	自卑	胸襟恢宏	虚荣
小的名誉	没志气	好名	野心
愤怒	无血性	温和	暴躁
真诚性	不诚实	诚实	夸张
交往	呆板	机智	粗俗
感情	坏脾气	友善	谄媚
对别人不义	易羞	有耻	无耻

(三)西方德性伦理学的复兴

西方德性伦理学萌芽于古希腊时代,成熟于亚里士多德,在西方有着悠久历史传统。启蒙运动使功利论、义务论、元伦理学先后登上了西方伦理学的历史舞台,"你方唱罢我登场",理论间的纷争延续了几个世纪之久,在这期间,德性伦理学的传统被忽视甚至被抛弃了。然而,随着现代经济社会的发展,当自由主义、个人主义、工具主义、人类中心主义和道德相对主义等各种道德问题渐渐在社会中呈现出来,各种形态的伦理学由于其自身的理论缺陷又表现得回天乏力时便渐渐失去了可信性,人们开始试图到传统中去寻求解决问题的方法。20世纪五六十年代,以美国著名伦理学家麦金太尔为代表的一批哲学家、伦理学家拉开了复兴德性伦理学的大幕。

1. 麦金太尔的德性伦理学

阿拉斯戴尔·麦金太尔是当代美国享有盛名的伦理学家。麦金太尔认为社会的进步是为了人的全面发展,这和马克思的观点相同。可是,现代社会中的人却被外物所奴役和异

[①] 包利民.《生命与逻各斯》.东方出版社,1996年,第243页。

化，只知道机械地服从外在的道德规范，而内心缺乏一个完整的自我必需的美德资源，这与人的全面发展是完全背离的。现代社会中，我们有的是规则、法律和道德体系，但我们仍然缺乏有道德的善良人，这是许多伦理学家公认的问题之一。不论是功利主义、义务论、还是规范伦理学说，对于这一问题不但不能提供合理的解决途径，反而助长了这种现象的发生，因为规范伦理只关注人的行为及其动机和效果，其结果必然把人变成只知道服从外在约束，而缺乏内在道德品质的机械物，这与人的全面发展是背道而驰的。因此，规范伦理的不合理性恰恰是麦金太尔要弘扬德性伦理的理由。

麦金太尔通过对美德的历史考察，他认为西方历史上曾存在三种类型的美德：一是荷马时代的美德，二是亚里士多德及基督教的美德，三是富兰克林的美德。荷马时代的美德注重的是个人能成功地承担社会角色的品质；亚里士多德及基督教的美德强调个人能够接近、实现特定目标的品质，做一个好人，被社会认可；而富兰克林的美德提供了个人获得人生成功方面应具备的品性修养。

麦金太尔

麦金太尔认为现代社会的道德危机源于对亚里士多德传统的抛弃。作为这一传统的现代继承人，麦金太尔深感有必要重新发扬这一传统，从而为解救当代道德危机贡献一剂良方。他在重述亚里士多德主义传统的同时，提出了自己的美德概念："美德是一种获取性人类品质，拥有并践行它，我们将能够获取那些内在于实践的善，缺乏它则会严重地阻碍我们获取那些善。"①他还提出现代伦理的任务在于告诉人们如何认识自己的生活目的，并为实现一种善的生活而培植良好德性。

2. 富兰克林的十三项美德

本杰明·富兰克林是美国著名的发明家、哲学家、科学家、政治家、音乐家、社会活动家。为了达到他希望的道德至善，富兰克林提出了十三项美德及其箴言。

(1) 节制——进食不可过多，饮酒切勿过量。
(2) 静默——对人对己若无益，切勿开口。
(3) 有序——各种物品必居其所，每件事务必得其时。
(4) 决心——决心做该做之事，既下决心务必行动。
(5) 节俭——对人对己若无益，切勿花费；亦即决不浪费。
(6) 勤勉——分秒必争，始终埋头于有益之事，杜绝一切无谓之举。
(7) 真诚——杜绝有害的虚假与欺骗行为；思想无害而公正，言谈亦然。
(8) 公正——对人不伤害不冤枉，勿忘你的应尽义务。
(9) 中庸——避免极端；切勿追求"受害多大，报复多大"。

---

① [美]麦金太尔.《德性之后》.龚群等译，中国社会科学出版社，1995年，第241页。

(10) 清洁——决不容忍身体、衣着或住处的任何污秽。

(11) 平静——不为琐事而烦恼,不为一般事故或不可避免的事故所烦扰。

(12) 贞洁——若非健康和繁育子嗣之需,少行房事;决不因纵欲而致呆滞、虚弱,或损害自己或他人的平静与声誉。

(13) 谦卑——效法耶稣和苏格拉底。

富兰克林的方法是:每次集中注意力于一项美德习惯的养成,直至他完全精通全部十三项美德。正是为了这一宗旨,富兰克林将十三项美德排序如上。

富兰克林

与麦金太尔不同,其他伦理学家不一定局限于亚里士多德的美德传统,而是主张综合人类的美德观念并加以总结。例如,富兰克林的美德观就受到了当代伦理学家们的推崇,他们认为富兰克林的十三项美德也是当代人不错的道德选择。

第三节 道德原则

一、生命价值原则

如果没有生命,善或恶、幸福或痛苦、公正或不公正、诚实或不诚实都无从谈起。因此,生命原则是任何道德或人性的起点。

> **哲人哲语:**
> 生命不可能有两次,但许多人连一次也不善于度过。
> ——吕凯特

(一) 生命的本质

生命的本质到底是什么?几千年来科学家、哲学家们进行了长期的探索,但直到今天都没有得到统一的认识。现代自然科学普遍认为,生命是蛋白质和核酸物质的运动形式,是一种特殊的、复杂的、高级的物质运动形式,生长和发育是生命的基本过程,新陈代谢是生命的最基本特征。关于生命的本质,科学家们还在继续认识和研究中。那么,哲学家们怎么看待生命的本质这一问题的呢?

法国哲学家柏格森是开启西方非理性主义生命哲学的第一人。他认为,生命是一个绵延不断的生命流,它的表现和功能不是理性而是直觉,这种生命流是一种能动的创造性力量。柏格森十分强调人内在精神的创造性,反对外在东西对人的掌握。法国存在主义思想家萨特则坚持生命的价值在于人有自由意志。萨特认为,"存在先于本质",人与其他自在存在物不同,是自为的存在,生命存在的关键在于人具有自由的创造性,他可以自由地决定自我的发展,造就自我生命的本质。马克思主义则认为:"人的本质不是单个人所固有的抽象物,在其现实性上,它是一切社会关系的总和。"①只有在社会交往和社会实践中,人的尊严和人格才能得以充分肯定,人的创造性才能得以充分激发,人才能充分感受到生命的意义和价值。可见,哲学家们有着基本的共识:精神生命和社会生命是人的生命区别于其他生命的本质所在。这也是 20 世纪在印度和其他一些地方发现的"狼孩"、"熊孩"等不能称之为人的原因所在。

(二)生命价值

生命价值之所以是人的行为应遵循的首要道德原则,是因为生命价值不同于人的其他任何价值的特性和重要性,主要表现在以下几个方面。

1. 生命的至上性

人的生命之所以珍贵,就在于人的自然生命具有唯一性和不可逆性。生命是不可复制、不可补偿、无价的,其丧失意味着永远无可挽回,失去生命就是失去整个世界。

珍爱生命是人类所有文化的共同特征。中国成语"人命关天",就折射出中国老百姓对生命的重视和尊重。中国儒家认为,人应该有"生生不息"之精神,珍惜生命,修养心性,以德配天;道家更是把"全生避害"视为其哲学的出发点,全生即是保全生命,避害就是排除威胁生命的各种力量;尊重生命、珍惜生命也是佛教的根本观念,"不杀生"的戒律要求是约束佛教徒的第一大戒;基督教则认为,人的生

辩一辩:
正方——安乐死应该合法化
反方——安乐死不应该合法化

◀ 扫一扫了解更多
安乐死的伦理困境

---

① 《马克思恩格斯选集》(第 1 卷).人民出版社,1995 年,第 56 页。

命是神赋予的,具有天然的神圣不可剥夺性。可见,保持生命促进生命就是善,毁灭生命压制生命就是恶,这应当成为人类道德的根本法则。

2. 生命的平等性

弱肉强食,适者生存,是自然界生物进化的法则,因此,自然界的生命之间谈不上平等。愚昧蛮荒的人类早期社会也谈不上平等。奴隶社会时期,奴隶和牲口一样,可以任由奴隶主买卖、杀害。漫长的封建社会,老百姓被称作"草民"、"蚁民",正是因为他们的生命和达官贵人的生命是不等值的,所以草菅人命的事情是非常普遍的。到了现代社会,个体生命的社会价值虽有差异,但其生命的自然价值是完全等价的。正因如此,从1998年抗击洪水到2003年的抗击"非典",从2008年的救援汶川地震和2009年的抗击甲型H1N1流感到应对2013年人感染H7N9禽流感疫情,乃至2020年初开始的抗击新冠肺炎(2019-nCoV),面对灾难,中国社会无不全力以赴,不惜一切代价,这体现了社会对人的生命的无条件尊重,也说明古老的中华文明正在向现代文明迈进。

3. 生命的创造性

人的生命价值是生存价值和创造价值的统一。没有其他价值的创造和实现,人的生命价值就不能真正表现出来。人的生命价值的实现过程,从形式上看是生命存在和延续的过程,从内容上看却是个人创造和实现各种价值的过程。

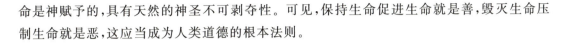

想一想:

既然生命至上,是不是任何时候人都必须将生命价值放在第一位呢?"舍身取义"、"杀身成仁"、"生命诚可贵,爱情价更高,若为自由故,二者皆可抛",这样的价值观是不是有问题?

小故事

有一个生长在孤儿院的男孩,常常悲观地问院长:"像我这样没人要的孩子,活着究竟有什么意思呢?"院长总是笑而不答。有一天,院长交给男孩一块石头,说:"明天早上,你拿这块石头到市场去卖,但不是'真卖'。记住,不论别人出多少钱,绝对不能卖。"第二天,男孩蹲在市场的角落,还真有好多人要向他买那块石头,而且价钱越出越高,他记着院长的话无论怎样都不卖。一天下来,男孩兴奋地向院长报告。院长笑笑,要他明天拿到黄金市场去卖。在黄金市场,竟有人出比昨天高十倍的价钱要买那块石头。男孩还是无论怎样都不卖。最后,院长叫男孩把石头拿

> 到宝石市场上去展示。结果,石头的身价较昨天又涨了十倍。由于男孩怎么都不卖,这块石头竟被传成稀世珍宝了。男孩兴冲冲地捧着这块石头回到孤儿院,将这一切禀告院长。院长望着男孩,说道:"生命的价值就像这块石头一样,在不同的环境下就会有不同的意义。一块不起眼的石头,由于你的惜售而提升了它的价值,就被说成稀世珍宝。你不就像这块石头一样?只要自己看重自己,自我珍惜,生命就有意义,有价值!"

二、善的原则

古希腊的苏格拉底在雅典的大街上向他的弟子——年幼的色诺芬询问购买各种商品的地点,色诺芬一一做了回答,可当苏格拉底问色洛芬哪里能买到"高尚"、"善良"和"美德"时,色诺芬却一脸茫然,不知如何回答。中国古代先贤孟子说"人之初,性本善。性相近,习相远"。两位伟大的哲学家开启了人类对善恶问题的思考,自他们之后,无数哲学家、伦理学家对什么是善、什么是恶、善恶的根源、人如何才能达到善等进行了不懈的追问。直到今天,善恶问题仍是道德生活的主题,扬善抑恶也成为人类社会共有的一种价值取向。

> **哲人哲语:**
> 善恶问题对于精心研究它的人始终是一个不可解的谜,对于争论它的人而言简直是一场思想游戏。
>
> ——伏尔泰

(一)善恶的界定

1.西方伦理学中的善恶研究

西方伦理学对善的界定一方面表明了人类思维的进步与发展,另一方面也反映了善恶问题本身的多样化和复杂性。

在古希腊、古罗马时代,人们所关心的核心问题是:人应该过怎样的生活,怎样的生活才是善的生活,怎样的德行才能保证善的生活。哲学家们从多重领域和视角展开了一系列的研究。苏格拉底认为善是一切行为和人生的最高目的,也是人的思想和行为的最高道德原则,他说未经审视的生活是不值得过的,并提出了"美德即知识"的重要命题和"知识"就是关于善的知识。柏拉图从哲学本体论的角度考察善与恶的问题,他将"善的理念"看作是一切事物的创造者,是永恒不变的存在,世间各种具体的美德都是"善的理念"的分支和体现。亚里士多德,包括后来的伊壁鸠鲁学派对善的研究可称之为价值论的研究,他们将善恶与力量、快乐、幸福及痛苦等价值相混淆,道德意义的"善恶"与非道德的"善恶"在他们眼里没有明确的区分。

以奥古斯丁和托马斯·阿奎那为代表的中世纪基督教神学伦理学家关注的是人在现世应该履行哪些神圣义务、修养哪些神圣德性,才能成为上帝的选民,得到救赎,最终在来世享受天堂的至善至福。

文艺复兴和宗教改革之后,追求个性解放、维护个人利益、倡导个人幸福和快乐的价值观开始在西方伦理学中成为主流。斯宾诺莎把善恶与愿望和快乐直接挂钩,认为善就是一切足以增进快乐并能够满足愿望的任何东西,恶就是一切足以使人痛苦并阻碍愿望的东西。这种"快乐即善"、"痛苦即恶"的思想,后来被19世纪的英国功利主义者所继承和发展,并成为当时流行的善恶观念的核心内容。同时代的康德则把善良意志这一"绝对命令"看作是道德行为的最高准则,主张善是对道德律令和道德义务的无条件尊重和遵守,至善是道德与幸福的结合。

2. 中国伦理学中的善恶研究

从人性的角度考察和探讨善恶问题,构成了中国伦理学区别于西方伦理学的一大特色。人性善恶学说主要有四种:性无善恶论、性善论、性恶论和性有善有恶论。

性无善恶论的代表是告子。在他看来,"食色,性也"(《孟子·告子上》),就是说人性和食欲、性欲一样是人生而固有的本能,是十分自然的东西,所以人性根本就无所谓善与恶。

与告子不同的是,孟子摒弃了人的自然属性而选取人的社会属性为人性的内容,从而开创了性善论的先河。他认为人之区别于禽兽的根本特性就在于"恻隐之心、羞恶之心、辞让之心、是非之心",这与生俱来的四个善端就是人性。孟子因此得出人心都有向善的本能、人性是善的结论。

荀子则反对孟子的观点,提出了"人之性恶,其善者伪也"的性恶论主张。

汉代董仲舒则认为人性既不是纯粹善,也不是纯粹恶的,而是有善有恶。他提出了"性三品说",认为人性可以分为三种:一是不教自善的,二是教而后善的,三是虽教不善的。这三种人性被他称为"圣人之性"、"中民之性"和"斗筲之性"。

3. 善恶的本质

善恶问题,古今中外,莫衷一是。各种伦理学对善恶的论述虽然各异,但都将追求道德完善作为人生的最高价值追求和理想,在这一点上是别无二致。而且可以肯定的是,善恶的本质是关于人与人之间利益价值的取向。善恶是人对自己的言行和社会生活中一切现象进行道德评价的最基本的范畴,是塑造理想人格和恰当处理人与人、人与群体、人与社会关系的最高准则。人在活动中表现出来的对自己、对他人、对社会的正向价值取向及其评价就是善,反之即恶。

(二)善恶的原则[①]

王海明在其《伦理学原理》一书中提出,所谓善就是一切利他与利己的伦理行为,所谓恶则是一切害他与害己的伦理行为。他以道德目的、道德终极标准为尺度,来衡量人性之善恶,从中推导出一切伦理行为应该如何的道德总原则是"善"。一方面,"利他与利己"便是衡量一切伦理行为的"善的总原则":凡是利他与利己的伦理行为都是善的;凡是善的伦理行为都是利他与利己的。另一方面,"害他与害己"则是衡量一切伦理行为"恶的总原则":凡是害他与害己的伦理行为都是恶的;凡是恶的伦理行为都是害他与害己的。利己与利他都是善的,但其善恶的高低大小等级有所不同。利他是高级的善,是高级的道德善原则;利己是低级的善,是低级的道德善原则。这就是善有差等原则。同样地,害他与害己的恶也是有差等的:害他的恶高于害己的恶。

王海明认为,"善"作为道德总原则,并非一个单纯原则,而是一个由若干原则构成的、极其复杂的原则体系。这一体系包罗两大方面:善恶总原则(其核心是善恶有差等原则)与善恶分原则(亦即善恶六原则)。他首先从人行为的目的和手段出发,考察了具体的人性之善恶,也就是16种人性或16种伦理行为之善恶(见下表)。

手段\目的	利己	利他	害己	害他
利己	1 完全利己	5 为他利己	9 利己以害己	13 利己以害他
利他	2 为己利他	6 完全利他	10 利他以害己	14 利他以害他
害己	3 害己以利己	7 自我牺牲	11 完全害己	15 害己以害他
害他	4 损人利己	8 害他以利他	12 害人以害己	16 完全害他

根据这16种伦理行为的善恶性质,一方面可以推导出无私利他、为己利他、单纯利己三大善原则及其相互关系,另一方面则推导出纯粹害己、损人利己、纯粹害他三大恶原则及其相互关系。这善恶六大原则及其相互关系可以用如下的数轴来表示。

总而言之,善恶六原则,即无私利他、为己利他、单纯利己以及纯粹害他、损人利己、纯粹害己乃是规范人类全部伦理行为的道德原则,因而是道

扫一扫了解
16种伦理行为的
举例解释

---

① 王海明.《伦理学原理》.第3版.北京大学出版社,2009年,第175-186页。

德总原则。利他主义否定为己利他和单纯利己,而把无私利他奉为评价行为是否道德的唯一准则;合理利己主义否定无私利他和单纯利己,而把为己利他奉为评价行为是否道德的唯一准则;个人主义否定无私利他或为己利他,而把单纯利己奉为评价行为是否道德的唯一准则。所以,利他主义与合理利己主义以及个人主义不过是分别夸大无私利他、为己利他、单纯利己三大善原则的片面化观点而已。

- 无私利他(最高的善、至善)
- 为己利他(基本善、最重要的善)
- 单纯利己(最低的善)
- 0
- 纯粹害己(最低的恶)
- 损人利己(基本恶、最重要的恶)
- 纯粹害他(最高的恶、至恶)

三、幸福原则

就像一千个观众会有一千个哈姆雷特一样,一千个人会有一千种关于幸福的定义。尽管幸福的问题是个万古常新的道德哲学难题,但仍存在一个不容置疑的事实,那就是:幸福是每个人人生在世的终极追求,是人善待自己的普遍原则。

(一)幸福与幸福观

1.几种不同的幸福观

(1)快乐主义幸福观。快乐主义幸福观是由古希腊哲学家伊壁鸠鲁首先提出的,他认为幸福就是快乐。伊壁鸠鲁认为人生的最高目的就是获得快乐,一切取舍都以快乐为原则,肉体和器官的快乐是一切快乐的起源和基础,但最高的快乐则是"身体的无痛苦和灵魂的无纷扰",即身体健康和心灵宁静。伊壁鸠鲁的快乐主义不是纯粹的享乐主义或纵欲主义,他曾试图将物质的满足和精神的愉悦二者结合起来,以克服只强调其中一个方面的不足。

17世纪英国经验论哲学家洛克重新将快乐主义幸福观发扬光大。洛克从他的经验主义立场出发,宣称人类所共有的两大类情感就是快乐和痛苦,它们都是由感觉和反省得来的,幸福就是快乐,极度的幸福就是最大的快乐。属于快乐方面的情感有爱慕、欲望、欢乐、希望等;属于痛苦方面的情感有憎恶、悲痛、恐惧、失望等。洛克的思想直接被后来的功利主义哲学家边沁和穆勒等人所继承。边沁认为幸福就是趋乐避苦,他甚至将增多还是减少当事者的幸福作为评价行为是否道德的标准,"最大多数人的最大幸福"就是其幸福观的经典表述。穆勒则更加直接地指出,幸福是指快乐与免除痛苦,不幸福是指痛苦和丧失愉快。

19世纪德国古典哲学的代表人物之一费尔巴哈也对快乐主义的幸福观进行了较为系统的论述。费尔巴哈认为幸福就是生命本身,没有生命就毫无幸福可言,感官上的苦乐是衡量道德与否的标准。

(2)完善主义幸福观。完善主义幸福观是由亚里士多德系统提出的,亚里士多德把幸福确定为生活得好和做得好。他认为幸福在于自我实现,在于人格上的完善。虽然亚里士多德在幸福的问题上走的是追求理想、重视道德但又不走极端禁欲主义的道路,但这并不妨碍他的完善主义幸福观被中世纪禁欲主义的倡导者们大加推崇。

托马斯·阿奎那在调和亚里士多德的幸福论与中世纪基督教幸福论的基础上,发展了基督教幸福观。他宣称尘世的幸福生活不是人生的终极目标,只是到达天堂幸福生活的手段和阶梯,天堂幸福才是人生的终极目标。

20 世纪的弗洛姆进一步发展了完善论幸福观。他将快乐分为两种形式:主观快乐和真正快乐。主观快乐是以满足物质与精神需要为前提,而真正快乐是以创造的积极性为基础。总而言之,完善主义幸福观企求完美幸福的实现,以避免快乐主义幸福观的局限,并倡导人只有遵守人内在的理性道德,才能找到幸福的依据,幸福就是对人自身道德完美的追求。

(3)儒家幸福观。儒家的幸福观是基于德福一致的道义论,以追求道德理性的满足为幸福。儒家认为道德就是幸福,并提出幸福的两个标准。

一是道德、精神的快乐。孔子提倡"贫而乐,富而好礼"、"君子坦荡荡,小人长戚戚"。"一箪食,一瓢饮,在陋巷,人不堪其忧,回也不改其乐。贤哉,回也!"(《论语·雍也》)孔子对弟子颜回大加赞赏的原因在于颜回高尚的道德情怀以及平和快乐的内心。可见,儒家在处理物质欲望与道德理性的关系上要求人们应该注重精神的享受,保持心态的平和,以便获得超越性的内在道德满足之幸福。

二是普天下之人的共同快乐。不论是孔子的"忠恕之道"、孟子的"与民同乐",还是荀子的"裕民以政",都注重提倡整体性的社会价值观。"鞠躬尽瘁,死而后已"就是这种价值观最直接、最有力的体现。对于儒家来说,幸福在于精神,而不在于物质;在于奋斗,而不在于享乐;在于道义,而不在于个人遭遇。儒家提倡以奋斗去实现自己的人生价值,以道义去履行自己对家庭和社会所应承担的义务的价值观,是积极入世的幸福观的体现。

(4)道家幸福观。道家的幸福观认为万物的本然状态是最好的状态,能返璞归真、顺其自然本性、合乎道、实现自由和谐的快乐则是最大的幸福。这种幸福观其实否认了现实幸福的可能。道家创始人老子主张只有消灭了圣人、抛弃了智慧、消灭了技术、抛弃了名利、回到婴儿般的生命状态,过一种纯朴自然、无知无欲的生活,才能够得到真正的幸福和快乐。庄子认为人之所以痛苦、不幸福是因为人总是被现实生活中的是非、贵贱、贫富、生死、祸福等矛盾困扰而失去了"自由"。那么,只有那些能够放弃利欲追求,不依赖外物的圣人、真人和神人才能实现"逍遥游",到达真正自由和幸福的境界。

(5)佛家幸福观。佛教的基本教义之一是"四谛(苦、集、灭、道)说"。"四谛"之首是苦谛。苦谛的意思是说,人的生命、生存都是苦的,宇宙就是苦集之场。而导致人生痛苦的根本原因就是人的无明,即对人生和世界的本质缺乏真正的认识和了解。而摆脱痛苦的不二法门就是通过超越现实生活的宗教修行去看破世间万物,转而追求永恒的存在和幸福——涅槃。《杂阿含经》说:"一切烦恼永尽,是名涅槃。"涅槃境界就是一种烦恼断除、心性寂静、真性湛然、极乐无忧的状态,是一种完全超越的幸福境界,也是人生最值得追求的境界。如何对待苦与乐,佛教的态度是不畏苦,不执乐,超越苦乐,舍小乐而求大乐,舍一己独乐而求众生共乐。可见,佛教的幸福观是一种关爱利他、德福一致、向往彼岸的宗教幸福观。

(6)马克思主义幸福观。与上述观点不同的是,马克思主义认为幸福是主体在物质生活和精神生活中,通过创造性劳动而感受和意识到实现了自己的理想和目标所引起的精神满足。马克思主义强调社会生活是幸福的基础和前提,人的体力和智力的发展也是幸福的基本条件,劳动是实现幸福的唯一手段,物质生活与精神生活的统一是幸福的基本要求。此外,马克思主义幸福论还倡导个人幸福和集体幸福的一致。马克思主义幸福论并不排斥个人幸福,相反,它积极主张尽可能地为实现正当的个人幸福、自由地发挥个人的才能和力量创造条件。但是,社会不能仅仅以实现个人幸福为满足,追求集体的幸福才是最终的目标。集体幸福包括阶级、民族、国家及人类的幸福,对集体幸福的追求往往要以或多或少的个人幸福的牺牲为前提。马克思主义的幸福观对于个人幸福的实现与和谐社会的构建都有着十分重要的意义。

2.幸福的含义

幸福到底是什么?要弄清楚这个问题,首先要了解幸福与其他几个概念之间的关系。

幸福与幸福感。幸福源于人的需求和欲望的满足,因此,幸福往往与人的心理体验和主观感受相联系。但是不能简单地将幸福等同于幸福感,二者是完全不同的。幸福感是一个心理学概念,人在经历幸福时必定产生幸福感,幸福感不构成问题,而幸福却是个难题。

幸福与快乐。尽管古今中外很多人都持快乐主义的幸福观,幸福和快乐都源于人的需求、欲望和目的得到满足和实现,但幸福和快乐并非一回事。首先,快乐的感觉是短暂、不长久的,而幸福具有长久性;健康的快乐可能会通往幸福,但病态的快乐可能会断送幸福。因此,幸福一定包涵快乐,而快乐并不一定全是幸福。其次,对快乐的追求有的是经过理性的选择,但更多的则完全由人趋乐避苦的自然本性决定。而对于幸福的追求则全是由人理性思考来选择的,并由理性指导、经过较长时间的努力奋斗才能实现。

幸福与痛苦。表面看来,幸福和痛苦似乎是对立的,实际上,二者既有区别,又有联系。首先,人的重大的需求和欲望得到满足和实现就是幸福;反之,不能满足和实现就是痛苦,幸福和痛苦是截然相反的两种心理体验。其次,幸福有时和痛苦就像一对难兄难弟,互相联系,不可分割。快乐的满足比较容易实现,而幸福的达成充满坎坷,有时幸福的获得要付出痛苦的代价。

幸福与道德。不论是古希腊的德性伦理学,还是中国儒家的德性伦理学,在幸福和道德的关系问题上,都主张二者应当是统一的,也就是人们常说的德福一致。真正的幸福不是自私的"独乐乐",而是与他人共享的"众乐乐",是道德与幸福的高度统一。当然,也并不提倡为了他人和大众的幸福强行剥夺个人的幸福,这是德福一致的前提。

厘清了这几对概念,就可以在三个层次上把握幸福的内涵。首先,幸福是人生重大需要、欲望和目的得到满足和实现的心理体验,是人生重大的快乐;其次,幸福的达至有时要付出痛苦的代价;最后,幸福是每个人的生活动力和终极目标,但是幸福的追求要以德福一致为原则。

3.幸福的类型

马斯洛将人的需要从低级到高级依次排列为：生理需要、安全需要、社交需要、尊重需要和自我实现的需要。詹姆士在其《心理学原理》一书中提出人的需要、欲望、目的可以分为物质的、社会的和精神的。这些理论为学术界所接受，也为普通大众所认可。因此，可以把幸福分为物质幸福、社会幸福和精神幸福三种类型。

想一想：

约翰·斯图亚特·穆勒曾这样问道："做一个得不到满足的人好还是做一个得到满足的猪好？"以及"做一个痛苦的苏格拉底好还是做一个快乐的傻瓜好？"你的回答是什么？

(二)幸福的辩证法

1.幸福的主观性与客观性

幸福本质上讲是精神性的东西，是人的一种心理感受，属于主观的意识范畴，是依据自己的主观感觉而转移的。所以，一个人只要觉得自己是幸福的，那他就是幸福的，尽管在别人看来并不是；只要自己觉得是痛苦，那他就是痛苦的，这就是幸福的主观性。但是，幸福又是一种客观的东西。一个人觉得幸福与否，并不依他的主观意志为转移，而是取决于他的人生重大需要、欲望和目的是否得到了满足和实现。如果得到了满足和实现，那他就是幸福的，如果得不到满足和实现，那他就是不幸的。例如，同样是拥有百万财富，对于一个家徒四壁的穷人来讲会感到十分幸福，可对于一个本身就家财万贯的富翁来说，却不会感到幸福。穷人的幸福与富翁的不幸福都是由客观上是否满足了他们的重大需要、欲望和目的来决定的。百万财富满足了穷人的重大需要、欲望和目的，因而他觉得幸福，那他确实就是幸福的；反之，百万财富不能满足富翁的重大需要、欲望和目的(或许他想要的是千万财富)，所以他觉得不幸福，那他确实是不幸福的。

2.幸福的绝对性与相对性

幸福既是绝对的，又是相对的，绝对的幸福就是普遍的幸福，相对的幸福就是特殊的幸福。所谓幸福的绝对性，就是指那种不因人而异的幸福，是对于任何人都一样是幸福的幸福。例如，家庭幸福、物质幸福和爱情幸福都是人类共同向往的幸福，没有人不追求富足的生活、健康的身体和美好的爱情。所以，家庭幸福、物质幸福和爱情幸福都是绝对幸福。

所谓幸福的相对性,则是因人而别、因时而异、因境遇而不同的幸福。比如,前面提到的百万财富对于穷人和富翁而言的就是相对的幸福。地域、民族或文化等因素,都会直接或间接地影响人的幸福观;也有心理学研究表明,男性与女性的幸福感受都存在明显的差异;幸福也会因时而异,不同时代的人们对幸福会有不同的理解;幸福对人生不同的阶段而言也有差异;幸福还会因境遇不同而不同。

(三)幸福的实现

没有人不希望拥有幸福,可是幸福的实现是需要条件的。从外在的方面看,健康、财富和环境是实现幸福的重要因素;从内在的方面看,知识、道德和创造是实现幸福的主要途径。

1. 外在条件

首先,健康是人生最宝贵的财富,也是幸福的一个很重要的条件。世界卫生组织(WHO)章程序言中明确提出:健康是一种在躯体上、精神上和社会上的完全良好状态,而不仅仅指没有疾病和衰弱。也就是说,健康是身体健康与心理健康的统一,一个健康的人不但要有强壮的体魄和乐观向上的精神状态,还要能与其所处的社会及自然环境保持协调的关系。身体不健康,幸福会大打折扣,心理不健康,也会影响幸福。心理健康有很多衡量指标,但最重要的其实是心态。保持乐观积极、心境恬静、知足常乐的心态会有助于幸福的获得。

其次,财富是影响生活质量和幸福指数的重要因素。通常情况下,富裕的人群相对于贫穷的人群来说,所获得的幸福要多要大。这是因为,人生中重大需要、欲望和目的的满足与实现,都离不开一定的经济基础。不过,财富对幸福的影响是有限的,并非财富越多,幸福就越多。因此,财富只是实现幸福的一个方面,幸福的内容还有很多,不能把财富作为人生的唯一追求,也不能无节制地追求财富,使自己变成金钱的奴隶,更不能不择手段地追求财富,那样只能导致堕落和犯罪。

此外,和谐的社会环境和良好的机遇也是人类追求幸福的必要条件。一般来讲,和谐的社会环境是人类追求的最高理想状态,体现为和平、公正、稳定、协调的社会状态和平等、友爱、诚信的人际关系。和谐的社会环境有助于其中成员普遍得到幸福,而不和谐的社会环境则有可能成为其大多数成员不幸和痛苦的根源。试想,整天生活在暴力、独裁、战争、恐怖阴影下的人们,怎能感到真正的幸福?

2. 内在途径

首先,获取知识是实现幸福的最佳途径。"知识就是力量",这是英国哲学家培根提出的口号。他认为对知识的正确运用就是一种力量的体现,知识在社会实践中转化为人的智慧、才能和力量,使人能在艰苦的竞争环境中有效地保护自己、丰富自己、完善自己、发展自己,以获得需求的满足、实现自我价值,从而得到幸福的人生。知识还意味着人的理性,用知识发展自己、提升自己的精神境界和整体的生活质量已经成为当今社会人们追求幸福的前提条件。此外,知识还是一种思维工具,如知识带来的科技创新不断改进着人类的生产方式和生活方式,从而使人们有更多的闲暇时间去享受生活,创造美好未来。

其次,道德是提升幸福的阶梯。关于道德与幸福的关系,前面已有比较详细的论述,不再赘言。这里要强调的是,一个人要想获得幸福,德性的重要性在一定条件下甚至超出了其他条件。一般而言,一个人品德高尚的人不但会得到社会和他人的赞许,而且会建立起良好的人际关系,这无疑会使他有更多的机会去施展才能、赢得成功、获得幸福。反之,一个品行恶劣的人却很难获得真正的幸福。可见,德性对于幸福的实现多么重要,德性有助于提升幸福。

最后,创造是实现幸福的重要手段。创造性活动不仅仅是指人对于物质世界的实践活动,更为重要的是人对于自己精神世界的修葺和完善。人在对物质世界和精神世界的创造性活动中不但创造出人生价值,而且使自身得到全面和自由的发展,最终获得幸福。因此,离开了创造性活动,幸福便无从谈起。

哲人哲语:

人们通过自己的思考都会达到的第一个伟大和基本的真理——善良的人活得好,而邪恶的人活得糟。

——包尔生

四、正义原则

自古以来,正义(或称公正)问题就是人类社会的中心问题,有关探讨正义的论著和思想之多,可谓汗牛充栋。正义之所以重要,在于它是保持社会存在、维持社会秩序正常运转的最基本的因素,是社会治理的一个基本的道德原则。因此,正如罗尔斯所说:"正义是社会制度的首要价值,正像真理是思想体系的首要价值一样。"[①]对于正义的追求是人类社会一个永恒的价值诉求。

哲人哲语:

如果正义瓦解,人就不值得活在这个世上。

——康德

---

① [美]罗尔斯.《正义论》.何怀宏等译,中国社会科学出版社,1988年,第3页。

(一)正义的概念

正义既是一个伦理学、政治学的基本范畴,也是一个经济学、法学的基本范畴。从这几个角度出发,人们对正义概念的解释一般有这么几种。第一,传统美德伦理学认为正义主要是人的品德公道和人格正直;第二,政治学领域通常认为正义就是指社会对公民的基本自由平等权利的公正合法的分派和有效的社会保护;第三,经济学领域总是将正义界定为两个基本方面:机会均等与市场分配公正。① 可见,正义问题存在于个人行为和社会关系两个领域中,有个人正义和社会正义之分。作为规范个人行为的道德原则,个人正义本质上是人心向善、做个好人的情感和追求,基本要求是善有善报,恶有恶报;而作为规范社会关系的伦理原则,社会正义的本质在于构建合理的社会合作体系,为人的幸福生活提供条件和保证,它关心的是社会对人的权利与义务如何做到合理的分配。

(二)几种不同的正义观

作为一个亘古长青的道德哲学重要问题,不同时代、不同社会甚至同一时代不同的人都对正义赋予了不同的内涵。追溯中西方的历史,可以看出中国传统的正义观与西方传统的正义观有着明显的差异。

1. 中国传统正义观

中国古代的典籍中,有很多含有"正义"之意的表达,如"平康正直"(《尚书·洪范》)、"天公平而无私,故美恶莫不覆;地公平而无私,故小大莫不载"(《管子·形势解》)、"凡民之生也,必以正平"(《管子·心术下》)、"弃世则无累,无累则正平"(《庄子·达生》)。这些表述虽没有直接提到"正义"二字,但其中有关公、平、正、直之义的表达已经蕴涵了正义之义,如"不偏不倚"、"不左不右"、"公平正直"。在中国伦理学史上,先秦时期的儒、墨、道、法四家都曾对正义的问题展开过系统阐述。

(1)儒家正义观。孔子建立的"仁"学道德体系,重在谈"义",或曰"义利之辨"。《论语·里仁》中提出:"君子喻于义,小人喻于利。"《礼记·中庸》中说:"仁者人也,亲亲为大;义者宜也,尊贤为大;亲亲之杀,尊贤之等,礼所生也。"孔子所讲的"义"即个体的社会德性、德行与美德。据说荀子在中国历史上第一次将"正"与"义"合并使用并展开论述,《荀子·正名》中说:"正利而为谓之事,正义而为谓之行。"但他也只是继续发扬了"正义"中的"义"的方面,强调"义"与"利"的相对,为了道义去做的叫德行。可见,荀子"正义"思想的核心还是道义或道德。

---

① 万俊人.《义利之间——现代经济理论十一讲》.团结出版社,2003年,第74-76页。

(2)道家正义观。道家的社会政治思想十分强调"正"的观念。在道家看来,正就是正道,也指某种策略和方针。如何体现正?老子提出:"我无为,而民自化;我好静,而民自正;我无事,而民自富;我无欲,而民自朴。"①这就是老子"无为自然"的政治主张,它要求统治者要清静"无为"而行,无为并非指无所作为,而是指统治者不应该做违背规律之事,不做过分束缚控制老百姓之事,不做客观条件尚不具备之事,这样就实现了"以正治国",老百姓才能"自然",即老百姓才能按照自然本性过纯朴和谐的生活,这样的社会才更接近正义。可见,道家的正义观反映了其政治目标和社会理想。

(3)墨家正义观。墨家的正义观颇具特色。墨子将正与义结合起来阐述其正义思想,指出"义者,正也。何以知义之为正也?天下有义则治,无义则乱,我以此知义之为正也(《墨子·天志下》)"但他又强调"天"是人为人处事的标准,"顺天之意者,义之法也"(《墨子·天志中》)。无论是统治者的正义之治,还是老百姓的正义之行,天都是最高的仲裁者。如何做到正义呢?墨子提出"兼爱"的重要主张。在兼爱的基础上,墨子提出了非攻、尚贤、尚同、节用、非命等思想,这些都是墨家实现社会正义的重要途径。同时,墨子在义与利的关系上主张:正当得利,得其所应得,就是义;不当得利,得其所不应得,就是不义。这一点,和现代社会的正义观不谋而合。

(4)法家正义观。以商鞅为代表的法家主张法、术、势相结合以治国,主要的途径就是严酷的刑罚制度。因而,在法家那里,社会的正义主要是刑罚的正义,肃杀气甚重。

2.西方传统正义观

西方传统正义观最早要追溯到理性发达的古代希腊社会,文学巨著《荷马史诗》最早以书面文字表达了古希腊人对正义的追求和向往,麦金太尔在用荷马的语言解释《荷马史诗》时也发现,在西方文明原点中,美德、善与正义(秩序)是一致的。

(1)柏拉图的正义观。柏拉图是西方历史上第一个对正义问题展开系统论述的哲学家。他的传世之作《理想国》的全部内容都是围绕着探讨什么是正义和公正的问题展开的。他是这样阐述正义概念的:"我们在建立我们这个国家的时候,曾经规定下了一条总的原则。我想这条原则或者这一类的某条原则就是正义。这条原则就是:每个人必须在国家里执行一种最适合他天性的职务。"②这里的"每个人"具有不同的类型和品质:智慧、勇敢和节制都是人的美德,人的分工由他所具有的美德来决定,国家的统治者是有智慧的人,由金铸成;保护国家的军人和武士是勇敢的人,由银铸成;广大生产者不过是只有欲望的人,由铜和铁铸成。在此基础上,柏拉图把正义分为国家正义与个人正义:国家的三个阶层各行其是,各司其职,治国者靠智慧把国家治理好,军人和武士凭勇敢保卫好疆土,生产者以节制为美德搞好生产,从而使国家处于安全稳定之中,正义之国才能实现;当个人的三种品质(智慧、理性和欲望)在个体中协调运行、秩序井然,即理性支配欲望、精神支配肉体时,个人就成了正义之人。

---

① 王弼.《老子注》.中华书局,1978年。
② [古希腊]柏拉图.《理想国》.郭斌、张竹明译,商务印书馆,1997年,第154页。

实际上,柏拉图所说的正义就是一种道德正义。

(2)亚里士多德的正义观。亚里士多德的正义理论是系统而又具有独特意义的,其中对正义类型的分析更是有着特殊的意义。他把正义区分为普遍正义与特殊正义,进而又把特殊正义区分为分配正义与纠正正义。所谓普遍正义,就是人在理性原则指导下得以实施的最高德性,即"中道",它是适合于大多数人的一种最好的生活方式;所谓分配正义,是在承认人的体力和智力上存在天生不平等的基础上,强调按照每个人的功绩和价值来分配财富和官职;而所谓纠正正义,就是以人类的绝对平等关系为前提,要求对所有的人都要一视同仁,肯定人与人之间的一种平等交换的关系。如果说普遍正义是政治的正义,那么特殊正义便更多地具有经济的意义。但不论是何种类型的正义,其基本精神都是一致的,那就是平等。可见,在亚里士多德这里,"正义是某些事物的'平等'(均等)观念",正义就是把各人应得的给各人。亚里士多德的这一思想对后世影响很大。

(3)中世纪神学正义观。总体上来说,中世纪神学把人神关系看成是正义问题的基本内容,如何合乎神的旨意对待上帝是神学正义观的核心。中世纪著名神学家托马斯·阿奎那认为,"神由于实施管理和指导,把各人应得的东西归于各人","臣民以执行者的资格把各人应得的东西归于各人"。

(4)近代西方正义观。19世纪以来,以洛克、霍布斯为代表的自由主义早期的社会契约论引领了西方正义观的主流。政治思想家们把正义视为自然法原理之一,正义就是恪守契约。洛克崇尚自由,极力捍卫个人的自然权利,建立了偏重个人自我的实现和价值的正义理论。霍布斯渴望平等,要求权力和财富的适当分配,认为遵守契约必须具有正义的精神,也是正义的源泉。洛克和霍布斯代表了民主传统的两派:自由主义和平等主义。康德对正义理论的发展做出了极大贡献,他认为正义是"一些条件之总和,在那些条件下,一个人的意志能够按照普遍的自由法则同另一个人的意志结合起来"。简言之,正义就是使人作为自由人而按照自由的普遍法则履行自己的职责。

(5)现代西方正义观。在现代西方伦理学的视野中,"正义"首先被看作是一种社会美德,一种社会制度伦理或秩序结构的普遍规范。现代西方正义观以个体为本位的权利分配正义观占主导地位,但也并非铁板一块,自由主义内部坚信自由、兼顾平等的罗尔斯正义观成为20世纪后半叶政治哲学的主流,而在外部,社群主义从整体的价值观上批判了以个体为本位的权利观所造成的负面效果。

(三)正义何以实现——罗尔斯的正义论

人们对正义的实现一直都有不同的理解。强力正义观认为强权即公理,强权实现正义;功利正义论认为最大多数人的最大利益得以满足即正义实现;神学正义论认为正义的实现依赖于上帝、神的旨意。在众多观点中,罗尔斯代表的自由主义的契约正义理论与原则是无论如何都绕不过去的一座大山。

> **小卡片**
>
> 约翰·罗尔斯,美国著名哲学家、伦理学家,被公认为是20世纪最重要的政治哲学家和自由主义的有力倡导者。罗尔斯生于美国马里兰州的巴尔的摩,1943年毕业于普林斯顿大学,1950年获该校博士学位。先后在普林斯顿大学、康奈尔大学、麻省理工学院任教。1962年,罗尔斯41岁时进入哈佛大学哲学系任教,其后30年不再变动,直到退休。他于1971年出版的《正义论》一书被西方学者推崇为政治哲学、道德哲学、法哲学和社会哲学的"最伟大成就"。由于第1版的《正义论》封面为绿色,当时一些哈佛的学子以"绿魔"来形容这本书的影响力。据统计,自1971年以来,该书被译成27种文字,在伦理学、法学、政治学和经济学诸领域发生着持续的影响,全球共有约5000余部论著专门对其研究讨论。除此之外,罗尔斯的著作还包括《政治自由主义》(1993)、《万民法》(1998)、《道德哲学讲演录》(2000)、《作为公平的正义——正义新论》(2001)等。

罗尔斯

1. 理论主张

罗尔斯将自己的正义观描述为:"所有的社会基本善——自由和机会、收入和财富及自尊的基础——都应被平等地分配,除非对一些或所有社会基本善的一种不平等分配有利于最不利者。"[①]简单地说,罗尔斯的正义观是:自由优先,兼顾平等,即在过程公正的基础上限制结果的不平等,通过对"最少受惠者"的关注实现社会的平等和正义。为了证明自己的正义理论不是纸上谈兵,而是具有实践的可操作性,罗尔斯设置了一个"四阶段序列"的操作程序,即首先在原初状态中选择正义原则,然后依据正义原则的宗旨制定宪法,再依据宪法制定相应的具体法律,最后法官和行政官员执法和公民守法。通过"四阶段序列"可以看出,执行正义原则最终体现为遵守依据正义而制定的宪法和法律,所以,证明罗尔斯的正义原则在实践操作上是否可行,就要看由此而制定的宪法和法律等制度是否会得到公民普遍而又自愿的遵守。总之,罗尔斯的正义观体现出一种强烈平等主义的倾向和人道主义关怀,也代表了一种福利社会的主张。

---

① [美]罗尔斯.《正义论》.何怀宏等译,中国社会科学出版社,1988年,第303页。

2. 理论评价

罗尔斯的《正义论》一出版就遭受到了不同方面激烈的批评。其中，最猛烈的抨击声音来自罗尔斯在哈佛大学的同事、更彻底的自由主义者即当代意义上的新保守主义者诺齐克，他从个人自由权利的至上出发提出"持有正义理论"，批评罗尔斯的差别原则严重损害了公民自由权利。例如，如果一个人最初财产的来源是清白的，其后的每次财产增值又都是来自公正的自由交易而无任何强权和诈骗介入，则他的"持有"都是公正的，即使他富可敌国，也不应受到指责，社会和国家也不能以任何理由"取富济贫"，否则就是对个人神圣不可侵犯的自由权利的侵犯。

比较罗尔斯和诺齐克的正义理论，二者的差异具体表现在：首先，罗尔斯的正义论具有明显的社会倾向和民主性质，他考虑更多的是社会平等，而诺齐克的正义论却更偏于个人本位和无政府的自由主义，他着力强调的是个人自由权利。其次，罗尔斯的正义论较富有社会道德感和整体感，因而也更强调社会行为的正义规范，他关注的是社会的公平问题，而诺齐克的正义论更富于个人价值感和自我实现感，因之尤其强调个人的自由权利，他关注的是神圣不可侵犯的个人权利。最后，罗尔斯追求的是一种建立在正义的社会基本结构之上的"秩序良好的社会"，而诺齐克所追求的社会政治理想却是一种仅限于保护个人自由权利的充分实现和绝对安全的"最低限度国家"。[①] 或许正是罗尔斯社会正义理论所体现出来的自由平等、公正公平机会、差别原则及对最少受惠者的关怀等内涵和精神，使得罗尔斯的正义思想影响深远且意义重大。

3. 现实意义

理想的社会公正，永远是人类所追求的目标，而现实的社会公正，总是相对而言的，总会包含着实际的不公正。不公正在任何国家都存在，关键是一个存在这种情况的国家如何进一步改善社会公正状况，如何稳步发展。改革开放以来，中国的社会经济取得了长足的发展和举世公认的成就，当代中国正处于从传统社会向现代社会、从农业社会向工业社会、从封闭型社会向开放型社会转变的社会转型期，正义、公平的价值理念与原则开始初步生成。但是，随着社会主义市场经济的深化和发展，社会公正的具体状况就总体而言不容乐观，社会上出现了诸多的不公正现象，其中，社会贫富分化和社会主要群体弱势化两大问题已日益突出。问题出现的原因有改革的因素，有市场体制不健全的因素，也有政策、体制等更深层面不够完善的因素，罗尔斯的正义原则中倡导的自由、平等的理念，以及机会均等和社会调剂的思想，对我国加强制度建设、完善社会公正状况有着重要的启示意义。

---

① 万俊人.现代西方伦理学史(下).北京大学出版社,1992年,第 758-760 页.

拓展延伸

案例分析

英国女王诉杜德利和史蒂芬案

这是一则发生在19世纪英国的真实故事。

1884年,一艘叫 Mignonette 的游艇在南大西洋,距离海角1.3万英里的地方遭遇风暴沉没,只有船长杜德利(Dudley)、大副史蒂芬斯(Stephens)、水手布鲁克(Brook)以及船舱侍者帕克(Parker)四人逃上了救生船开始漂流。据当时的报道描述,他们都是品行不坏的人,除了帕克,其他三人都已成年且有家庭。而帕克则是一个17岁的孤儿,这是他第一次出海远航。他不听朋友们的劝阻,义无反顾地踏上了旅程。他满怀雄心,憧憬着此次旅程将会让他成为一个真正的男人。遗憾的是,接下来发生的事并没有像他预想的那样。

船上没有饮用水,能吃的食物只有两罐大头菜。出事后的前几天里,他们什么都没吃。在第四天,他们打开了一罐大头菜。后面他们吃了捕捞到的一只海龟,并用龟壳来收集淡水。但是从第七天开始,他们再也没有收集到雨水。于是他们开始喝尿。第十天左右,他们吃了剩下的那只罐头。第十五天左右,帕克没听劝阻喝了海水生病了。其实他们在第十天的时候就开始提议抽签来决定谁先死,以救活其余的人,但是这个提议一直到十六天还是没有结果。第十八天,帕克已陷入昏迷,船长杜德利继续提议抽签,史蒂芬斯说帕克已然快死了,而自己和杜德利都还有妻儿等着回去,但是布鲁克拒绝参与。到了第十九天早上,看到帕克已经奄奄一息,杜德利和史蒂芬斯决定杀死帕克,以免他死了之后血液坏掉而不能用来解渴。布鲁克仍然没有参与这个决议。最终,杜德利做了个祷告后拿着小起子插进了帕克的颈静脉。

在内心的挣扎、感官的恶心反应中,为了活命,布鲁克还是和杜德利、史蒂芬斯一样享用了帕克对他们的"恩赐"。靠着帕克的肉体和血液,三人撑到了下一拨的雨水。终于,在海难发生后两个月零一天的时候,一艘路过的德国船只救起了三个人,并把他们送回英国。

故事的最后结局是,三人很快遭到政府逮捕,布鲁克作为公诉方证人,杜德利和史蒂芬斯被受审。他们没有否认自己的行为,只是为自己辩护在绝境中牺牲一人,救活三人是对的。但是公诉人反驳了他们的论点,谋杀就是谋杀。最终,布鲁克被免刑,杜德利和史蒂芬斯在英国女王亲自主持的判决下被认为有罪并判处了死刑。

这个案件现在看起来骇人听闻,但在当时海难频发的英国并不稀奇。据历史记载,仅1884—1885年就有上千人在英国船只上葬身海底,海上逃生过程中时常发生人吃人的事

情,甚至成了惯例。既然如此,为什么此案中的杜德利和史蒂芬斯会被判处死刑呢?

先来设想一下,在没有其他选择的情况下,你会为了活下去而吃人吗?可能你会说,不杀帕克的话四个人都会饿死、渴死,用一条生命换三条生命还是值得的,更何况那三人背后还有家庭。这看上去很符合功利主义伦理学所主张的"最大多数人的幸福"原则。不过按照同样的逻辑,吃了帕克后没有被营救,那还要继续杀人、吃人下去,直到最后只剩一个人活下来。假设他活下来了,那不成了用三条生命换一条生命吗?如何实现"最大多数人的幸福"呢?可见,用牺牲少数人的生存权利来换取多数人的生命显然是不可取的,这也正是为什么英国女王要亲自主持这个案件的判决——希望能够树立一个"吃人获罪"的榜样给民众,告诉他们为了生存而杀无辜的人是决不能够被接受的。这也正是功利主义被诟病的理论缺陷——没有尊重个体权利。换句话说,缺少对少数个体的关心和尊重,仅仅考虑了满意度的总和,它可以恣意践踏个体公民。

四 个 康 德

德国乡下一个小村子里,有四个名叫康德的男人。为了让故事简短,暂且就在康德后面加上数字一到四来称呼他们。

这天早上,康德一刚出门,就遇见了老乞丐赖利。严格来说也不算遇见,因为他没见到赖利的人,只看见他乞讨用的碗,以及碗里的十多芬尼。康德一想起昨天赌博大输,这老家伙居然可以坐在这里不劳而获,越想越气的他,一把将碗里的钱抓走,快步消失在巷弄中。

《乞丐》漫画

老赖利上完厕所回来,发现碗里钱全没了,非常伤心,坐在路边哭了起来。正巧遇见康德二跟村子里的牧师经过。这两人同行并非偶然,康德二想娶牧师的女儿凯萨琳,所以正极力讨好牧师。两人问清状况,牧师眼中流露出的怜悯神色,马上就引起了康德二的注意。

康德二立刻道:"真可怜。"为了好好表现,他从怀里掏出一个十字银币,一点不犹豫地放在老赖利的碗中。一个十字银币等于两百四十芬尼。康德二柔声对老赖利道:"这钱收好,别再掉了。"

"谢谢您!"老赖利破涕为笑,牧师也以敬佩眼神看着康德二,对他说:"康德二先生,您真是慷慨。"

康德二回道:"能够帮助穷人,看见他们的笑脸我就很开心了。"他同时心里想的是老赖利可真好运,坐着就能不劳而获一个银币。不过为了要娶凯萨琳,这点小钱可不能吝惜。这两人继续聊着天,漫步消失在巷弄中。

老赖利急忙把银币收在怀里,接着他遇见康德三。

康德三是个家境富有的男子,从小父母亲教导他要乐于助人,天主才会赐福。

等他年纪渐长,慢慢也了解了赐福跟行善并没有直接的关系,却仍喜欢看见穷人的笑脸,因此保留了施舍的习惯。他看见老赖利空空的碗,眼角还有些泪光,便主动上前询问。

老赖利自然把自己碗里的钱被拿走的事说了一遍,只是没说自己又得了一个十字银币。听他说完,康德三从怀里掏出了一个十字银币,对他说:"把这钱收好,别再掉了。"

"又一个十字银币!"老赖利在心里惊呼着,同时赶忙道:"谢谢您!"

康德三又再度看见了穷人开心满足的脸。光这点对他来说已经足够,他带着满足的心继续前行,转身消失在巷弄中。

老赖利再次把银币收在怀里。心想我只不过掉了十多芬尼,却换来了近五百芬尼的银币,这真是太划算了。一开始偷走碗里钱的人,我原本还咒骂他,现在看来可真是个贵人。

当老赖利思考这事时,康德四碰巧从他身边经过。康德四既没注意到赖利的状况,也不喜欢帮助穷人,只是当他走过乞丐身边之后,突然觉得帮助穷人这件事或许是他应当做的。

"我应该帮助他。"他对自己说,以一种敬虔的口气。"帮助穷人是应该的。"

可是康德四现在身上只有两个十字银币,给了穷人就等于拿出身上一半的钱。他平时收入也不多。平常人想到这里或许就会直接离开,不过康德四是个认真的人。他停下脚来左思右想,依然觉得救助穷人的确是应当,而且现在就可以做的事。

老赖利看不到他的内心戏,只纳闷这人为什么站在这里这么久。康德四终于想通了,他走到老赖利的面前,看也没看他一眼,便掏出了一个银币放在他碗里。在做完自己该做的事之后便快步地离开了老赖利。

"谢谢您!"老赖利对着背影大喊。

"今天到底是怎么回事?连续三个人给我十字银币,这真得好好庆祝一下。去酒馆吧!"

开心的老赖利得了三个银币,却因为在酒馆招摇而引来了歹人,最后因打架而丧生。

按照18世纪德国哲学家康德的道德理论——绝对义务论,上述故事中四个康德的行为哪一个才是道德的呢?

在哲学家康德看来,道德的行为,必须符合一些基本原则。

首先,行为的对错或道德与否,不能由结果来判定。即使行为造成了好的结果,也不一定是对的或道德的。按此要求,康德一的偷窃很明显是错误行为,而且他也怀着恶意。即便康德一的行为后来造成了一些好的结果,老赖利因此得了三个银币,也不能说是对的。

其次,行为的道德与否需要考虑行为的动机。按此要求,康德二的施舍行为也不能算是符合道德的行为。因为他别有所图,动机不纯——为了娶牧师的女儿!一个人为了讨好别人而行善,或者因为害怕处罚而做对的事,都因为动机的不纯正,而不算是道德的行为,哪怕该行为本身是对的。

再次,出于自然的行为无对错可言,也无道德价值。如康德三不是出于外在的利益,而是出于自己的喜欢去帮助穷人,这样的动机虽然是好的,可是并不是道德意义上的好。因为喜欢而做的事是自然的结果,自然无关对错。就好像人肚子饿了会吃东西,天气冷了会加衣服一样。我们会因为一个人喜欢吃面包而称赞他吃面包吗?我们会责备盲人看不见,称赞正常人看得见吗?不会,因为毫无意义。因此,出于自然的事件不该用道德态度来评价。这正是尽管康德三的动机和行为都没有问题,但依然不算是道德行为的原因。

最后,有道德价值的行为必须是出于义务而为。康德四对施舍行为没有任何别的缘由,他只是觉得自己"应该做"而去做,除此之外别无他求。这种不出于个人好恶得失,而纯粹因为它是道德法则而去遵守,就是出于义务而为。换句话说,若一个人能放下自己的喜好,单单从"应该不应该"的观点去思考,只注意道德法则本身而不是考虑一些其他的事,只有这种出于义务动机的行为,才是道德的。

综上,按照18世纪德国哲学家康德的道德理论——绝对义务论,只有康德四的行为是道德的。

 思维训练

2010年中国内地上映的电影《唐山大地震》中有这样一幕:1976年7月27日夜,唐山地区爆发7.8级强烈地震,房屋倒塌,灾民无数。面对即将坍塌的危楼,丈夫方大强和妻子李元妮都要去救被困的龙凤胎儿女方登和方达。危急时刻,方大强拦住了妻子,冲进废墟营救时不幸罹难。李元妮在震后发现,一双儿女被困在一块水泥板两端,李元妮心碎欲死,苦苦哀求救援人员:"我下辈子为你们当牛做马啊,求求你们两个都要救啊!"然而,生死时刻,无法两全,要营救,必然牺牲一方。情急之下,她选择了救弟弟方达,放弃姐姐方登。

据报道,现实生活中,2004年12月26日的印度洋海啸中,一个澳大利亚妈妈就被迫做出过类似的选择:在泰国度假岛屿普吉岛上,当高墙一般的海浪扑向一位澳大利亚母亲吉莉安·塞尔时,她的身边有两个年幼的孩子。危急关头,她认识到如果她抓住两个孩子,她们三个就都会死,只有放开其中一个孩子他们才能活下来。于是,她放开了那个较为年长的孩子。幸运的是,他们三个人最后都得救了。

根据功利主义理论,李元妮和吉莉安做了正确的事情吗?为什么?根据康德的义务论理论,她们做了正确的事情吗?为什么?

网络探究

由哲学家朱迪斯·贾维斯·汤姆森提出的著名思想实验——电车难题，你可能并不陌生：假如你是一位铁路扳道工，一辆失控的电车正沿着一条轨道向下冲去，轨道前方有五个工人，如果电车冲过去，他们肯定会被撞死。但你可以用一个操纵杆把电车转向邻近的轨道上，但是那个轨道上也有一个工人，如果电车冲过去了，他也同样会被撞死。你是让电车变换轨道撞死一个人，还是什么都不做，让它撞死五个人？而在现实中，美国时间2018年3月18日晚，一辆正在测试中的优步自动驾驶汽车与一名正在过马路的行人相撞，行人最后不治身亡，美警表示，事故发生时

"电车难题"漫画

车辆处于自动驾驶状态。此次也是全球首例自动驾驶汽车致行人死亡事故。

此次事件发生后，很多人都持有这样的一个观点：在将来大规模部署自动驾驶汽车的世界里，撞人致死的事件将会大幅度减少。因此，要理性看待这次车祸事件，并将其当作是技术发展中必然要付出的代价。有人说，这非常像一个电车难题。

为了将来拯救更多人，现在杀死少数人是合理的吗？你怎么看？要探究这个问题，你可以在网络搜索引擎中输入"自动驾驶出车祸"与"电车难题"以查找资料。

 视频推荐

1.《孔子》(2010，中国)

内容简介：电影讲述了东周末年，诸侯割据，相互征战，孔子为了理想奔走在列国之间，孤独地和整个时代抗争，希望以他超越时代的思想和智慧来影响春秋诸国历史进程的故事。

2.《死亡医生》(2010，英国)

内容简介：该片改编自真人真事，退休医生杰克·科沃基恩因为帮助病人实施"安乐死"而在美国被一些反对他的人称作"死亡医生"(Doctor Death)。电影讲述了他对于病人死亡权利的捍卫以及为寻求安乐死合法化所做的种种努力。

3.《哈佛大学公开课：公正——该如何做是好？》

内容简介：该课程旨在引导观众一起评判性思考关于公正、平等、民主与公民权利的一些基本问题，以拓展他们对于政治与道德哲学的认知理解，探究固有观念是与非。主讲桑德

尔是哈佛大学"最受欢迎的课程讲席教授"之一。

4.《牛津大学公开课：伦理学入门》

内容简介：该课程对伦理学思想的基础，以及四个关键的伦理学理论——美德伦理学、道义、非认知主义和功利主义进行了详细的分析。主讲人 Marianne Talbot 女士主攻心理哲学和伦理学。

 阅读推荐

1.［美］雅克·蒂洛(Jacques P·Thiroux)基思、克拉斯曼(Keith W·Krasemann).《伦理学与生活》.第 9 版,程立显、刘建等译,周辅成审阅,世界图书出版公司,2008 年。

2.何怀宏.《伦理学是什么》.北京大学出版社,2008 年。

3.王海明.《伦理学原理》.第 3 版,北京大学出版社,2009 年。

4.［美］詹姆斯·雷切尔斯(James Rachels)、斯图亚特·雷切尔斯(Stuart Rachels).《道德的理由》.第 5 版,杨宗元译.中国人民大学出版社,2009 年。

5.高国希.《道德哲学》.复旦大学出版社,2005 年。

6.［英］马丁·科恩.《101 个人生悖论》.陆丁译,新华出版社,2007 年。

 课后思考

1.什么是道德？道德和伦理有什么关系？

2.什么是道德哲学和伦理学？

3.结果论、非结果论和德性论的主要观点是什么？有何区别？

4.什么是善？如何理解善恶原则？

5.如何理解幸福的含义？你认为什么才是真正的幸福？

6.什么是正义？怎样的社会是正义的社会？

扫一扫查看更多习题

第四章 // 美的哲学与审美之道

美其实是一种本原现象,它本身固然从来不出现,但它反映在创造精神的无数不同的表现中,都是可以目睹的,它和自然一样丰富多彩。

——歌德

学习要点

- 美是在客体对象中以赏心悦目的物质形式显现出对人的本质力量的肯定和确证。
- 美学是一门研究人对现实的审美关系和审美意识、美的创造与发展、美育及其规律的科学。
- 美的形态有自然美、社会美、艺术美。
- 审美意识是人类长期审美实践活动的产物,对个体美感的产生和形成起着影响和约束作用,也体现了个体与整体在审美上的辩证统一。
- 审美范畴有优美与崇高、悲剧与喜剧、意境与传神。
- 美的创造活动是人的一种有目的、有意识、自觉地按照审美理想去创造具有审美价值的活动。
- 审美人生观就是用审美的观念看待人生、美化人生,肯定生命、热爱生命,高扬人的自由生存,让每个个体成为自己、完善自己、实现自我。

故事导入

柏拉图在《大希庇阿斯》中,记述了苏格拉底与希庇阿斯的辩论:

> 苏格拉底问:"请告诉我,什么是美?"
> 希庇阿斯答:"美就是一位年轻漂亮的小姐。"
> 苏格拉底问:"一匹漂亮的母马美不美?"
> 希庇阿斯答:"美,神说母马很美。"
> 苏格拉底问:"一架精致的竖琴美不美?"
> 希庇阿斯答:"美。"
> 苏格拉底问:"一个打磨得很光、做得很圆、烧得很透、样子又十分灵巧,而且还镶上花纹的汤罐美不美?"
> 希庇阿斯答:"美!"
> 苏格拉底问:"好了,既然一位漂亮的小姐、一匹母马、一架精致的竖琴和一个镶有花纹图形的汤罐都是美的,那能不能说'一位漂亮的小姐美得就像一匹母马、一架精致的竖琴和一个镶有花纹图形的汤罐'呢?"
> ……
> 希庇阿斯无言以对。

扫一扫了解更多《大希庇阿斯》中关于美的观点

俗话说,"爱美之心人皆有之"。在我们的生活中,美无处不在,但是苏格拉底的问题却

第四章　美的哲学与审美之道

让我们意识到,"什么是美"并不是一个容易回答的问题。古往今来的哲学家和艺术家为此摸索了两千多年,至今仍在不停的追问中。

理论概述

第一节　美与美的哲学

一、美

"美"字在我国最早见于殷代的甲骨文。东汉时期许慎的《说文解字》指出:"美,甘也。从羊从大,羊在六畜主给膳也。"①羊大则肥,肥则味美。这说明,美与感性存在相联系,美与满足人的感性需要和享受有着直接关系。

(一)关于美的一般理解②

1. 美是表示感官愉快的强形式

感到饥饿时,吃到美味的食物;沙漠中行走看到绿洲;干渴的喉咙得到滋润……人们在感到很痛快时,会不由自主脱口而出:真美!"美"字在这里是感觉愉快的强形式的表达,实际也可说就是"羊大则美"的沿袭和引申。

2. 美是伦理判断的弱形式

美除了对自然的感受外,人们对社会现象、社会情感等赞赏时,也常用"美"这个字。人们常用"美"这个字表达对高尚行为的仰慕、敬重、赞叹,以表达自己的情感态度和赞同立场。在这里,它实际上是一种伦理判断的弱形式,这也是"羊大为美"的延续。

3. 美专指审美对象

在日常生活中,"美"字更多是用来指使人们产生愉悦感觉的一切事物。例如,领略自然美景、欣赏一幅名画、看一场经典电影,人们都会觉得很美。这里的美既不是感觉愉快的强

---

① 朱东润.《中国古代文学作品选》(上卷).上海古籍出版社,1978年,第13页。
② 李泽厚.《华夏美学·美学四讲》.生活·读书·新知三联书店,2008年,第268-269页。

形式,也不是伦理判断的弱形式,而是一种纯粹的审美判断:凡是能带来美感的对象,都称之为"美"。

(二)关于美的哲学理解

1.客观说

客观说认为美是事物客观存在的本质属性,不依赖于人的意志而存在。公元前6世纪的毕达哥拉斯学派提出"美是和谐与比例"的学说,就是从古代朴素唯物主义的角度分析美。毕达哥拉斯认为世界万物的始基不是某种特定的物质本身,而是物质的一种普遍性——"数"。亚里士多德认为,美就是秩序、明确、匀称。客观论者认为美是客观的、具体的和明确的。

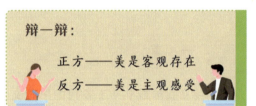

辩一辩:
正方——美是客观存在
反方——美是主观感受

2.主观说

主观说认为美是人们的一种主观感觉,是精神的产物。柏拉图提出了"美是理念"的命题,认为一切事物的美都根源于"单一的理念",即"美本身",是使"一切美的事物有了它就成其为美的那个品质"。① 英国的休谟说过:"美并不是事物本身里的一种性质,它只是存在于观赏者的心里,每一个人心里见出一种不同的美。这个人觉得丑,另一个人可能觉得美。"② 从休谟的这句话中可以看出,美是主观的,没有固定的尺度和形态,是随着人的心灵变化而变化的,每个人的审美感觉是不一样。主观论者把意识、情感等看成是美的本源。

想一想:

王羲之写了《兰亭集序》之后,人们纵然不亲自到兰亭,也能感受到那里的清雅宜人。如果没有王羲之的到来,此处的山水历经千载可能也不为人知了。请问,自然美是客观的,还是主观的?

3.主客观统一说

主客观统一说认为事物的性质、形状为美提供了条件,但只有符合主观意识时才美。③ 马克思主义美学认为,人在劳动生产过程中创造了美,"美"是人的本质力量的"对象化",人

---

① [古希腊]柏拉图.《文艺对话录》.人民文学出版社,1983年,第192页。
② 朱光潜.《西方美学史》(上卷).人民文学出版社,1978年,第226页。
③ 余源培.《简明哲学辞典》.上海辞书出版社,2005年,第258页。

通过智力的或体力的劳动,显示了人的能动性,在劳动过程中实现了精神和物质的统一,体会着审美愉悦。但是由于每个人的主观性的影响,审美也会因人而异。

综上所述,美是以宜人的物质形式显现出对人的本质力量的肯定和确证,是积极、正面、肯定性的一种具有普遍性、共同性的品格或特质;或者说,在客体对象中以赏心悦目的物质形式显现出对人的本质力量的肯定和确证,这就是美。①

小卡片

北宋诗人苏东坡有一首关于琴的诗:"若言琴上有琴声,放在匣中何不鸣?若言声在指头上,何不于君指上听?"意思是说,悠扬悦耳的琴声是从哪儿来的? 如果说琴声就是琴自身发出来的,那么琴放在匣子里,为什么不响呢? 如果说琴声是从指头上发出来的,那么,为什么不能从你的指头上听到美妙的音乐呢? 苏东坡形象地告诉人们,光有客体的琴具发不出琴声,光有主体的人指也发不出琴声。琴声来自人对琴的弹拨,来自主客体的交互感应中。这首诗生动地表达了对禅理"虽有妙音,若无妙指,终不能发"的领悟。②

二、美的哲学

美的哲学亦称"哲学美学"。它是从哲学本体论、认识论研究美的本质、特征、发生、发展规律和审美意识以及美的创造的科学,是哲学分支之一。艺术哲学主要用哲学的观点研究艺术,美的哲学则用哲学的观点研究美,包括自然美、社会美和艺术美,以及它们共同的本质。③

美的哲学是一门既古老又年轻的学科,其渊源一直可以追溯到遥远的古代。

在中国,殷商时的《易经》,就有着相当丰富的美学思想。到了春秋战国时期,伍举论美:"夫美也者,上下、内外、大小、远近皆无害焉,故曰美。"④这种"以善为美"的观点是中国最早对美的本质的一种看法。老子也曾论美:"天下皆知美之为美,斯恶已;皆知善之为善,斯不善已。故有无相生,难易相成,长短相较,高下相倾,音声相和,前后相随。"孔子提出"里仁为美"、"知者乐水,仁者乐山"的美学观点。其他诸子百家的代表人物如孟子、荀子、庄子、墨子、韩非子等,也都从各自不同的哲学观点出发,涉及了美的哲学问题。

在西方,关于美的思想发源于古希腊。古希腊早期,毕达哥拉斯学派根据"数的原则"来

---

① 欧阳周、顾建华、宋凡圣.《美学新编》.浙江大学出版社,2007年,第37页。
② 徐德清.《趣味美学》.上海古籍出版社,2006年,第25页。
③ 金炳华.《哲学大辞典》(分类修订本).上海辞书出版社,2007年,第545页。
④ 北京大学哲学系美学研究室.《中国美学史资料选编》.中华书局,1980年,第9页。

剖析美,认为美在于"和谐与比例",即各种数量上不同的"对立因素的和谐的统一"。赫拉克利特则提出"互相排斥的东西结合在一起,不同的音调造成最美的和谐"、"看不见的和谐比看得见的和谐更好"①的看法。古希腊中期,柏拉图从哲学高度对美的问题进行探讨,在《大希庇阿斯篇》、《理想国》、《智者篇》、《会饮篇》中谈到了"什么是美"、"什么东西是美的"两个不同性质的命题。亚里士多德批判地继承了柏拉图的美学思想,把美理解为秩序、匀称、明确和整一,认为艺术是对现实世界的再现。

由此可见,无论在东方还是西方,美学的研究历史都源远流长,并产生了许多对于美的真知灼见。当今,学术界对"美的哲学"有不同的界定:主张美学以艺术为主要对象的人认为它即艺术哲学,亦即美学;主张美学研究美和美感的人认为它就是关于美的哲学;还有的人认为它只是美学的分支学科之一。② 中国美学家李泽厚从哲学角度对美学做出了如下描述和规定:美学是以美感经验为中心,研究美和艺术的学科。③

三、美的基本特性

(一)形象性

美的形象性是指美的事物总是以其生动具体的感性形象为主体感官所感知的特性,是以形式因素为主的形式与内容相统一的特性。美的事物,无论是物体美还是艺术美,都有具体可感的形象,并且这些形象都是由特定的声、光、色、线、形、质等因素来构成,离开特定的感性形式,美将无所依傍。美具有形象性,不管是自然景色之美,还是社会行为之美,还是艺术情境之美,都有种种具体形态。如"江南可采莲"的自然景色之美,社会上舍身救人、拾金不昧的社会行为之美,"问君能有几多愁,恰似一江春水向东流"的艺术情境之美。但美的形式是与内容有机统一的有意味的感性形式。形式与内容的统一在不同对象中表现有所差别,自然美偏重于形式因素,社会美偏重于生活内容,而艺术美偏重于情景交融的审美意象。总之,美具有形象性。

(二)感染性

所谓感染性,是指美具有以情动人、以情乐人的功能,能引人喜爱、激动、崇敬,使人在精神上得到愉悦和满足。美的东西能引起人的爱慕和喜悦;美的形象,能在人们的脑海内长期

---

① 北京大学哲学系美学研究室.《西方美学家论美与美感》.中华书局,1980年,第13-14页。
② 金炳华.《哲学大辞典》(分类修订本).上海辞书出版社,2007年,第545页。
③ 李泽厚.《华夏美学·美学四讲》.生活·读书·新知三联书店,2008年,第243页。

荡漾,久久不会消失。其根本原因就是在于它们都是显示了人的本质力量,显示了人凭着自己的智慧、力量、意志、勇气和理想创造新生活。

(三)实用性

美的实用性也就是美的功利性。对于这一点,苏格拉底早就有所认识。他说:"凡是我们用的东西如果被认为是美的和善的,那就都是从一个观点——它们的功用去看的。""任何一种东西如果它能很好地实现它在功用方面的目的,它就同时是善的又是美的,否则它就同时是恶的又是丑的。"美的功利性就是美的实用价值的体现。

人类为什么需要美、追求美、鉴赏美、创造美?因为它对人们自身有利、有益、有用。凡是对人类有害的事物,如天灾人祸、洪水猛兽等,都不可能是美的。美的社会效用性不仅表现在物质实用性上,也表现在精神功利性上。如房子的室内设计,既要讲究房子的美观性,使房子看上去靓丽、清新、舒适,又要讲究房子的实用性,使房子的空间能够得到最大限度的合理利用。各门艺术并不直接地表现为物质实用功利性,而是表现为精神功利性。例如,徐悲鸿画的马我们不能骑,齐白石的虾我们不能吃……它们都是给人观赏的,其价值主要表现在精神功利性上。

小卡片

春秋战国时期,楚国的国君楚灵王是一个穷奢极侈的君王。他为了尽情享乐,大兴土木。他把那些有罪而逃亡的人,统统抓回来,在章华(今湖北潜江县西南)建造了一座供他出巡游玩的行宫——章华宫。章华宫,广袤四十里,中筑高台。台高三十仞,可以望四方。宫殿建造得非常高峻,凡是要登上这座宫殿的人,都必须中途休息三次,方能到达最高层。所以,行宫又称"三休台"。章华宫不仅外貌宏伟,宫内也布置得异常华丽。楚灵王专门挑选那些细腰的宫女,居住在里面。"楚王好细腰,宫中多饿莩",那些宫女为了献媚于楚灵王,忍饿减食,使自己的腰细起来,甚至饿死也不悔恨。因此,章华宫又称"细腰宫"。

一天,楚灵王带着大臣伍举等上了行宫。他得意扬扬地对伍举说:"你看,这行宫造得多美啊!这些细腰宫女多美啊!"

伍举摇了摇头说:"我听说,国君能信任有才能的人,这才可叫作美;能使百姓安定,这才可叫作快乐;能任用有德行的人,这才可叫作聪明。我没有听说,建造高大的建筑物,雕刻各种装饰,把它叫作美的;用各种乐器喧哗,能叫作快乐。我也没听说,用奢侈的物品,迷醉于漂亮的女人,能叫作聪明。"

楚灵王本想得到伍举的赞赏,没想到伍举给他泼了一盆冷水,满脸的不高兴:"那么,你倒说说,什么是美?"

伍举不慌不忙,说:"所谓美,就是对于上下、内外、大小、远近都没有害处的事物。这座宫殿,如果单从视觉看,可说是很美丽;然而国家经济贫乏,还要搜刮臣民的钱财,用于自己的享受,老百姓的生活却非常贫穷,这哪里谈得上美呢?我劝大王……"

"寡人知道了!你不必说了。"楚灵王连忙打断伍举的话。

楚灵王依然不顾老百姓的死活而尽情享乐,很快楚国就衰弱下去。楚灵王死后没过多久,楚国就惨败于吴国,连国都郢也被吴军占领了。

四、美的基本形态

(一)自然美

1. 自然美的含义

自然美是指客观世界中自然物、自然现象的美。自然美可分为原始状态的自然风景美、经过人工改造艺术化的自然风景美和直接经过人的劳动加工的自然风景美。原始森林、极地雪景、戈壁沙漠、高山峡谷,给人粗犷雄壮之美;桂林山水、西湖美景、泰山日出、内蒙古草原、昆明石林,给人浑然天成之美;金秋稻穗、瓜果飘香的田园风光,则给人丰收在望的喜悦之美。这些自然美景都会给人们带来令人心旷神怡的愉悦与满足。

极地雪景

桂林象鼻山

2. 自然美的特征

(1)生动性。自然美的形式是各种各样,多样化的形式美展现着自然美的生动性。动物、植物体形构造上的比例、对称、均衡以及高山的巍峨、鸟类的啼鸣、水上的涟漪、天空的云雾、金属的光芒等,这些"天地之文章",都是以它们形态美的感性形式动人心魄。

(2)组合性。自然美是多元统一、和谐组合的美。自然美千姿百态,从不同的视角去欣赏同一自然物能得到不同的美感,正所谓"横看成岭侧成峰,远近高低各不同"。象鼻山与漓江、神女峰与三峡、滇池与西山,山水组合得如此神奇,令人叫绝。这都是自然美的组合性带给人的美的享受。

(3)变幻性。四季的变更、日夜的交替,以及大自然瞬息万变、气象万千的景色变幻,使人们领略到大自然不同的风光美。宋代山水画家郭熙说:"山,近看如此,远数里看又如此,远十数里看又如此,每远每异,所谓山形步步移也。山,正面如此,侧面又如此,背面又如此,每看每异,所谓山形面面看也。如此,是一山而兼数十百山之形状,可得不悉乎?山,春夏看如此,秋冬看又如此,所谓四时之景不同也。山,朝看如此,暮看又如此,阴晴看又如此,所谓朝暮之变态不同也。如此,是一山而兼数十百山之意态,可得不究乎?"[1]这段文字就充分说明了自然美的变幻性。

3. 自然美的作用

(1)美化生活,愉悦精神。在精神疲倦时,放眼田野,欣赏湖光山色,漫步柳堤湖畔,或倚树而坐,人会变得神清气爽,轻松舒畅;在体力疲惫时,移目闲庭秀水,聆听鸟鸣莺啼,疲惫便随之飘散;在心情愉快时,领略波平如镜、千峰凝翠、繁花似锦、绿肥红瘦的自然美态,更令人心旷神怡。可见,自然美在愉悦心情和调剂生活上有着重要的作用。[2]

(2)陶冶情操,涵养品行。人在体验自然美的过程中,其品格、气质、精神和情操都会受到影响。例如,北方人和南方人在性格、气质上有明显的不同。前者粗犷、憨直,后者机灵、细腻。这种差别的产生与"骏马秋风冀北,杏花春雨江南"的自然环境是分不开的。人们在欣赏自然美景时会将一切物欲之念抛之脑后,内心则会被纯洁高尚的审美感情充斥着,这种感情会使人的心灵得以净化和升华,久而久之,性格、品行就会在不知不觉中得到陶冶和培育。

(3)寄托情感,爱我河山。大好的自然风光,激发和增强了人们保卫祖国、振兴祖国的巨大热情和责任感。从《大中国》到《在希望的田野上》,很多优美的歌曲在人群中广泛传唱,歌曲通过对祖国河山的赞美,倾诉了全国各族人民热爱祖国的情感。同样,人们在旅游中,领略祖国的江山美景时,爱国主义情怀也会得到提升。

(4)开发智慧,启迪灵感。自然界是人类最好的老师,人们无时无刻不在从自然界中获得启发而进行有益的创造。如2008年3月完工的北京奥运会主体育场形如孕育生命的"鸟巢"和摇篮,寄托着人类对未来的希望。2018年举办的首届中国国际进口博览会的国家会展中心(上海)形如"四叶草"造型,纵横都采用了轴线对称的设计理念,从正中心发散向东南西北四个方向,伸展开柔美的叶片,设计效果引来了无数好评。

---

[1] 郭熙、林泉高致.《中国美学史资料选编》(下册).中华书局,1981年,第14页。
[2] 李萍、于永顺.《实用美学》.东北财经大学出版社,2006年,第61页。

(二)社会美

1. 社会美的含义

社会美是存在于社会领域中的美,是人类在一定历史时期创造的社会事物的美。凡是有益于推动、促进人类自身的健康发展,有助于推动、促进社会进步与发展的社会实践、社会事物才是真正的社会美。凡是具备这种质的规定性的社会实践和社会事物等,才具有社会美的性质。否则,就不属于社会美。一切人压迫人、人剥削人的社会实践等都是丑的,所以说资本家最大限度榨取工人剩余价值的社会实践及其结果是丑的。

2. 社会美的特征

社会美是社会实践的产物,有推动促进人类自身健康发展和社会进步发展的性质,这就决定了社会美的进步性、时代性、民族性和阶级性等特征。

(1)进步性。人们的社会实践,一旦失去了它的进步性,也就失去了健康的善的性质,就必然会失去它的美学价值,从而遭受到人们的反对与吐弃。所以,进步性也就成为社会美的首要的、关键性的特征。

像破坏生态、污染环境、制假贩假、坑蒙拐骗、抄袭剽窃、贪污腐败、侵略战争、暴力犯罪、恐怖袭击等,之所以受到全世界人民的反对,就是因为它们阻碍了社会进步。因为人们需要的是一个健康、稳定的社会,而不是充满丑陋、邪恶的社会。

(2)民族性。不同的地域环境、文化传统、生活习俗、道德观念、政治理想,会造就不同民族形成带有强烈民族色彩的美与审美意识。这种审美观表现在社会美方面,就会产生不同的表现形态与评价。

法国著名的文艺理论家和史学家丹纳指出:"在德国,风流的行为并不光荣,便是在大学生中也如此。在拉丁国家,风流是宽恕的或容忍的,有时还受到赞许,婚姻的约束和夫妇生活的单调似乎很难忍受。"[①]可见,不同民族的审美观差异很大。

(3)时代性。不同的时代由于生产力水平、社会特点和生活方式等的不同,人们的审美观和审美意识也都不尽相同。比如,中国古时用建造"贞节牌坊"来表彰一些为亡夫常年守寡或自杀殉葬的女性,因为恪守贞节,是当时社会道德对女性的要求。而今,人们认为这是对女性自由和青春的剥夺,甚至是作为一个人的基本权利的剥夺,是对女性的压抑和不公。

(4)阶级性。在阶级社会中,阶级性是人的社会属性中的重要属性。不同阶级由于其不同的阶级立场、阶级利益,对同一事物的审美意识与审美情趣也有不同。对人的思想、德性、行为,对人与人之间的关系等的看法也必然是不同的,甚至是针锋相对的。

---

① [法]H.丹纳.《艺术哲学》.张伟、沈耀峰译,人民文学出版社,1983年,第154页。

马克思曾经说:"如果有100%的利润,资本家们会铤而走险;如果有200%的利润,资本家们会藐视法律;如果有300%的利润,那么资本家们便会践踏世间的一切。"可见,在资产阶级看来,唯利是图是理所当然的事,投机钻营者,有权有钱,才是社会的胜利者,才是世人敬仰的英雄人物。但对于社会主义道德情操来说,这些是不可取的,是要否定与抛弃的。因为这是见利忘义、损人利己的不道德的思想与行为。

3. 社会美的作用

社会美是社会实践的产物。社会实践及其直接结果如果能促进或者有益于人类自身健康发展,符合最广大人民群众的利益,有助于推动、促进社会进步与发展的,说明其具有社会美的品格,属于社会美的范畴;反之,则不具备社会美的品格。"共和国勋章"获得者屠呦呦60多年来致力于中医药研究实践,带领团队攻坚克难,研究发现了青蒿素,解决了抗疟治疗失效难题,为中医药科技创新和人类健康事业做出了巨大贡献。所以说,社会美最主要的作用就在于它能推动社会进步与发展。

(三)艺术美

1. 艺术美的含义

艺术美就是指一切表现在艺术作品中的美,它是艺术家以社会生活为原型和参考,按照一定的审美情感和审美理想,依据美的规律所创造的美。艺术美既是对现实美的反映,又是一种观念形态的美。它是艺术家对客观现实生活的能动反映,是对人的本质力量的肯定和确证。歌德说:"古人的最高原则是意蕴,而成功的艺术处理的最高成就就是美。"

2. 艺术美的特征

艺术美作为美的高级形态,有着不同于自然美、社会美的独有特征,概括起来大概有以下几个方面。

(1)情感性。以情感人是艺术有别于其他社会意识形态的标志之一。艺术美是艺术家对现实生活的主观反映,任何艺术形象都体现着艺术家的心灵、思想,透射出艺术家的审美情感,让欣赏者从情感上产生涟漪,在情绪上受到浸润,使心灵得到升华。因此,法国著名雕塑家罗丹说,艺术就是情感。

诗歌、小说、戏剧、影视及绘画等一切艺术作品,无不饱含着创作者的情感,并引起人们的共鸣。如李清照《声声慢》中的哀愁寂寞、《梁山伯与祝英台》中的伤感凄美、方志敏的散文《可爱的中国》中对新中国殷切的呼唤……一般来说,情感越是深厚真挚,越能引起共鸣,就越具有艺术美感,作品越具有审美价值。

(2)恒久性。恩格斯说过:"任何一个有机体,在每一瞬间都是它本身,又不是它本身。"① 自然美和社会美是一种变化的、动态的美,但艺术美与之不同,具有恒久性。

恒久性在这里有两层含义。一是指现实的美通过艺术的物化后得以长久保存和欣赏。如文艺复兴时期的米开朗琪罗以他独有的视角和高超的技术创作的雕塑作品《大卫》中的大卫动作有力、体格壮健的形象,既展现了人体恒久的美,又象征着人类为正义事业而奋斗的力量。二是指艺术美所体现的普遍价值和理想,能超越人类历史的不同时代而永久地存在。如我国古代乐府诗《孔雀东南飞》(原题为"古诗为焦仲卿妻作"),尽管是在特定时代产生的主题,但这作品所表现的婚姻悲剧,以及人们对美好爱情的追求,对不同时代的人,都有共同的审美价值。

雕塑作品《大卫》

《孔雀东南飞》插图

(3)典型性。高尔基说:"艺术就是典型化的艺术,就是说,要选取最有普遍意义的、最有人性的东西,以构造某种令人信服的、不可摇撼的东西。"②典型性是指艺术家创作的艺术形象所具有的普遍、集中、理想和完善的特性。我们社会生活中的美是零散的,缺乏内在的联系、统一和协调的。艺术家必须通过形象的审美思考,对社会生活中的美进行取舍、归纳、总结,在个别中看到一般,在偶然中发现必然,在现实中找到理想,从而创作出具有典型性的艺术形象来,以满足人们的审美需要和审美追求。③ 如巴尔扎克笔下的"葛朗台",就是一个典型的、嗜钱如命、狡诈、贪婪、吝啬的资产阶级暴发户形象,并且成为世界上最为有名的"四大吝啬鬼"之一。

(4)形象性。所谓艺术形象,就是艺术家以现实生活为基础,经过艺术的高度概括,表现在艺术作品中的具有一定思想内容和艺术感染力的生活图景、艺术画面,是艺术反映真实生

---

① [德]恩格斯.《反杜林论》.马克思恩格斯选集(第3卷).人民出版社,1972年,第61-62页。
② 鲍桑葵.《美学史》.商务印书馆,1997年,第134页。
③ 李萍、于永顺.《实用美学》.东北财经大学出版社,2006年,第84页。

活的特殊形式,具有鲜明的个性。任何一种艺术,里面所塑造的人物、事物、场景、构图、造型等视听物象和审美意象,都可以称之为艺术形象,包括文学形象、音乐形象、舞台形象、银幕形象等。这些艺术形象往往会组成一个形象体系。

3. 艺术美的作用

(1)传达情感。艺术按一种合目的性、合规律性的方式将人的情感有效地激发出来,它把人类的心灵带入一种释放、宣泄、体验的活动过程当中,使情感系统、认知系统和意志系统和谐起来。情感性是艺术美的重要特征之一。艺术能充分、自由地展示人们认识真实生活的情感力量,高层次地展现人类世界各种各样的情感。

> **小卡片**
>
> 《红楼梦》第二十三回中有一段描写:当林黛玉听到"原来是姹紫嫣红开遍,似这般,都付于断井颓垣"和"良辰美景奈何天,赏心乐事谁家院"等这些缠绵的诗句时,不禁触动了她的心思,使她心动神摇。当听到"只为你如花美眷,似水流年"和"你在幽闺自怜时"等诗句时,使她心痛神驰,眼中落泪。① 林黛玉寄人篱下的生活遭遇,使之处于一种压抑的生存状态中,由于听到了缠绵的词句,被压抑的情感一下子被激发并发泄出来。

(2)启人心智。通过欣赏艺术作品,可以启发人们思考人生,激发、促进人类的感知力、想象力、洞察力和创造力,从而提高观察生活、理解生活的能力。黑格尔曾指出:"艺术是各民族最早的教师。"②爱因斯坦也曾说过,他的很多科学成果都是受音乐的启发得来的。恩格斯也说他从《人间喜剧》中所学到的东西,甚至比从当时的历史学家、经济学家和统计学家那里学到的全部东西还要多。可见,优秀的艺术作品能帮助人们认识生活现象,揭示生活真理,开启人的智慧。

(3)塑造人格。艺术作品常常通过对典型人物形象个体、性格的塑造,表现出人物特有的个性和深邃的灵魂,并用艺术形象的高尚人格来引导、美育人们的心灵。艺术美能使欣赏者的灵魂受到震动和陶冶并能使欣赏者的人格结构趋于美化。艺术作品对现实生活广阔而深刻的反映,也促使人们能对自己的心灵世界进行反思,潜移默化地对自己的人格进行扬弃和整合,

> **想一想:**
>
> 如何理解艺术源于生活又高于生活?

---

① 曹雪芹.《红楼梦》.青海人民出版社,2002年,第80页。
② 杨辛.《美学原理》.北京大学出版社,1993年,第285页。

从而去追求更理想的人格。因此,俄国思想家车尔尼雪夫斯基把艺术称作"人的生活教科书"。①

(4)提高审美。审美能力是由审美知觉力、审美想象力和审美领悟力组成的。从美学的历史来看,人的审美能力的高低与艺术美有着必然直接的联系。欣赏者对艺术作品审美体验的过程,就是审美能力提高的过程。因此,多欣赏优秀的艺术作品,对自身审美能力的提高起着巨大的促进作用。

第二节 审美意识与审美范畴

一、审美意识

(一)审美意识的概念

审美意识是人类长期审美实践活动的产物,是人在审美、创造美的活动中的思想、情感和意志。审美意识是一种广义上的"美感",它包括审美意识活动的各个方面,如审美观念、审美理想、审美情感、审美能力和审美态度等。审美意识是社会意识的一种,是对审美对象的能动反映,直接制约着审美取向和审美创造,并通过对人的精神世界的积极影响,反作用于人们改造客观世界的活动。最能反映人类审美意识的是艺术。②

(二)审美意识的共同性和个体性

1. 共同性

审美意识的共同性,就是说,不同时代、不同民族、不同阶级的审美主体对同一审美对象可以产生近似或相同的审美感受。孟子说:"口之于味也,有同耆焉;耳之于声也,有同听焉;目之于色也,有同美焉。"这说明,审美感受可以超越时代、民族和阶级的差别而有共同性。例如,宛转悠扬的乐曲、栩栩如生的画作、高大雄伟的建筑、缠绵悱恻的爱情,以及民族英雄的爱国精神等等,都能成为共同的审美对象,使千差万别的人,甚至持不同阶级立场的人,产生共同的审美愉悦。

---

① 成远镜、朱晶.《生活与美学》.人民文学出版社,1994年,第91页。
② 余源培.《简明哲学辞典》.上海辞书出版社,2005年,第262页。

2. 个体性

审美意识的个体性具体体现在不同的审美主体由于所处的自然、历史、社会、文化等条件,其成长经历以及趣味、偏好不同所导致的差异性上。因此,不同的审美主体面对同一个审美对象时,就必然会产生各不相同的观感和体验。例如,鲁迅先生曾说:"《红楼梦》是中国许多人所知道,至少,是知道这名目的书,谁是作者和续者姑且勿论,单是命意,就因读者的眼光而有种种:经学家看见《易》,道学家看见淫,才子看见缠绵,革命家看见排满,流言家看见宫闱秘事。"①

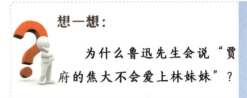

想一想:

为什么鲁迅先生会说"贾府的焦大不会爱上林妹妹"?

3. 二者的关系

审美意识的个体性与共同性相互联系,互为存在。一个民族由于受地理环境、社会氛围、语言文化、政治经济、生活习惯、宗教信仰、价值体系等因素的影响和制约,从而在审美意识上历史地形成了特定的民族共同性。就一个审美个体而言,其审美意识个体性的形成离不开这种共同性审美意识的熏陶和影响,因此在个体性背后蕴含着共同性的印迹。正是由于个体性体现和贯彻着共同性,才促成了一个民族和国家的审美意识传统。从另一个角度来看,正是这种民族的共同性又促成了不同民族之间互不相同的个体性。

(三)审美意识的本质

审美意识与其他社会意识一样,都是对社会生活的反映,受着社会生活的支配,能动地反作用于社会生活。

1. 审美意识是人的一种自由性意识,体现了人的自由自觉的本质

审美意识就是"要从感性世界、现象世界、经验世界出发,放开心灵,放任精神,以获得新的审美体验、新的生存方式"②。正是在这个意义上,审美意识从现实生活出发,通过审美思考,成为一种不受限制的自由、一种最大的自由。在审美意识中,人从真实生活的藩篱羁绊解脱出来,全身心地投入到审美对象的世界中。这种自由性意识还是超功利性的。审美主体在审美活动中摆脱了欲望、欲念的束缚,不涉及任何个人物质欲求,使审美客体以其特有的形式和结构显示出对于审美主体的意义,即愉悦性。

---

① 鲁迅.《鲁迅全集》(第7卷).人民文学出版社.1957年,第419页。
② 骆冬青.《形而放学:美学新解》.中国社会科学出版社,2004年,第6页。

2. 审美意识是一种社会意识，是物质性和精神性统一的活动

审美意识是一种精神，它要通过审美实践活动转化为物质。德国艺术史家格罗赛就指出："从动物装潢变迁到植物装潢，实是文化史上一种重要进步的象征——就是从狩猎变迁到农耕的象征。"① 这说明，在人类审美历程的漫漫长河中，一方面，社会的变迁最终将导致审美意识的变迁，另一方面，审美历史的变迁又诗意地印证着社会的变迁。②

3. 审美意识还是一种主体能动性意识，是人类审美实践的产物

人类的历史说明，人类审美实践活动和审美思考越深入，审美意识就愈具有主体能动性。因此，从美学来看，审美意识是人与动物相区别的重要特征和标志。审美意识充分体现和张扬了人的主体能动性，指引着人们前进的方向，给予了人们前进的动力。

综上所述，审美意识是源于社会实践，反映了审美主体对客观世界的现象、美的规律和美的本质的能动审美把握，并反作用于社会实践的、科学化、形态化的结果。

二、审美范畴

(一)优美与崇高

1. 优美

优美，即我们一般所说的美妙、美好。在拉丁文中，优美为 gratia，意思是"愉快、爽直"。它是世界上一切美好、欢乐、光明事物的象征。在形式上，它呈现为雅致、秀婉、柔和、纤巧、飘逸、幽静、绮丽……这是一种优雅的美、柔性的美、静态的美，能够给予人以轻松愉悦、松弛舒畅、心旷神怡的审美感受。在本质上，优美是审美主体与审美客体的矛盾处于相对的统一、平衡、稳定、和谐的状态。

2. 崇高

在形式上，崇高与优美刚好相反，它表现为巨大、宏伟、雄浑、刚强、浓郁、豪放、壮阔……这是一种雄壮之美、刚性之美，给人一种激动不已、兴奋异常、惊心动魄的审美感受。像崇山峻岭、深谷奇峰、悬崖峭壁、飞流巨瀑等，都是崇高的形象。

崇高不同于优美，它是美的一种更高尚的形态，广泛存在于自然、社会和艺术作品中。有些自然现象使我们产生崇高感，如汹涌怒吼的大海、峭壁险峻的峡谷、雄壮巍峨的高山，都

---

① ［德］格罗赛.《艺术的起源》.转引自：吴家荣.《大学美学》.安徽教育出版社，2007年，第183页。
② 黄集伟.《审美社会学》.东方出版社，1991年，第11页。

能赋予人以崇高的审美感受,赋予人以力量和气势。我国古代的爱国英雄们,如战国时期的屈原,西汉时期的苏武,南宋的岳飞、文天祥,明代的戚继光,明清之际的郑成功,清朝的林则徐,现代社会的张海迪、洪战辉等,他们的事迹可歌可泣,悲壮动人,是中华民族的骄傲,这是崇高美的社会体现。

小卡片

戊戌变法失败后,不少人劝谭嗣同出逃,都被他一一拒绝。他决心为变法流血,用自己的牺牲来唤起后来者的觉醒。他说:"各国变法,无不从流血而成。今日中国未闻有因变法而流血者,此国之所以不昌也。有之,请自嗣同始!"1898年9月28日,年仅33岁的谭嗣同慷慨就义。就义的那天,围观的达万人,谭君慷慨激昂,神情没有丝毫改变。他杀身成仁的壮举和他的这种英雄气概,不正是社会美的崇高体现吗?

连环画《谭嗣同就义》
(作者:杨春瑞、肖玉)

艺术使社会生活及自然界中的崇高对象得到了真切的、典型化的再现。例如,南北朝时期著名民歌《敕勒川》:以其苍茫辽阔的意境、豪迈粗犷的气魄震撼了无数人的心灵。

(二)悲剧与喜剧

1.悲剧

悲剧又称悲或悲剧性,本质上与崇高相同,是崇高的集中形态,不但是戏剧种类,还是美学范畴。悲剧是通过社会上新旧力量的矛盾冲突,显示新生力量与旧势力的抗争。在一定的时期内,经常表现为丑对美、恶对善的暂时的压倒,表现为带有一定历史发展的必然性的失败和挫折,表现为正义的毁灭、英雄的牺牲、严重的灾难与困苦等。

哲人哲语:

人们通常都承认悲剧是崇高的最高、最深刻的一种。

——车尔尼雪夫斯基

悲剧是一种崇高的美。悲剧的审美对象，虽然结局凄惨，令人悲痛，但在悲痛之余产生一种崇高感，激发人们化悲痛为力量，鼓舞人们对生活充满乐观精神，使人坚信反动的、非正义的、不合理的最终都将走向灭亡。

> **想一想：**
> 鲁迅先生曾说："悲剧是将人生有价值的东西毁灭给人看。"请问悲剧如何体现美？

悲剧能通过正义的暂时失败、毁灭等，向人们揭示出真、善、美的必然胜利这一生活真理。悲剧的意义在于鼓舞人们化悲痛为力量，为实现美好理想而奋斗。悲剧绝不是单纯的"悲"，它融和强烈的正义感和崇高感，特别是英雄人物在遭受苦难时充分展现出来的崇高精神，都会催人奋发，将悲痛转化为义愤、豪迈、崇敬、振奋等积极的审美愉悦感。

2. 喜剧

喜剧，又称喜或喜剧性，是与悲剧（悲、悲剧性）相对的审美范畴。喜剧的基本特征就是可笑性。但并不是任何可笑的事物都是喜剧，那种偶然的、无意义的、低级趣味的或者纯粹生理机制的笑，便不具备美学上所说的喜剧性。喜剧，是以笑为手段，否定、嘲弄恶、丑，肯定、赞扬真、善、美。总之，喜剧是用轻松、诙谐的形式，揭示深刻、严肃的社会现实。

喜剧的主要特征是"寓庄于谐"。"庄"是指喜剧的主题思想体现了深刻的社会内容，"谐"是指主题思想的表现形式是诙谐可笑的。这两者是辩证统一、缺一不可的。失去深刻的社会内容，喜剧就失去了灵魂。但是没有诙谐可笑的形式，喜剧也不能称其为喜剧。

由于喜剧作品所反映的内容在性质上的不同，因此它们在表现形式上也是多种多样的，有幽默、讽刺、诙谐、滑稽、荒诞、趣剧、闹剧……

漫画《皇帝的新装》

(三) 意境与传神

1. 意境

意境是中国美学中的一个重要范畴，它体现了艺术美。意境是艺术作品中所体现的情景交融所产生的审美境界，是客观（生活、景物）与主观（思想、感情）相熔的产物，是情与景、意与境的统一。

意境能引起人强烈的美感，这是因为：首先，意境具有生动的形象。意境中的形象来自自然，又能超脱自然。其次，意境饱含了艺术家的情感，具有唤起人们情感的特征，意境中的景物都经过人们思想情感的过滤，集中了现实生活中的精髓，是情中景，也是景中情。再次，意境中包含了精湛的艺术技巧。如"红杏枝头春意闹"的"闹"字就体现了作者高超的语言艺术技巧,把浓烈的春意刻画得淋漓尽致,给人以浮想联翩。最后,意境中的含蓄性和自由性,既要能激发欣赏者的想象,又能给欣赏者发挥想象的空间,这叫意犹未尽。

2. 传神

传神也是中国美学中的重要范畴之一,也体现了艺术美。传神是指艺术作品中所描绘或刻画的对象(包括人物和花虫鸟兽等)生动逼真、形神兼备,是艺术家在塑造人物形象及一切艺术形象时所追求的艺术境界。

传神的基本特征就是形神兼备,形和神的关系是辩证统一的。"形"指艺术对象的外部特征,"神"指艺术对象的内在精神,形似是传神的基础,神似是形似的升华。形神兼备,也体现了艺术美中主观与客观的统一。

古人云:"品画先神韵,论诗重性情。"中国画都讲究神韵二字。中国当代的王治洪是一位艺术功力修养深厚、技法全面的画家。他尤其擅长动物画,特别是他画的猫最为传神,已达到炉火纯青的高度。应该说,他是画猫高手,他笔下的猫儿个个都是灵性十足,充满天真和淘气,如同稚气未脱的儿童。他画猫特别专注于画猫的眼睛,猫的眼睛个个都是明亮而传神,他所画的猫的动作又是各种各样,或顽皮或温柔,或动或静,或贪馋或慵懒,都具有浓厚的拟人意味。他笔下的猫儿明显要比生活中的猫可爱得多,这就是画家创新之处和高明所在。《消暑图》中的猫躺在葫芦架下,憨态可掬,颇有情思,猫是主题又是画之客体,小中见大,意趣盎然,画面舒展真实,静谧无声,匠心独运,是一幅情景交融之作,给人印象深刻。

王治洪画作《消暑图》

第三节 美的创造与审美人生

一、美的创造

美的创造活动是人的一种有目的、有意识、自觉地按照审美理想去创造具有审美价值的审美对象活动。美的创造是人类创造活动中的高级活动,是为实现自身审美理想的创造性的实践活动,是人所特有的实践活动。

审美理想是指在审美经验的基础上,审美主体通过想象在头脑中建构出来的具有社会人生内容的理想形态的美。美的创造包括自然美的创造、社会美的创造、艺术美的创造。

> **哲人哲语:**
> 呵,人类,只有你才有艺术。
>
> ——席勒

(一)自然美的创造

自然美是客观自然界和社会生活中一切自然生成、未经艺术加工的美,它是独立于人类社会生活之外的、自然界本身所固有的,并由自然物的诸种属性所决定的。自然美不以人的主观审美意识和变化为转移,人们不能凭借主观意识对它加以改变或者否定。但是,人们的审美意识可以感受到它的存在。所以自然美的创造与社会美、艺术美不一样,它是以保护自然、不断发现自然美和创造自然环境等方式进行的。

1. 自然美的保护

人类是大自然的重要组成部分,人类与大自然之间不是毫不相干的两个独立体,而是相互作用、相互依存、相互制约的不可分割的综合体。大自然中的各个组成部分都按照各自的规律,有序地自动调节,自由运行,呈现出一片勃勃生机的样子,从而体现出和谐、协调的生命之美。

但是,随着科学技术的突飞猛进,人类为了追求经济利益的迅速增长,只顾对自然界为所欲为,出现了环境污染、生态失衡、能源短缺等问题,对自然的破坏越来越严重。如果人类再不采取果断的补救措施,其后果就不只是自然美会遭到破坏,而是人类赖以生存的家园也遭到破坏,人类必将面临灭顶之灾。

近年来,人类在大自然严厉的惩罚下开始觉醒,意识到保护自然生态环境的重要性和紧迫性。习近平同志提出:绿水青山就是金山银山。这就是对自然美的保护。

2. 自然美的发现

人类除了保护好自然,为自然物种存续下去,创造适合有利于物种衍生繁殖的环境之外,努力发掘新的自然美也显得十分重要。例如,近几年,人们在发现、开掘和整理喀斯特风景的溶洞、钟乳石、喀斯特温泉等方面,成果较为丰硕。人类还试图冲出地球,走向宇宙去实现开辟全新的自然美。

3. 自然美的人工化

而随着社会生产力的发展和人类文明的不断进步,人们对自然的利用和改造也从单纯使用逐步深入到产生了审美的要求。例如,人们对于自身居住环境的追求也越来越高,室外环境一般要有绿化园林、儿童乐园、健身器材等;室内环境要宽敞明亮、干净柔和、舒适整洁等。全国各地的风景名胜也在不断地进行加工、修复、整理、扩建,力求满足国内外旅游者求新、求美、休息、养生、娱乐的多重要求。这些都是自然美的人工化体现。在这个人工化的过程中,人们要尊重自然,模仿自然,体现自身特色,把握分寸,拿捏好尺度,既不要片面强调自然美,把它与人工美对立,也不能过分人工化,失去自然的趣味。要达成人与自然的和谐共处。

(二)社会美的创造

社会美是社会实践活动的直接体现。社会实践是纷繁多样的,这就决定着社会美是多方面的,而社会美的创造也跟着多样化,概括起来主要表现在生产劳动美的创造、社会变革美的创造、日常生活美的创造、人际关系美的创造、人的外在美与内在美的创造。

1. 生产劳动美

生产劳动美是指蕴藏在劳动中的审美因素和劳动产品的审美造型。实践证明,人类的生产劳动,不仅使人们吃饱穿暖,得到物质上的满足,并且还能使人们心情愉悦,在精神上也得到满足。生产劳动美的创造主要包括以下两点:劳动主体美的创造,具体表现在人们在生产劳动中热爱劳动,创造幸福的积极精神;劳动客体美的创造,主要是在劳动过程中,对客观世界和社会对象的改造,如劳动工具的改进、劳动环境的改善、劳动产品的丰富,等等。

2. 社会变革美

社会变革美是人类在改造社会的斗争中,求真向善的本质力量的不断迸发和创造。它是人类美的理想、美的规律的体现,是人类伟大无穷的创造力的显示,顺应了社会进步和历史发展的需要。社会变革美主要表现在以下三个方面:被剥削阶级挣脱剥削阶级压迫的斗争美、保卫祖国和平统一的斗争美、社会变革与改造的创新美。

3. 日常生活美

将美放置于生活中,利于改善人们生活水平质量,提高人们的幸福指数。

一个人的人生可以分成三个层面:日常生活层面、工作或事业的层面、审美和诗意的层面。前两个层面是功利的层面,第三个层面是超功利的。

人生的三个层面不应该是相互对立的,应该有合适的比例,可以互相渗透、转化。日常生活的衣食住行在一定的条件下可以具有审美的意味,如一顿精心准备的晚餐、一束鲜花、一些小绿植、一张吊床,都能让人们感受到生活的美。事业的层面在一定条件下也可以升华成为审美的层面,很多大科学家在科学研究中感受到事业的崇高,从而得到一种审美的享受,这就是从事业的层面升华到了审美的层面。反过来,审美活动可以拓宽人的胸襟,涵养人的品格,可以有助于一个人的事业成功,从而审美层面转化成了事业的层面。

生活实践活动让人们知道美无处不在,审美是一件快乐的事。人生的苦难其实也是一种美,在面对人生苦难时,要以"平常心"来对待,总会有柳暗花明的时刻。多一份从容,少一份暴躁;多一份宁静,少一份急躁;多一份稳重,少一份焦虑。青年学生要学会审美,跳出自我,去真正的生活,体验无限的意味和情趣,从而享受人生,回到人的精神家园。

4. 人际关系美

人际关系是构成社会生活的主要内容,是人与人之间的社会关系。人际关系的美化对社会美的创造有着决定性的作用。一定时代的生产力和社会关系对该时代人际关系有着制约作用。如我国现行的公有制取代封建的私有制之后,以前人们之间残酷的利害关系转变成了现在互助互利的友好关系。在众多的人际关系中,以处理好恋爱关系、婚姻家庭关系、朋友关系和上下级关系这四种关系最为重要。

5. 社会美的核心——人的美

人是社会性动物,社会是人的社会,所以社会美归根结底是人的美。

(1)人的外在美。人的外在美主要指人的身材、容貌、仪表、姿态、举止、服饰等方面的美,是人类长期的劳动实践的产物。外在美是指人的可以通过感觉器官而直接感受到的,主要包括服饰、风度、情趣、语言、行为等几个方面。人的外在美是人的外在形象的表现。要想具有良好的外在形象,应该努力提高自己的外在美。如注重质朴庄重、朝气蓬勃的服装打扮;规范纯洁、文雅得体的谈吐;健康科学、积极向上的生活情趣;文质彬彬、温文尔雅的举止风度;尊老爱幼、遵纪守法的文明举止等。周恩来总理一直很注意自己的仪表,着装朴素,但从来都是整洁大方,而他儒雅的风度、高雅的谈吐、文雅的举止更是世人皆知的。

想一想:

为什么各种美颜相机、修图软件和自拍神器这么有市场?

第四章 美的哲学与审美之道

哲人哲语：

人的一切装饰打扮的动机，就在于对他自己的自然形态（人体）不愿意听其自然，而要有意地加以改变，并在这种改变上刻下了自己内心生活的烙印，尽管它可能是丑陋的、毁坏形体的。

——黑格尔

扫一扫了解更多黑格尔的生平与思想

(2)人的内在美。内在美，实质上是心灵美，表现着一个人的内心品质。心灵美指一个人的理想、情操、学识、品德的美，也可以说是一个人的人格美。苏联作家奥斯特洛夫斯基说："人的美在于他本身，在于他的心，要是没有内心的美，我们常常会厌恶他漂亮的外表。"内在美是人的本质力量的体现，人的智慧、情感、创造能力等在内在美里得到最充分、最直接的体现。内在美比外在美能更强烈、更持久、更深刻地印在人们心中。所以我们更要注重自己内在美的塑造：树立正确、科学的世界观、人生观和价值观；培养良好的心理素质和高尚道德情操；保持美好的生活态度和生活情趣，提高审美素养；刻苦钻研，丰富学识和修养，勇攀科学高峰；形成自信、积极、乐观的个性。周恩来总理那渊博的学识、积极的个性，那为了国家的富强、人民的幸福、人类的和平事鞠躬尽瘁、死而后已的高尚情操，才是他永远活在人民心中的真正原因。

哲人哲语：

人的一切都应当是美丽的：容貌、衣裳、心灵、思想。

——契科夫

(3)二者的关系。外在美和内在美是人的美的两个重要方面，如果将美比喻成一棵树，那么内在美便是树根，外在美便是树叶、树干。树不可以没有树根，也不能没有树叶和树干，两者是互为表里，相得益彰。

外在美是内在美的表现形式，内在美是外在美的基础。没有内在美，外在美则不美，内在美是主轴。一个人美不美，重要是看心灵，而不是外貌。因为心灵美是人的美的本质，外貌的缺陷可以用品德、知识、修养、智慧

辩一辩：

正方——美丽产生自信
反方——自信产生美丽

等来弥补。"金玉其外,败絮其中"的美是经不起考验的,丑陋的灵魂不管用什么美都难以掩饰。但是一个人内在的美,也要通过待人处事、言谈举止等外在美来表现。人们不可能在胸前挂个牌子——我有内在美。一个人的服饰、穿戴、言谈、举止,总是在一定程度上反映其思想品质、道德情操、精神风貌和文化教养。因而,内在美与外在美是同等重要、缺一不可,两者均衡发展,才能达到其真正的美。

> **小卡片**
>
> 　　战国时的钟离春,齐国无盐县人,世称"钟无盐",是齐宣王的皇后。钟离春是历史上著名的丑妇。由于貌丑,到40岁还没出嫁。但钟离春志向远大,武术高强,天生聪慧,才智过人,是位很有才干的女政治家。当时执政的齐宣王,政治腐败,国事昏暗,而且性情暴躁,好色无能,喜欢听吹捧,谁要是说了他的坏话,就会有灾祸降到头上。钟离春为拯救国民,冒着杀头的危险,赶到国都向齐宣王谏言。齐宣王见到了钟离春,还认为是怪物来临。但当钟离春毫不畏惧一条一条地陈述了齐宣王的劣迹,并指出如再不悬崖勒马,将会城破国亡时,齐宣王大为感动,对钟离春的奇才高艺佩服得五体投地,便立她为皇后。从此,齐宣王把钟离春看成是自己的一面"宝镜",在她的辅佐下,齐宣王从此罢宴乐,除佞臣,强兵马,强国库,使齐国强盛一时。
>
> 　　从此,"无盐女"就成了长相平庸或是极其丑陋,但是品德高尚、知识广博、很有教养、非常贤淑的女子(妇女、家妇、正妻)的代称。

(三)艺术美的创造

列宁曾经说过:"优秀的艺术作品能教导人,引导人,鼓舞人。"如果没有艺术美,我们的审美需求得不到充分的满足,我们的生活将变得枯燥而无趣,我们的审美能力也将停滞不前。

1. 艺术家与艺术美的创造

(1)艺术家的世界观对于艺术美的创造具有决定性的意义。世界观影响着艺术家的创作理念、创作精神、创作个性和创作道路,制约着艺术家处理创作与生活的关系,决定着艺术家理解生活的立场角度和评价生活的标尺,规定着艺术家的人生理想和艺术追求。如俄国作家、革命家车尔尼雪夫斯基的革命民主主义世界观,使他的审美理想充满着战斗的民主革命的政治内容,因而他笔下的英雄,如拉赫美托夫,便是刚毅不屈地与旧世界奋勇决裂的革命者。

(2)艺术家的社会生活实践是艺术美的创造源泉。对于艺术家来说,最可贵的就是丰富的社会生活实践。艺术家的社会生活实践越丰富,他的创作能力就越强大、想象能力就越丰富,作品也就更独特更优秀。反之,如果艺术家缺少了社会生活实践的磨砺,他的"审美感受"会变得迟钝,很难创造出有审美价值的艺术作品。

(3)艺术家的艺术修养决定着其艺术美的创造水平的高低。艺术修养是艺术家按照美的规律从事艺术创作所应具备的各种素质、条件和能力。艺术修养主要集中体现在思想、学识、情感、技术四个方面。

首先,艺术家的思想不仅应当是进步的,还应当是深刻的,唯此,才能创作出有生命的艺术作品。伟大的艺术家往往对人生真谛和社会发展客观规律有着深刻的认识和精辟的见解,而这些属于他自己的思想,正体现了艺术家思想的深邃。如莎士比亚作品蕴涵的深刻的人文主义思想正是文艺复兴时期的时代缩影。

其次,艺术家要有丰厚的学识修养。艺术家只有具备广博的学识,才能见多识远,厚积薄发,创造出可以传世的艺术作品。历史上很多著名的艺术家都是博学多才,如曹雪芹不仅擅长诗词歌赋,更是通晓园林建筑、医药烹调和工艺美术等多个领域的知识。

再次,情感是艺术创造的基础,真挚的情感是艺术作品的生命和灵魂,没有情感,就没有艺术创造。文学家巴金在创作小说《家》时曾写道:"我写《家》的时候,我仿佛在跟这些人一同受苦,一同在魔爪下面挣扎。我陪着那些可爱的年轻生命玩耍,也陪着他们哀哭。"可见,正是对底层劳苦大众真挚、深刻的同情悲悯情怀成就了这部经典的文学著作。

最后,艺术技能是艺术家进行创作的基本素质和必要准备,是艺术创作的前提。艺术家敏锐的观察力和强烈的感受力、丰富的想象力与独特的记忆力、卓越的创造力与精湛的技能技巧等都是艺术技能的体现。张大千在晚年近乎失明的情况下,仅凭过往的记忆绘出了曾经游历过的名山大川,创造了绘画的一大创举——泼彩。

齐白石画作《蝉》

(4)艺术家的创作个性对艺术美的创造有着特殊的重要意义。艺术家的创作个性既受时代、阶级和民族特点等客观因素的制约,也受家庭出身、文化背景、生活经验、审美观、思想情感、个人气质、审美理想及创作才能等因素的影响。肖邦的质朴优美、凡·高的自我、李清照的多愁善感、苏轼的豪放……正是艺术家的创作个性造就了他们独特的艺术风格。

2.艺术美的创造过程

艺术美的创造过程就是艺术家将其审美意识转化为艺术作品的过程。艺术作品的创作过程主要表现为三个环节:审美感受、艺术构思与艺术传达。

(1)审美感受。艺术家在现实生活中获得的审美感受是一切艺术美的创造的开端。

审美感受,能激发艺术家的创作冲动和欲望,特别是深厚强烈而闪现光彩的审美感受,随着量的积聚和局部性的质变,使艺术家逐步进入领悟甚深、激动不已的创造境界。

> **想一想：**
> 美神"维纳斯"给这个世界带来多少美的赞叹、美的向往、美的遐想。她断掉了双臂，仍被誉为"最完美的女性美典范"。但有人曾设想："假如维纳斯的手臂没有断，该多好！"你怎么看这个想法，为什么？

(2)艺术构思。艺术构思是艺术家在审美感受和创造热情的基础上，通过对客观现实的艺术思考、发现，形成整个艺术意象的过程。艺术构思的结果就是产生出活灵活现的典型艺术形象。艺术构思是艺术创作的重要环节。艺术家通过形象思维活动，对其搜集的生活素材进行选择、概括、提炼和总结，使审美意象凝集为生动成熟的艺术形象。如中国画家笔下的神异动物龙，在现实世界是不存在的，但是画家们通过想象，形成了骆头、蛇脖、鹿角、龟眼、鱼鳞、虎掌、鹰爪、牛耳的龙的样子。

(3)艺术传达。艺术传达是一种把艺术构思形成的艺术形象转化为物态化形式的实践活动。它的任务就是制造出具体可感的艺术品。艺术传达必须借助一定的物质材料，如文学艺术的文字、符号，雕塑艺术的石、土，音乐艺术的旋律、节奏，以及绘画艺术的颜料、纸张等。

3.艺术美的典型化

(1)典型环境的塑造。优秀的艺术作品中塑造的环境，能反映出当时社会的本质，能揭示社会发展趋势，为人物提供了活动的场所，为人物性格的形成提供了基础和前提条件，为故事情节的发展埋下了伏笔。在鲁迅的短篇小说《孔乙己》中，当孔乙己出现时，"店内外充满了快活的空气"，作者以大家的笑反衬孔乙己令人心酸痛楚的处境和悲惨的结局。所以，艺术家都要仔细介绍作品主人公周围的具体环境，这对塑造典型人物是至关重要的。

(2)典型人物的塑造。艺术作品主要的描写对象是人物。通过人物的生活环境和阶级出身，刻画真实典型的人物性格，是塑造人物的关键。例如《红楼梦》中，作者从刘姥姥的阶级出身、生活环境和社会经验，塑造了一个心地善良、机智过人、经历各种磨难仍对生活充满乐观的老妇人形象，使得刘姥姥成为《红楼梦》中典型人物之一。

二、审美与人生

(一)审美人生观

什么是审美人生观？审美人生观就是以审美的观念看待人生、美化人生，肯定生命、热爱生命,高扬人的自由生存,让每个个体成为自己、完善自己、实现自我。

古代生产力低下、物质极端贫乏时,人类全部的精力集中于物质上。随着生产力的提高,人们的物质生活得到了满足,从而开始更多地去追求精神享受。审美就是精神享受中的一种,人类的审美活动使人生价值不断提高。

辩一辩:

正方——物质基础是追求美的必要条件

反方——物质基础不是追求美的必要条件

哲人哲语:
仓廪实而知礼节,衣食足而知荣辱。

——管仲

人不是完美无瑕的,但审美活动会使人不断地从假恶丑中摆脱出来,去追求闪烁着人性光辉的美。马克思说:"社会的进步就是人类对美的追求的结晶。"人生审美关注的是人在精神上的满足和超越。人在审美中不断追求着真善美,去实现自己生命的内在价值。人生的审美活动是人类生活的重要内容,它不仅升华人的心灵,还提升人生的价值。古今中外,无数哲人阐释了自己的审美人生观,这里仅列举两例。

1. 庄子的审美人生观

(1)重身贵生的人生追求。庄子尊崇客观存在、不以人的意志为转移的"美",也就是追求一种自然本然的美,反对人工雕饰的美,提倡顺物之性的自然朴素之美。庄子崇尚自然的美学观,在对待人的生命上,他认为人的生命是最可贵的,人应该重身贵生、鄙薄名利。

(2)超越达观的人生理想。庄子向往超越世俗之美丑观念的"至美",提出复归于自然、超越人性的人生理想,追求自由无为和超越达观的理想人生,建立了回归自然、崇尚自由的真人观。庄子把听任本性自由发展的人称之为"真人",真人虚怀任物、包容宽厚,真人淡泊宁静、随遇而安,真人卓然不群、心胸开阔,真人无忧无虑、寝而无梦、醒而心安,真人生而不喜、死而不忧。庄子的理想人格是质朴纯真、自然无为、超越达观。

(3)安时处顺的处世之道。庄子认为,人生活在世上,为人处世要心胸豁达、宽宏大量,做到"安时而处顺",只有这样,人在世上就会拥有健康的身心。如:"用心如镜",人在生活中的一切痛苦烦恼,抑或高官厚禄,任其来去不迎不送;"坐忘",人在主观上忘掉自己和智慧的存在,对外界加给的东西,以"忘掉"的方法来对待,从而达到和大道合一的境界;"万物皆一",即世界上的一切万物在我主观上都没有区别,物我齐一,这样就能去掉苦难、冲淡苦难,避免一切痛苦和创伤。

(4)宠辱不惊的人生境界。庄子认为,人生中的荣辱、名利等一切都是身外之物,人们不应把它们作为人生的追求,不该"操之则栗,舍之则悲"。庄子倡导一种宠辱不惊的达观境界,面对现实要卓尔不群、不卑不亢,主张保守本真自我,自觉调节身心,不断充实自我,不追求功名利禄,努力造就自身的全面发展。

(5)超越生死的人生态度。庄子有自然主义的博大胸襟,面对生命与死亡是坦然淡然。庄子认为人的生命是天地所委托的形体,人的生死只是天地间气的运动,就像黑夜与白天的往复变化,是物质形态的从生到死或从死到生的转化,"生之来不能劫,其去不能止"。

扫一扫了解
逍遥不羁——
庄子

2. 尼采的审美人生观

(1)将人生当作审美现象。尼采把人生当作审美现象,敢于面对现实、直面人生,笑对人生的一切悲剧,提高人生的生命力和战斗力,以惊人的毅力战胜人生的一切悲剧,提高人生的价值意义。人生中,无论是谁,难免都会有不如意,甚至有难以抗拒的悲剧。如果把这些当作一种审美现象,人生和世界才永远洋溢着快乐,人就不至于在悲剧面前退却,进而感到生存是可以忍受、可以抗争并最后赢得快乐的。

(2)笑对人生一切悲剧。尼采认为,人生本来是一出悲剧,是一个个体消解于整体生命、小我融汇于大我的生命轮回。人在永恒的轮回中,不仅能获得永恒的欢悦,也不得不承担永恒的痛苦和悲剧。人的一生要面对很多痛苦、险境和未知的东西,如果把人生当作审美现象,人就会笑对人生一切悲剧,用生命本身的力量进行抗争,去战胜生命的痛苦,在抗争痛苦而生中感受到生的快乐及生命本体的快乐。这样,人就不拒绝一切人生悲剧。相反,就会笑对一切悲剧,在人生悲剧中成为悲剧英雄,从自身的痛苦乃至毁灭中体会生命的伟大和骄傲,通过永恒轮回感悟到宇宙生命赋予个体生存的意义和价值,感悟到个体生命的力量和美,使人生达到生命的最高境界,体现出生命的超越性。

(3)醉的人生。尼采的悲剧人生观是出于相信酒神艺术,以醉意释放出的言谈举止之力、激情之力、歌舞之力来战胜人生悲剧,战胜永恒轮回之人生痛苦,获得生命自身的美化和欢悦。尼采把"醉"同酒神精神联系在一起,认为醉就是酒神精神,醉就是生命力的增长和战胜困难后的愉快而形成的陶醉感。人在醉中就是个体和整体合一的状态。尼采认为酒神艺术让人们获得生命存在的永恒乐趣,生命的存在就必须有异常的痛苦和衰亡,但人们必须正视恐怖,无须害怕,用形而上的慰藉暂时逃脱世态纷扰,在酒神陶醉中产生生存欲望和生存快乐,在心理上产生我是幸运的生者的快乐,并期待这种喜悦快乐长驻不衰,从而达到生命自身的美化和欢悦。

扫一扫了解
超人哲学
之父——
尼采

(二)人生的审美境界:做一个诗意的栖居者

1.审美境界的概念和内容

按人生价值的实现程度和人的精神自由程度来分,人生境界由低到高有四个层次:欲求境界、求知境界、道德境界和审美境界。审美境界是人生最高境界,是人与世界万物完美融合而成一体的自然而然的境界,是万物一体、天人合一、彼此融通无碍的高远境界。审美境界是人生境界的重要组成部分,是指审美过程中审美经验、审美感受所达到的阶段和状态,其本质就是心灵自由的状态。

受审美主体的审美趣味、审美情感的影响,审美境界有高低之分、雅俗之别。审美境界从心灵自由的状态可分为三个层次:感官的快感、情感的愉悦和精神的大美。

(1)感官的快感。此审美境界就是人们在感官上对美的感受。人的身体器官如果感到快适、舒畅就会产生最初的美感。如看见美女,听见悠扬的乐曲,闻到香味,摸到细滑的丝绸等等,这些都是凭感官直觉而生的愉快,人很容易感到它是美的。这种感官快感之美是容易疲劳、厌倦的,是短暂、易逝的。这种审美境界是基础和低级的,如果人仅停留在此层面上,就会陷入感官的满足和享乐,而无法领略真正的美。所以,人应该超越这种世俗感官之美,进入更高层次的审美境界,体验更内在的人性之美。

(2)情感的愉悦。此审美境界就是对审美客体蕴涵的内容和意义进行领悟和品味,进而产生精神的愉快。在这个审美境界中,审美主体的审美情感得到了极大的调动和迸发,如看歌剧,感受的不是单纯的音响、歌声、人物和华丽的场景,而是诸因素中所隐含的某种情感意味。元代著名画家王冕的作品《墨梅图卷》中所显示的清高气节、审美感情,调动了人的想象力和理解力,使人与艺术作品得以沟通、交流,获得审美享受,从而人的心灵得以豁达,人的精神得以愉悦。

王冕画作《墨梅图卷》

(3)精神的大美。此审美境界是对人的根源、生命的本质和美的真谛的追求,是最高审美境界。在这一审美境界中,审美主体抛弃功利之心,发现常人所不能发现之美,掌握物质世界的规律和本质,使人回到自由、本真的状态。此境界中,审美主体与大自然合二为一,在大自然的感性中求得道德精神的超越与不朽。《礼记·乐记》中的"大乐与天地同和"描述的就是这种审美境界。在此境界中,审美感受是激荡的、振奋的。情感也是复杂多样、辩证统一、浑然一体的,如惊叹与奋起、自卑与自尊、畏惧与无畏、渺小与伟大、脆弱与坚强。但总的倾向是在情感斗争中摆脱和克服那些渺小、卑琐、平庸的消极心理,拥有健康、自尊、无畏的积极心理,这也是人在审美活动中追求的忘我、自由之境。

以上三层审美境界并非相互脱离的,而是交融在一起,生理、情感、精神相互起作用,建构起个人的审美境界。在现实中,由于人们自身的原因,对美的欣赏和感受确实存在不同的审美境界,有的人只能领略到浅在的浮华之美,有的人能洞察事物背后蕴藏的大美。这需要人们不断加强自身的艺术修养,才能够领略到精神的大美。

2.做一个诗意的栖居者

人类社会自第一次工业革命以来,伴随着物质文明的高速发展,科学技术带来的负面影响也日益凸现。一方面,环境和生态遭到严重污染和破坏;另一方面,市场拜物和技术至上流行、工具理性泛滥、精神信仰出现危机、心理疾患漫延、个性被泯灭、生活刻板化和碎片化……现代人不仅失去了曾经有过的想象和激情,变得越来越空虚贫乏,而且人与社会、人与人之间也变得日益疏远冷漠。人们普遍缺乏幸福感、安全感,即使物质生活条件非常富足,也很难感受到精神的满足和情感的幸福。现代人的精神困惑与信任危机是当今社会迫切需要面对和解决的问题。

19世纪德国浪漫派诗人荷尔德林以一个诗人的直觉与敏锐意识到,随着科学的发展,工业文明将使人日渐异化,人类迷失了自己的家园,成了无家可归者。而为了避免被异化,他呼唤人们需要寻找回家之路,于是创作了《人,诗意地栖居》这首诗。此诗后经德国存在主义哲学家马丁·海德格尔的哲学阐发,"诗意地栖居"几乎成为所有人的精神向往。所谓"诗意地栖居"意指人在物质生存的基础上,更需要有思想、会思考的栖居。海德格尔希望通过人生艺术化和诗意化来抵制现代科学技术对人类生存状态的破坏,实现美好自然的和谐状态,并在寻找人的精神家园的过程中获得心灵的解放与自由。

"诗意的栖居"是治疗现代人精神疾病和心理空虚的"一剂良方",也是人生审美的最高境界。我们要善于构建人类的精神家园,不断提高人生的审美境界,做一个诗意的栖居者。我们要学会用审美的眼光看待自己的生存环境和精神家园,经常反观自身美的体验,自觉摆脱利益和欲望的束缚,抵御物欲诱惑,树立科学健康的审美观,在挫折和磨难中保持积极乐观的心态,注重人生审美和艺术实践,倡导人与自然、社会和谐融合,做到身与心、言与行、情与意的和谐发展。唯其如此,才能逐步进入审美化的诗意生存状态,以审美的态度来缔造自己一个至真至善至美的审美化的人生境界,塑造一个快乐完美的诗意人生。

美丽中国不是梦

推动绿色发展　建设美丽中国

——十八届三中全会以来全面深化生态文明体制改革综述

让人民群众在绿水青山中共享自然之美、生命之美、生活之美,是推进生态文明建设、共建美丽中国的美好蓝图。

党的十八届三中全会以来,我国生态文明制度体系加快形成,生态环境状况明显好转。

生态环境持续改善

广州市民冯敬滔居住的大金钟社区38号大院楼房不到3米远,有一条小河名叫景泰涌。自从1995年搬来,他家面向河涌的厨房窗户便很少打开。"气味太臭了,开窗户受不了。又黑又脏的河流上漂浮各种垃圾。"

在广州,像景泰涌这样的黑臭水体不在少数。2018年9月,景泰涌综合整治工程建设提速。补污水管网建设短板、清污分流、清除底泥……一系列标本兼治的举措加速推进。

景泰涌变了。以往河涌厚厚的黑色底泥已"一去不复返",站在河边也闻不到难闻的臭味,河段水质已经接近三类水的标准。

一条小河的蜕变,映射出的是我国近年来持续加大生态环境治理的力度,更是十八届三中全会以来全面深化生态文明体制改革不断取得的新成效。

天更蓝。2018年,我国蓝天保卫战持续发力,1—11月,全国338个地级及以上城市平均优良天数比例同比上升1.1个百分点;京津冀及周边地区、长三角、汾渭平原PM 2.5浓度同比分别下降12.1%、6.5%、11.1%。

水更清。全国各地都在向群众身边的污染——城市黑臭水体"宣战";取缔长江沿线非法采砂、非法码头等,整治沿江化工企业;治理农业面源污染……

山更绿。5年来,我国大规模推进国土绿化,治理沙化土地1亿多亩,森林覆盖率达到21.66%,成为同期全球森林资源增长最多的国家。

书写美丽中国新篇章

"没想到,我们村变得这么漂亮!"在江西省资溪县鹤城镇生活了几十年的付银山老人不敢相信,原来进出只靠黄泥路、猪圈污水到处流的山窝窝村,现在竟然房前屋后栽花种草,附近村子里由闲置的老屋和礼堂改造而成的文艺街区,还吸引了不少游客,村民腰包更鼓了。

资溪县森林覆盖率多年保持在87%以上,最大的财富就是绿水青山。江西省2016年被列为我国首批三大生态文明试验区之一。资溪县借助政策优势,一手改善农村人居环境,一手发展旅游业,把好山好水做出富民的大文章。

党的十九大报告再次提出加快生态文明体制改革。在专家看来,生态文明体制改革要统筹山水林田湖草系统治理,形成绿色发展方式和生活方式,坚定走生产发展、生活富裕、生态良好的文明发展道路。

美丽中国建设新篇章正在开启

湖南、重庆两省(市)政府正式签署酉水河流域省际间横向生态保护补偿协议,若交界断面的水质类别达到国家考核目标,湖南省拨付补偿资金给重庆市;若水质类别劣于国家考核目标,重庆市拨付补偿资金给湖南省。

从2019年1月1日起,土壤污染防治法正式实施,这将成为未来防治土壤污染的一把"利剑"。

2018年底,黑龙江、河南、山西等地传来消息,全面建立湖长制。

站在新时代的起点上,一系列生态文明体制改革的新举措频频发力,护卫绿水青山,美丽中国新篇章定会书写得更加靓丽。

(材料来源:新华网2019-01-03,新华社记者高敬、周颖、刘红霞、邬慧颖)

伴随着工业革命的发展,日益严重的生态危机越来越威胁着人类的生产生活和文明的发展。近些年来,中国的生态环境日趋恶化,大气污染、气候异常、植被减少、耕地衰竭、土壤沙化……整个生态系统变得极其脆弱,大自然在无情地报复着我们。假如我们为了一时的享受毁掉了我们中华文明的母土,那我们中华儿女会不会成为生态难民?我们还能重新找到新家园吗?我们为了眼前的利益断送了未来的发展,我们的子孙后代会不会因此面临更大的危机?事实上,人类过度征服自然而导致的生态环境危机,一次又一次向人类敲响了警钟。那么,如何做到人与自然和谐共处呢?

一方面,面对资源约束趋紧、环境污染严重、生态系统退化的严峻形势,党和国家把生态文明建设放在突出地位,积极推进生态文明建设,这是努力建设美丽中国、实现中华民族永续发展的正确举措;另一方面,从美学的角度讲,自然审美是人类最高的审美境界,它可以拓展和提高整个审美活动的精神品格。自然审美在促进人与自然和谐相处、重建人与自然的精神联系方面,有不可替代的独特作用。生态美是自然审美的当代现实形式,它要求的是人与自然的和谐共生。因此,不论是满足人类生存发展的需要还是实现人类审美境界的追求,人类都必须尊重自然、顺应自然、保护自然,因为人与自然是生命共同体。因此,我们要用非占有、非掠夺、非居高临下的态度,以一种敬畏、喜悦之心和欣赏之情去亲近、拥抱大自然,要选择降低污染、节约资源的生产生活方式来保护环境,把我们每个人的力量联合起来,关怀地球,关注后代生存和做到可持续发展。

王熙凤与卡西莫多

王熙凤,中国古典小说《红楼梦》中的主要人物。她是金陵十二钗之一,贾琏的妻子,王夫人的内侄女,贾府通称凤姐、琏二奶奶。她长着一双丹凤三角眼、两弯柳叶吊梢眉,身量苗条,体格风骚。粉面含春威不露,丹唇未启笑先闻,未见其人,先闻其声。她的外貌美丽、华贵、俊俏,她的言行伶牙俐齿、机敏善变。她善于察言观色、机变逢迎。她在贾府的地位很高,精明能干,深得贾母和王夫人的信任,是贾府的实际施政者。她高踞在荣府几百口人的"总理"宝座上,有着八面玲珑之威,思维敏捷,口才了得,却又心狠手辣、笑里藏刀。就是这样一位有计谋的管家奶奶,最终却落得个"机关算尽太聪明,反误了卿卿性命"的下场。

卡西莫多,法国文学家维克多·雨果创作的《巴黎圣母院》中一个十分重要的人物。他长着几何形的脸,四方形的鼻子,向外凸的嘴,被称为长相丑陋又聋的"钟楼怪人"。这是小说中对卡西莫多外表最直接的描述。上帝不但把一切丑陋都给了他,还让他成为一个被父母遗弃在巴黎圣母院门前的畸形儿。卡西莫多是被命运所背弃的,他从来就不被人关注,收养他的克洛德从来不把他当人看,就好比自己的奴隶一般。卡西莫多代表着当时法国最底层的人民,他们从来不被世人关注,有的只是无尽的压迫和负担。

电视剧《红楼梦》剧照

电影《巴黎圣母院》剧照

中国传统文化里有很多诸如"知人知面不知心"、"金玉其外败絮其中"等之类的俗语、俚语,用来说明人的外在美和内在美的差异性。中外经典名著里有很多这样的典型人物,王熙凤、卡西莫多就是如此。王熙凤外表美艳,八面玲珑,思维敏捷,口才了得,但却又心狠手辣、笑里藏刀。卡西莫多的外貌丑陋,但是他的内心却是高尚的。卡西莫多不仅仅是一个简单的"丑八怪",他有一种"美丽",一种隐含的内在美。他勇敢地从封建教会的"虎口"中救出了爱斯梅拉达,用"圣殿避难"的方法保住了姑娘的性命。在圣母院中,卡西莫多无微不至地照顾爱斯梅拉达。这种无私的奉献和副主教膨胀的私欲恰好形成鲜明的对比。雨果通过对比,使主人公截然相反的两种性格更加凸显,引起了读者的强烈共鸣。同时,这种"表里不一"的缺陷也从一个侧面反映了当时社会存在着的不足——卡西莫多的"美丽"根本不为人所认识甚至承认。难怪卡西莫多会在钟楼上绝望地疾呼:"天厌弃啊!人就只应该外表好看啊!"

人是万物之灵,一切事物发展的最高阶段的美就是人的美。人的美是社会美的核心,是外在美和内在美的统一。人的外在美就是人体美,包括身材容貌美、姿态行为美、风度气质美、服饰装扮美等,是人生命的形式。人的内在美就是心灵美,包括人生理想美、人性善良美、人格高尚美、智力结构完善美等,是人生命的本质。

人的外在美和内在美是人的美两个重要方面,两者密不可分,人的美往往是通过两者的结合而表现出来。但现实中并不是每个人都能把这两者融合起来,具体表现大概有内美外美、内美外丑、外美内丑、内丑外丑四种。不管人体美与心灵美存在着多么复杂的情况,在这一对内外矛盾中,人的内在美起着关键性作用。人的外在美是形式和现象,决定一个人美不美的诸因素中,内在的本质往往会压倒外在的形式,而处于决定性的地位,卡西莫多就是典型的例证。

 思维训练

马克思在《1844年经济学哲学手稿》中说:"囿于粗陋的实践需要的感觉,也只具有有限的意义。对于一个挨饿的人来说并不存在人的食物形式,而只有作为食物的抽象存在;食物同样也可能具有最粗糙的形式,而且不能说,这种进食活动有什么不同。忧心忡忡、贫穷的人对最美丽的景色都没有什么感觉;……无论从理论方面还是实践方面来说,人的本质的对象化都是必要的"。

"美"对于现实的苦难有用吗?它真的那么重要吗?

 网络探究

《欧米艾尔》是法国著名雕塑艺术家罗丹于1885年创作的一幅雕塑作品。这幅作品是罗丹对从前的一个模特儿、一个老年的意大利女人所做的敏锐研究中得到的灵感,通过畸形、丑陋的形体,表达了对生命的强烈悲哀和绝望。罗丹以极写实的手法,记录了老年人身上一切不忍目睹的肉体形态,用无与伦比的丑陋形态,象征人贪欲的结局,即对人因追求享乐而犯下的"罪恶"及其堕落的报应和惩罚。《欧米艾尔》这个人体雕塑越是丑陋,越是表现出作者对人类深沉的同情,体现出人类追求享乐的巨大代价。而越是丑得真实、丑得可信,越是具有较大的现实意义。罗丹用奇丑无比的肉体形象,表现了当代人的罪恶、堕落、痛苦、绝望,也表现了作者对当代人的批判、同情、歌颂。

罗丹雕塑作品《欧米艾尔》

罗丹的《欧米艾尔》,我们能不能用"漂亮"、"好看"来形容这种作品的艺术美呢? 从自然、社会、艺术的角度来比较《欧米艾尔》是"美"还是"丑",罗丹是如何使我们感到"艺术美"的?

自然的角度:风烛残年、浑身皱纹等是"美"还是"丑"?

社会的角度:出卖肉体的妓女是"美"还是"丑"?

艺术的角度:构思上通过解释社会的丑,暗示对理想社会的向往是美还是丑? 技艺上的娴熟是"美"还是"丑"?

要探究以上问题,可以在网络搜索引擎中输入"欧米艾尔是美还是丑"或者"欧米艾尔的艺术美"以查找资料。

 视频推荐

1.《地球脉动》(2006年,英国广播公司)

内容简介:该片讲述了三种动物在全球环境日趋恶劣下迁徙的经历,唤醒世人好好珍惜地球,对抗全球气候变暖。此片曾获艾美奖非剧情类节目最佳摄影奖。

2.《西南大学公开课:美学与人生》

主讲:寇鹏程(西南大学文学院教授,文学博士)

内容简介:本课程围绕着美的诞生及其意义,探讨美的主要途径、美的基本特性、美的基本形态、优美与崇高、悲剧与喜剧、审美活动与人的心理机制等。

3.《丑女大翻身》(2006,韩国)

内容简介:影片讲述了一个拥有一副好嗓音的少女经过一系列事件最终选择整容得到众人的认可,一跃成名,但后来被拆穿的故事。

 阅读推荐

1.[德]黑格尔.《美学》(第1卷).商务印书馆,1979年。

2.李泽厚.《华夏美学·美学四讲》.三联书店,2008年。

3.易中天.《破门而入:美学的问题与历史》.复旦大学出版社,2006年。

4.王德峰.《艺术哲学》.复旦大学出版社,2005年。

5.彭富春.《哲学美学导论》.人民出版社,2005年。

6.化长河,刘明.《美在发现》.河南人民出版社,2008年。

7.李萍,于永顺.《实用美学》.东北财经大学出版社,2006年。

8.[俄]高尔泰.《美是自由的象征》.人民文学出版社,1986年。

课后思考

1. 什么是美的哲学？
2. 什么是自然美、社会美、艺术美？
3. 怎么样理解审美意识的本质？
4. 什么是内在美与外在美，如何看待两者的关系？
5. 怎样做一个诗意的栖居者？

扫一扫查看更多习题

第五章

科技哲学与文明之道

你在一个晴朗的夜晚,望着繁密的闪闪群星,有一种可望而不可即的失望吧。我们真的如此可怜吗?不,绝不!我们必须征服宇宙。

——钱学森

学习要点

- 自然界存在并演化着,宇宙、地球、生命现象、人类自身等都处于演化中。
- 自然观经历了朴素唯物主义自然观、机械唯物主义自然观和辩证唯物主义自然观的变迁。
- 科学是运用范畴、定理、定律等思维形式反映现实世界各种现象的本质和规律的知识体系。
- 技术是科学的转化形态,是用来为社会服务的各种物质手段、方式、方法,是工艺技巧、操作方法、程序规划和劳动经验的总和。
- 科技与社会总是相互联系、相互影响和相互制约。

故事导入

中国当代科幻作家刘慈欣的著名科幻小说《三体》里面塑造了叶文洁这样一个备受争议的人物,天文学家叶文洁在运动中历经劫难,后被带到军方绝密计划"红岸工程"工作,由于其特殊经历,叶文洁武断地替人类做出了人性恶的选择。

在基地中,对人性绝望的叶文洁以太阳为天线,向宇宙发出了地球文明的呼唤,向三体人暴露了地球的坐标,彻底改变了人类的命运。因怕事情败露,设计杀死雷政委,但阴差阳错把自己的丈夫也一同杀死了。叶文洁的理想是让三体降临地球后改造人类的道德,虽然为此傲慢地让全人类做出了巨大的牺牲,但其目的并非反人类,恰恰相反是为了拯救人类。虽然这个方法极端且后来被证实为天真,实质上也造成了反人类的后果,但不能因此否定她的初衷。

一面是脆弱的丧女之母与温柔的和蔼奶奶,一面是冷酷果决的地球三体统帅,双面人生并没有让叶文洁就此得到安全感,内心的不安只会随孤独无形蔓延。对宇宙社会学的思考,让她在漫长的岁月中潜意识里一定对自己的理想产生过怀疑和动摇。加上对之后的事有不好的预感,不能肯定自己的方法是最好的,所以内心深处可能会希望有更好的方法来拯救人类或者阻止自己。她研究了大半辈子宇宙社会学,终于偶然遇见了一个同时具有天文学和社会学背景的逻辑。

所以叶文洁尽管做出了史无前例的超级背叛,但还是启发逻辑推导出黑暗森林法则,给了人类文明一线生机。

"怎么做"和"该不该做"哪个更重要?科技与哲学的关系是什么?科技的发展涉及哪些哲学问题?

第五章　科技哲学与文明之道

科学技术与文明就像一对孪生姐妹。恩格斯曾说:"文明时代是学会天然产物进一步加工的时期,是真正的工业和艺术产生的时期"。"文明"一般指人类所创造出来的先进的、进步的东西,包括精神、艺术、道德和物质生活等方面,这些方面的发展,无不对科技的进步有一定的依赖性,可以说,人类的科技发展,是人类文明十分重要的一部分。而科技哲学通过对科学与技术的审视与反思,可以促进科学与技术更好更快的发展,从而使人类文明更加灿烂辉煌。

科技哲学可以说是一门既古老又年轻的学科,在当今科学技术渗透到方方面面的时代,对其进行研究具有重要意义。"科技哲学"的全称是"科学技术哲学"。在近代以来,科学与技术之间的交叉与渗透十分强烈,以至于出现科学技术化、技术科学化的迅猛趋势,因此,"科技"一词应运而生。科技哲学,顾名思义,是关注科学与技术里的哲学问题的一门学科,涉及自然科学与社会科学以及工程技术的各个领域,如自然界的一般本质与发展的一般规律、自然科学的认识论与方法论、技术的性质和功能以及发展规律、自然辩证法或者科学技术哲学的历史等,有理论研究、应用研究,也有各学科的综合性、交叉性研究。

理论概述

第一节　自然观概述

一、自然界的存在与演化

广义的自然界即宇宙,指一切事物的总和,或整个物质世界。狭义的自然界是指人类赖以生存和发展的物质世界,指地球系统。自然界是物质的世界。[①] 目前人类的绝大部分活动仅限于地球范围,因此人们常说的自然界仅指地球系统。既然自然界是物质的,那它必然是客观存在的,并且具有其特定的属性。

(一)自然界的存在

人类一直在寻找自然界的来源,想为自然界的出现寻找一个合理的说法。我国有盘古开天地等神话传说,认为天地是由盘古开辟出来的。西方也有关于宇宙如何诞生的创世说,认为宇宙是上帝在一周之内的杰作。这两种说法有一个共同点,就是认为可以无中生有。

---

① 林德宏.《科技哲学十五讲》.北京大学出版社,2004年,第40页。

> **小卡片**
>
> 天地混沌如鸡子,盘古生其中,万八千岁。天地开辟,阳清为天,阴浊为地。盘古在其中,一日九变,神于天,圣于地。天日高一丈,地日厚一丈,盘古日长一丈,如此万八千岁。天数极高,地数极深,盘古极长。故天去地九万里。后乃有三皇。
>
> ——徐整《三五历记》

1. 物质是自然界的存在方式

随着人们对自然界的研究,认识到目前的自然界是长期演变而来,而且自然界中自始至终充斥着物质,物质的范围也随着人类认识范围的扩大而不断扩大,目前除了传统意义上的物质外,爱因斯坦提出"场"也是一种物理实在。根据光的波粒二象性,一些科学家认为光也是一种物质,因为光不仅客观存在,而且在一定条件下可以同粒子相互转化,这是把光看作物质的重要依据。以上可以得出,场、能量、光都可以划入物质的范畴,这些都为自然界的物质性提供了有力的事实依据。

2. 系统性是物质世界的最大特性

系统论的奠基人贝塔朗菲将系统定义为:"处于一定的相互关系中并与环境发生关系的各组成要素的总体。"[①]辩证唯物主义自然观认为系统是自然界最基本、最重要的联系方式,是一种普遍的客观存在,是人类的认识客体。从系统的观点来看,从宏观到微观,到处都存在着系统。比如,整个宇宙可以看成为一个系统,而一个细胞也可以被看成一个系统,一个工厂、一条河流都是系统。作为自然界的系统,有着系统的一系列特性。

(1)整体性。自然界是作为一个整体而存在的,比如生命现象的出现是一个极其复杂的过程,是多种要素共同作用的结果,如果其中一个因素发生改变,地球就可能与生命失之交臂。

(2)动态性。自然界是动态的,它从来没有停止在某一状态中,从来都是随着条件和环境的变化而变化,从而形成了人们所见到的丰富多彩的自然界,而且这种不断变化将一直持续下去,形成系统的动态性。

(3)自组织性。自组织就是指自然界进行的自我组织,是自然界的一个系统在内在机制的驱动下,自行从简单到复杂、由低级向高级,不断发展和进步的过程,是在自发状态下达到一种有序状态的现象。

扫一扫了解更多系统论知识

---

① [美]L.V.贝塔朗菲.《普通系统论的历史和现状》.科学出版社,1981年,第315页。

(4)开放性。开放性对自然界来说意义重大,小到一个细胞、一个人体,大到整个地球,都需要保持开放性,才能实现不断和外界进行物质和能量交换的可能性。开放性不仅为自然界带来了多样性,也为人们认识自然界带来了复杂性。

(5)非线性。所谓线性,是指两个变量之间所存在的正比例关系,在直角坐标系中呈直线;而非线性是指两个变量之间没有正比例那样的直线关系。自然界的演化虽然有规律可循,但是常常也会有一些我们无法预测的突发事件发生。这就要求人们在认识自然界的时候,一方面,要对那些有规律可循的现象加以研究;另一方面,对于那些没有规律可循的现象更要重视,这些往往是一些重大发现的突破口,实际上在它的背后可能隐藏着更大的规律,只是还没有被人们发现而已。

(二)自然界的演化

自然界是一个系统。系统科学认为,作为系统的自然界,无时无刻不在发生着从简单到复杂、从低级到高级、从无序到有序、从低序到高序的运动变化过程,这个过程人们称之为演化。

自然界的演化包括进化和退化两个方向,与退化相比,进化是更为基本的方向。自然界的演化包括宇宙的演化、地球的演化、生命现象的演化和人类自身的演化。

二、自然观的演变

自然观是人们关于自然界的存在方式、演化发展以及人与自然关系的总看法、总观点,是人们对整个世界认识的基础。它既是世界观的重要组成部分,又是人们认识和改造自然的方法论。从古代朴素唯物主义自然观、近代机械唯物主义自然观到辩证唯物主义自然观,人类的自然观经历了不断变化和完善的过程。

(一)朴素唯物主义自然观

> **小卡片**
>
> 五行说是我国古代人民创造的一种哲学思想。它以日常生活的五种物质——金、木、水、火、土作为构成宇宙万物及各种自然现象变化的基础。这五类物质各有不同属性,如木有生长发育之性,火有炎热、向上之性,土有和平、存实之性,金有肃

> 杀、收敛之性,水有寒凉、滋润之性。五行说把自然界一切事物的性质都纳入这五大类的范畴。

1. 朴素唯物主义自然观产生的基础

在原始社会,生产力水平极其有限的原始人在艰难的生存和劳动中,孕育了各种以万物有灵为核心的原始宗教迷信思想,其中包含着朴素唯物主义自然观的萌芽。进入奴隶社会后,随着脑力劳动和体力劳动的分工,产生了阶级分化,哲学和自然科学相融合,形成了整体知识形态的自然哲学。人类以自然哲学的形式,对自然界实现了自发的唯物主义和朴素的辩证法的理解,形成了古代朴素唯物主义自然观。

2. 朴素唯物主义自然观的主要观点

朴素唯物主义自然观认为,自然界是自然而然存在着的,是具有无限多样性的统一体;自然界处于永恒产生和消灭中,自然界虽然变化,但有规律;自然界相互作用,相互联系;自然界在不断演化着,人和动物都源于自然界。朴素唯物主义自然观的典型代表是古代中国和古希腊的朴素唯物主义自然观。

(1)古代中国朴素唯物主义自然观。中国古代,人们把自然界看作是一个普遍联系、不断运动的整体,由此形成古代有机自然观,如阴阳说、五行说、自然感应论和元气说等。阴阳说认为宇宙中存在着两种基本因素,即阴和阳,这两种因素之间的相互作用是世间万物产生的源泉;五行说把金、木、水、火、土五种元素作为构成宇宙万物及各种自然现象变化的基础;自然感应论认为自然界许多事物的运动变化都是由相互感应引起的;元气说认为"万物皆生于气"。这些理论都有共同的特征,即主张天人合一的关系、中庸和谐的辩证法则,认为宇宙具有永恒性、无限性,是时间、空间、物质、运动的统一。在中国朴素唯物主义自然观的影响和指导下,中国古代在科学技术方面取得了极其辉煌的成就,产生了天文学、数学、医药学、农学四大学科和陶瓷、丝织、建筑三大技术,出现了闻名世界的造纸术、印刷术、火药、指南针四大发明。

扫一扫了解
墨家学派
创始人——
墨子

(2)古希腊朴素唯物主义自然观。作为西方文明的源头,古希腊对自然界的认识已冲破原始神话和宗教的影响,开始运用经验和理性去探索自然的本质和规律。古希腊罗马时代物理学、数学、天文学、生物学和医学等都取得了重要进展。如亚里士多德《物理学》一书,对力学问题做了系统的探讨;毕达哥拉斯学派做出了许多项几何证明,并发现了无理数和毕达哥拉斯定理;古希腊人认识到地球是圆的,提出了地动说的思想,并创立了地心体系;希波克拉底提出了以四体液说为基础的医学理论,而且以他的名字命名的宣言至今仍是全世界的医生所遵守的基本行为规范。

3. 朴素唯物主义自然观的特征

虽然古代有机自然观为人们描绘了一幅自然界相互联系、不断变化的图景,但没有形成系统性,这主要是由于古代生产力和科学技术水平低下,人们只能依赖对自然界客观事物的直接观察,在缺乏精确的实验方法和手段的条件下,对于自然界内部的发展变化以及未知的自然现象和过程,只能依靠猜测和想象做出说明,而在对自然界的各部分之间的联系上尚无法做出精确的说明,人们只好用思辨去虚构自然界的联系,这样形成的自然观因缺少科学的证实和依据,必然带有直观性、猜测性和思辨性色彩。

4. 对朴素唯物主义自然观的总体评价

朴素唯物主义自然观力图从自然界本身出发,从总体上来解释自然界,并且能从事物的联系、变化、演化、运动等方面来看待事物,这标志着人类对自然界的认识已冲破原始神话和宗教的藩篱,开始运用理性思维去探索自然的本质和规律,这是人类在认识自然的道路上的一次巨大进步。这一方面,在哲学上成为马克思和恩格斯创立辩证唯物主义的思想渊源,另一方面,在某种程度上为近代自然科学的发展奠定了理论基础。但其缺陷也很明显,朴素唯物主义自然观不能从细节上科学地、具体地说明自然界,缺乏一定的科学论证和严密的逻辑体系。

(二)机械唯物主义自然观

1. 机械唯物主义自然观产生的基础

随着近代科学技术的出现和机器大生产的发展,生产方式的改变也引起了自然观的深刻变化。农业生产主要依靠自然规律,而工业化生产阶段,人们依靠掌握的规律制造出了自然界本身不可能存在的产品。朴素唯物主义哲学家德谟克利特的原子论、英国唯物主义哲学家培根等人的唯物主义经验论和荷兰唯物主义哲学家斯宾诺莎等的唯理论是机械唯物主义自然观形成的思想渊源。哥白尼"日心说"带来的天文学革命、牛顿经典力学的建立、笛卡儿"解析几何"的创立以及18世纪末物理学、化学和生物学等领域取得的不同程度的突破,这些科学技术方面的进展是机械唯物主义自然观产生的科学基础。

2. 机械唯物主义自然观的主要观点

机械唯物主义自然观主张自然界是由物质构成的物质世界,物质的性质取决于组成它的不可再分的最小微粒的数量组合和空间结构,物质具有不变的质量和固有的惯性,一切物质运动都是物质在绝对的空间和时间中的机械运动;把物质的物理、化学和生物的性质都归结为力学的性质,把物理的、化学的和生物的系统和运动形式都归结为力学的系统和运动形式,认为自然界中的一切事物都完全服从于机械因果律;自然界的未来发展严格地取决于其过去的历史,不存在偶然性和随机性,人与自然界是分立的。

3.机械唯物主义自然观的特征

(1)机械性和形而上学性。其缺陷是只见树木不见森林,认为任何事物都可以还原为一个基本的要素。"这种做法也给我们留下了一种习惯:把自然界的事物和过程孤立起来,撇开广泛的总的联系去进行考察,因此就不是把它们看作是运动的东西,而是看作静止的东西;不是看作本质上变化着的东西,而是看作永恒不变的东西;不是看作活的东西,而是看作死的东西。这种考察事物的方法被培根和洛克从自然科学中移到哲学中以后,就造成了最近几个世纪自然观所特有的局限性,即形而上学的思维方式。"①

(2)简单性。认为任何物体的运动都是唯一、确定的,就像天体的运动一样,忽略了事物发展的非线性和复杂性等特征。机械运动是自然界中最简单的运动,在这样的背景下,人们用简化的方式认识世界,因此把各种物体的运动都看成是唯一的、确定的就不足为奇了。

(3)不彻底性。当时科学家虽然对自然界有了一定认识,但是由于无法认识和回答自然界存在和变化的终极原因,并且宗教仍然对科学家有一定的束缚。因此,牛顿虽然提出了伟大的万有引力定律,但是仍然无法解释宇宙运动的原动力,即终极原因,认为这个终极原因是"上帝的第一推动力"。

4.对机械唯物主义自然观的总体评价

机械唯物主义自然观的缺陷主要表现在两个方面:一是把一切运动归结为机械运动,抹杀了物质运动形式及其性质的多样性,割裂了自然界和人类社会的固有联系,它以孤立、片面、静止地思维方式考察自然界,否定了辩证的思维方式;二是主张自然界是绝对不变的,物质的运动和自然界的合目的性创造都来自上帝。

虽然机械唯物主义自然观存在着这样那样的缺陷,但是它摆脱了宗教神学的束缚,克服了古代朴素唯物主义自然观的缺陷,产生了观察、分析、归纳、演绎等科学研究方法,并使科学研究从生产实践中独立出来,成为一种独立的社会实践活动,获得了独立的发展,大大加快了科学技术的革新速度,为马克思和恩格斯创立辩证唯物主义自然观的形成奠定了思想基础和提供了方法论前提。

(三)辩证唯物主义自然观

1.辩证唯物主义自然观产生的基础

18世纪下半叶到19世纪,近代科学技术获得了进一步的发展,德国哲学家康德于

---

① 马克思、恩格斯.《马克思恩格斯选集》(第3卷).人民出版社,1972年,第60-61页。

1755年发表了《宇宙发展史概论》,提出了关于太阳系起源的星云假说;英国地质学家赖尔在1833年出版的《地质学原理》中提出了地球缓慢进化的"渐变论";能量守恒和转化定律也在这一时期被数位科学家确立和完善;英国化学家道尔顿和意大利科学家阿伏伽德罗先后建立了原子论和分子论;显微镜的使用使解剖学和生理学有了进一步的发展;德国的施莱登和施旺建立了细胞学说;达尔文从生物物种之间、生物体之间以及生物体与环境之间的相互联系,构建了以自然选择为核心的进化论。这些自然科学领域的辉煌成就,为辩证唯物主义自然观的诞生奠定了科学基础。此外,德国古典哲学中出现的辩证思维的思想,也为辩证唯物主义自然观的创立提供了理论资源。

2. 辩证唯物主义自然观的主要观点

辩证唯物主义自然观承认自然界的物质本原性,认为自然界存在客观辩证法,自然界的一切事物都处在不断地运动、变化过程之中,从天体到生命都是自然界联系、运动、演化、发展的结果;强调主观辩证法,关注人的主体性因素在自然观中的地位。辩证唯物主义自然观把自然界、人类和社会看成是一个统一的自然历史过程,遵循统一的客观规律;认为自然界具有系统性和整体性,整个自然界是各种物体相互联系的总体,非生命运动和生命运动等各种运动形式之间相互转化的能力不会消失,物质不灭,运动不灭,自然界是无限流动和循环发展的辩证发展过程。

3. 辩证唯物主义自然观的特征

(1)体现了唯物论与辩证法的统一。辩证唯物主义自然观克服了机械唯物主义的缺陷,它把自然界的客观实在性看作是人类研究自然界的认识前提,明确指出自然界先于人类历史而存在,强调了自然界的重要地位及其辩证发展过程。

(2)体现了自然史与人类史的统一。自然史和人类史是不可分割的两个方面,遵循统一的辩证法规律。非生命运动和生命运动等各种运动形式之间相互转化的能力不会消失,物质不灭,运动不灭,自然界是无限流动和循环发展的辩证发展过程。

(3)体现了能动性和受动性的统一。它认为自然界、人类和社会共同存在着,遵循统一的客观规律,它们相互影响,共同发展。人类的生存和发展依赖于自然环境,同时又影响着自然环境。这就要求,一方面要发挥人的主观能动性,利用自然改造自然;另一方面,要认识到人的主观能动性的发挥必然会受到客观条件的制约。因此,在处理人与自然关系时,要协调好人与自然的关系,使人类社会与自然环境协调发展。

4. 对辩证唯物主义自然观的总体评价

辩证唯物主义自然观的创立是人类自然观发展史上的一次伟大变革,它标志着从古代朴素辩证思维到近代机械论思维,再到现代辩证思维的否定之否定的过程。辩证唯物主义自然观主要有以下突破:首先,辩证唯物主义自然观克服了古代朴素自然观由于缺乏科学知识所造成的直观、思辨、猜测的局限性;其次,马克思、恩格斯把实验和理论、归纳和演绎、逻辑和历史、抽象和具体辩证地结合起来,创立了科学方法论;再次,马克思、恩格斯建立了新的科学技术观,他们将科学技术和社会结合起来,为全世界无产阶级革命提供了理论指导。

辩证唯物论自然观的局限性主要体现在科学性与时代性的关系方面。它作为19世纪科学成果的自然观,不可避免地带有那个时代的印痕;对于一些具体问题的理解也没有彻底摆脱机械论自然观的影响,对当代科学所揭示的人与自然关系的多样性、复杂性、不确定性等不可能有系统的理论关照。

三、人与自然的和谐发展

人与自然的关系问题,是人类社会存在和发展必须面对的的问题。工业革命以来,随着生产力的迅速发展,人与自然的矛盾日益激烈,甚至威胁到人类的生存。理性地思考人与自然的关系,反思人与自然关系紧张的根源,树立正确的自然观,是人类协调人与自然关系、实现人与自然和谐发展的必由之路。

(一)人与自然的关系

马克思主义认为,自然界中一旦出现了人,就产生了人和自然的对象性关系。这种对象性关系包括两个方面。一方面,是人对自然界的受动性,即人不能脱离自然界而生活,也不能摆脱自然界规律的支配。马克思在《1844年经济学哲学手稿》中把自然界看作是同人类有机联系着的"无机的身体",他指出:"自然界,就它本身不是人的身体而言,是人的无机的身体。人靠自然界生活……所谓人的肉体生活和精神生活同自然界相联系,也就等于说自然界同自身相联系,因为人是自然界的一部分。"这说明了人是自然界发展到一定阶段的产物,是自然界的重要组成部分之一,并将同自然界共存亡、同命运。另一方面,是人对自然界的主动性,即人并非消极地依赖自然界而生活,而是能动地认识自然界的规律性,按自然规律去改造自然,并在改造自然的活动中完善自身。通过人的社会实践,受动性和能动性达到统一。

马克思主义还认为,在人与自然的对象关系中,自然界不再是纯粹的自然界,而是人认识和改造的对象,是打上人类烙印的自然界,因此,自然界被分化为人化自然和人工自然。人类科学认识所及、从而可被观测的那部分自然界是人化自然。人化自然的扩大可以不改变自然界的自发过程;而人类实践手段所及从而变革了的那部分自然界是人工自然。人工自然的扩大则以自然过程的改变为条件,其结果是自然生态环境的平衡被打破和重建。

> **哲人哲语：**
>
> 我们不要过分陶醉于我们对自然界的胜利。对于每一次这样的胜利，自然界都对我们进行报复。美索不达米亚、希腊、小亚细亚以及其他各地的居民，为了得到耕地，毁灭了森林，但是他们做梦也想不到，这些地方今天竟因此而成为不毛之地。
>
> ——恩格斯

恩格斯

(二)人与自然关系的历史演变

从人类诞生的那一天起，就与自然共处在地球生物圈之中，人类的繁衍与社会的发展都建立在依托自然、利用自然和改造自然的基础上。一部人类社会的发展史，也是人与自然的关系史。考察人类社会的发展进程，伴随着人类从原始文明、农业文明、工业文明到生态文明，人与自然的关系也大致经历了从被动适应、开发利用、征服控制到和谐共生四个阶段的历史变迁。

1. 被动适应阶段

原始文明时期，人类以采集狩猎为生，生产工具原始简陋，生产力水平极低，认识和改造自然的能力不足，人依附于自然。一方面，人类依靠简单的工具或者直接从自然界获取一切所需；另一方面，人类又要承受自然界给人类生存带来的各种威胁，面对自然界的神秘莫测，人类更多的是被动地适应自然，甚至于崇拜自然。这一时期，人与自然的关系处于一种原始的和谐统一状态。

2. 开发利用阶段

随着生产力水平的提高，青铜器、铁器的使用及农业、畜牧业出现后，人类进入农业文明时期。在这一时期，人类开始开发利用自然资源，改变自然。由于当时生产力水平的限制，人类对自然资源，如土地、林木、草场、山川、河流等依然有着较强的依赖性，因而人类还没有对自然造成较大的破坏，更多的是开发和利用自然。但从总体上看，人类开发利用自然的能力有限，人与自然的关系仍能基本保持相对和谐。

3. 征服控制阶段

伴随着工业革命的产生，人类从此进入了工业社会。随着科技进步和生产力水平的进一步提高,人类征服和改造自然的能力也飞跃前进。科学技术与工业发展创造的新知识、新技术和新产品,极大降低了人口死亡率,延长了人的寿命,促使世界人口急剧膨胀。而自信心和对生存环境的不满足感,驱使着人类毫无节制地通过向大自然索取、掠夺去实现对自然的"征服"和"统治"。然而,这种征服统治的结果就是导致了污染物的大量排放、自然资源的急剧消耗和生态环境的日益恶化,使人与自然的关系变得很不和谐。

至 20 世纪 50 年代以来,人与自然的紧张关系在全球范围内呈现扩大的态势,主要表现在三个方面。一是虽然人类已经普遍认识到"人类中心主义"的巨大不合理性,但在生产实践活动中很多时候仍然奉行的是这一标准,使得人与自然的相互作用模式比以往任何时候更加复杂多样,协调人与自然的关系更为困难。二是英美等老牌发达国家在实现工业化的过程中,为实现经济财富的飞速增长,走了一条只考虑当前需要而忽视后代利益、先污染后治理、先开发后保护的道路。三是通过市场化和经济全球化,发达国家的生产方式和消费模式向全球扩散。由于国家与区域间经济社会发展的不平衡,发展中国家往往难以摆脱以牺牲资源环境为代价换取经济增长的现实,面临着资源被进一步掠夺、环境被进一步破坏的严峻局面。

> **小卡片**
>
> 人类中心主义是把人类的生存和发展作为最高目标的思想,它要求人的一切活动都应该遵循这一价值目标,其主要内容有三点。一是在人与自然的价值关系中,只有有意识的人才是主体,自然是客体。价值评价的尺度必须掌握和始终掌握在人的手中,任何时候说到"价值"都是指"对于人的意义"。二是在人与自然的伦理关系中,应当贯彻人是目的的思想。三是人类的一切活动都是为了满足自己的生存和发展的需要,不能达到这一目的的活动就是没有任何意义的,因此一切应当以人类的利益为出发点和归宿。

4. 和谐共生阶段

20 世纪六七十年代以来,人类在感受自然界愤怒报复的力量的同时,迫切需要一种新的文明——生态文明来替代工业文明。人类终究是有理性的动物,通过对人与自然关系的反思,"为自然立法"、"人定胜天"、"人类中心主义"等思想开始受到质疑,国内外政界和学界陆续提出了可持续发展、循环发展、低碳经济、绿色环保、资源节约等诸多体现生态文明的科学理念和政策,以求从根本上维护人类社会可持续发展的生态之基,使

港珠澳大桥

人与自然的关系得以逐渐缓和。尤其是进入 21 世纪后,人类正在从工业文明走向生态文明的阶段,人与自然"和谐共生"的理念日益深入人心,一系列的绿色、低碳工业相继出现。作为人类文明最高阶段的生态文明社会,人与自然的关系必将螺旋式上升到和谐共生阶段。

> **哲人哲语:**
> 由于资本主义始终把利润放在第一位,对财富的追求完全超越了对生态环境承载力的关心。
>
> ——约翰·贝拉米·福斯特

(三)"天人合一"——人与自然的和谐发展

20 世纪中叶以来,为寻求环境问题的根本解决之道,西方社会在对环境问题展开的各种哲学和科学的反思中,人们纷纷把目光投向了中国古代哲学的"天人合一"理念,认为"天人合一"思想彰显出的独特生态价值,是人与自然和谐相处的有效模式,人们应该从"天人合一"思想中汲取智慧,展开一场"环境伦理革命",人类应该担负起对环境的道德伦理责任,唯此,才能真正实现人与自然的和谐发展。

"天人合一"的思想观念源起于春秋战国时期道家思想,后经汉代儒学思想家董仲舒发展,到北宋学者张载明确提出"天人合一"的独立概念,再经"二程"(程颢、程颐兄弟)、朱熹、陆九渊等儒家大哲的扩展和阐释,使其内涵更加丰满,并由此构建了中华传统文化中关于天人关系的主体。所谓"天",有三种含义,一指最高主宰,二指自然,三指最高原理;所谓"合一",意指"统一",是指对立的双方彼此又有密切相连不可分离的关系。"天人合一"的内涵十分丰富,应用到人与自然的关系上,主要可以归纳为以下几点。

1. 敬畏自然

人是自然的一部分,人类的物质和精神资源都源于自然,人类要从大自然中获取所需,就必须敬畏自然。恩格斯曾指出:"我们统治自然界,绝不像征服者统治异民族一样,绝不像站在自然界以外的人一样——相反的,我们连同我们的血肉和头脑都是属于自然界,存在于自然界的。"[①]然而,人类却一次次地承受着与自然关系紧张、失衡带来的惨痛代价。敬畏自然、敬畏生命应是当下全人类急需践行的绿色生活方式。

2. 顺应自然

平等是人与自然对话与和谐的基础,天地万物是平等的,人没有权利凌驾于万物之上,因此要"无为"于自然。人与自然界的任何物质一样,共同存在于自然界,任何物质的生存发

---

① 马克思、恩格斯.《马克思恩格斯选集》(第 3 卷).人民出版社,第 158 页.

展都需要合适的环境与条件,这就要求对于自然我们不能任意妄为。美国一项研究表明,近百年来,在人类干预下的物种灭绝比自然速度快了 1000 倍。据报道,全世界每天约有 75 个物种灭绝,每一小时就有 3 个物种被贴上死亡标签。很多物种还没来得及被科学家描述和命名就已经从地球上消失了。这些动植物的灭绝在向过度干预自然的人们反复敲响着警钟。

3. 以仁爱之心对待自然

"爱"是视物为己的动力和源泉,也只有爱才能带来人与自然的和谐;曾经有社会学家为整个大自然估价,但是,大自然对于人类来说应该是无价的,因为任何资源在枯竭后、动植物在灭绝后都是不能再生和复原的。因此,珍惜自然界的一草一木,对人类来说尤其重要。目前,各国已经采取了很多措施保护环境。如由于登山者众多,让世界第一高峰珠穆朗玛峰变成了"世界最高垃圾堆",因此,2019 年 2 月西藏珠穆朗玛峰景区"无限期关闭",尤其是很多驴友的"打卡圣地"珠峰 5200 大本营已经无法抵达。对此,日喀则定日县相关部门工作人员表示,由于该大本营属于核心保护区的生态红线内,所以从 2018 年 12 月 5 日起禁止入内。国家体育总局登山运动管理中心、西藏自治区

珠穆朗玛峰上众多的登山者

体育局表示,将继续全面加强登山环保工作,切实保护好珠峰的生态环境。攀登珠峰接待服务每年只限春季,登山人数控制在 300 人左右(包括登山队员、登山向导、登山协作、登山后勤等),尽量减少对珠峰生态环境的影响。不过,游客仍可抵达距离大本营 2 公里左右的绒布寺附近游览,观看珠峰。

4. 善于利用自然

对待自然不仅应该是道德的,还应该是实用的,人类虽然不能也无法完全控制自然,但是仍然不得不利用自然的资源。人类所使用的石油等资源都是不可再生的,以现在的开采速度,石油资源在未来几十年里就会消耗殆尽,从而可能引起严重的社会危机和政治危机,为避免这种情况的出现,在节约资源的同时,积极开发和利用新能源也是人们对抗能源危机的一个好办法。20 世纪 60 年代以来,可持续发展理念在世界范围的广泛兴起与蓬勃发展,可以说是对人类传统的自然观和发展观的挑战。在社会发展和利用自然的关系上,可持续发展观一方面摒弃了人类以往盲目地、无节制地扩张经济规模的发展思路,倡导一种以保护环境和资源为前提的有节制的生产方式;另一方面,它提倡一种以节制、适度为宗旨的消费意识,呼吁人类从道德上摒弃那种奢侈、贪婪的消费观念,建立自我约束的消费方式。此外,可持续发展观还倡导人们在利用开发自然界的使用价值时,必须要从全人类利益出发,共同保护它的"生态价值"和"资源价值"。只有全世界所有国家和民族都树立和践行可持续发展的理念,人与自然的和谐发展才能实现。

第二节　科学观概述

一、科学的本质、特征与价值

(一)科学的本质

英文"科学"(science)一词源于拉丁文(scientia),其原意是"知识"、"学问"。科学是运用范畴、定理、定律等思维形式反映现实世界各种现象的本质和规律的知识体系。科学的范围十分宽泛,包括自然科学、社会科学、人文科学、管理科学、工程技术等。

科学在本质上体现了人对自然的理论和实践关系,科学是一般生产力,必须和直接的生产过程相结合才能转化为现实的生产力。第一,科学(主要指狭义科学)是在人类探索自然实践活动基础上的理论化、系统化的知识体系,科学知识是人在与自然接触的过程中获得的对自然的认识;第二,科学是产生知识体系的认识活动,科学的任务就是发现事实,揭示客观事物的规律性;第三,科学是一种社会建制,即一项成为现代社会组成部分的社会化事业,阿波罗登月计划、基因工程等都是跨国界的整个人类社会行为;第四,科学是一种文化现象,是人类文化中最基本的组成部分。

(二)科学的特征

1.客观性和实证性

科学以客观世界为研究对象,注重事实。客观事实是科学的根基,没有客观事实就谈不上科学。科学的对象一定是客观的,结论也一定要符合客观实际,换句话说,一切科学的东西都必须来自实践,都必须接受实践的严格检验。所有的科学知识都是经过概括、分析以及逻辑论证得出的理论化、系统化、专业化、全面化的理论体系。科学不仅仅停留在事物的表面现象,而是深入本质寻找规律,并把握事物的一切方面,防止片面化和僵化。

2.探索性和创造性

探索和创造是科学的基本精神。人类对未知的科学探索一般体现为提出问题—猜想—怀疑—验证—形成科学知识—提出新问题的过程和规律,其中,怀疑对科学的探索意义重大。科学创造则体现在两个方面:一是不断解释自然事物的新的属性和新的自然过程,提出新的观点和原理；二是运用新的知识去创造物质文明的新成果。通过探索和创造，人类不断地逼近对世界真理性的把握。

3. 通用性和共享性

由于世界的复杂性，科学知识总是处于不断的发展完善中，因为人们对世界的认识不可能一蹴而就，所有科学知识都可能存在缺陷。科学知识（尤其自然科学）是人类共同的财产，任何人都可以在继承前人和别人的科学知识的基础上，使科学知识从肤浅走向深刻。不存在与特定国家、特定民族或是特定集团的特殊利益相关的自然科学，所有的人都可以共享自然科学知识，即科学无国界。

波兰华沙皇家科学之友协会大楼前的哥白尼雕塑

(三)科学的价值

科学研究的问题同人们的利益和需要密切相关，它的价值是在与人类发生相互作用时体现出来的，主要表现在以下几个方面。

1. 科学为人类改造自然界创造了条件

科学使人类掌握了自然物的内部结构和变化规律，通过对自然的认识和研究，人类学会了很多东西。例如，苍蝇，是细菌的传播者，谁都讨厌它。可是苍蝇的楫翅（又叫平衡棒）是"天然导航仪"，人们模仿它制成了"振动陀螺仪"。这种仪器目前已经应用在火箭和高速飞机上，实现了自动驾驶。

2. 科学拓宽了人类的视野

人类科学研究的领域目前已经涉及微观、宏观和宇观的许多方面和层次。从物质微粒中的"夸克"到宇宙天体中的"黑洞"，人类的认识范围越来越广，认识程度越来越深，这些都为人类的生产实践提供了更多的资料。

3. 新的科学理论可以引起相关新技术的产生

科学理论的超前研究为技术进步开辟了各种可能的途径，科学技术的每一次重大突破都将成为新技术革命的中心，引发社会生产力的进步和人类社会的深刻变革。法拉第的电磁感应研究起初是纯电磁学研究，却揭开了电的时代的序幕。有时候很多看似毫无价值的科学研究，后来往往都大有用处。

4. 科学改变了人类的行为方式

科学使人们实事求是，从实际出发，尊重客观事实和客观规律，要求人们严谨认真、一丝不苟。科学也是思想解放运动的重要组成部分，近代自然科学是欧洲文艺复兴运动的产物，这场运动使人们从"一个针尖上能站几个天使"这样荒唐的问题中解放了出来，从而开辟了人类历史新的篇章。人类凭借近代科学技术革命，以工业时代商品经济生活方式替代农业时代的自给自足自然经济生活方式，充分地表明了马克思论断的正确性。随着现代科学技术革命的进行，人类正在走向具有崭新特征的高科技生活方式，在满足人类生存需要的前提下，为实现人的自由而全面发展提供保证。

屠呦呦

二、自然科学与社会科学

> **哲人哲语：**
>
> 科学书籍让人免于愚昧，而文艺作品则使人摆脱粗鄙；对真正的教育和对人们的幸福来说，二者同样地有益和必要。
>
> ——车尔尼雪夫斯基

（一）自然科学的范畴和作用

自然科学是研究自然界的物质形态、结构、性质和运动规律的科学。自然科学的任务在于研究自然界发生的现象，揭示自然现象发生、发展的过程、原因、实质，进而把握这些现象和过程的规律性，以便解读它们，并预见新的现象和过程，为在社会实践中合理而有目的地利用自然界的规律开辟各种可能的途径。

广义上讲，自然科学包括基础科学、技术科学和应用科学三大类。基础科学是研究自然界物质的本质和各种不同运动形式的基本规律的科学，是技术科学与应用科学的理论基础，包括数学、天文学、地学、物理学、化学、生物学等；技

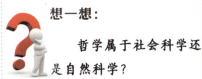

想一想：

哲学属于社会科学还是自然科学？

术科学是研究技术理论性质的科学,如电子技术、激光技术、能源技术、空间技术等;应用科学是直接应用于生产和生活的技术和工艺性质的科学。基础科学、技术科学、应用科学互为条件,互相促进,相辅相成。

自然科学作为知识形态的生产力,不仅对现代经济的发展有巨大的推动作用,还是促进社会发展的革命力量。同时,自然科学作为人类文化的最重要的组成部分,它的概念、理论和方法不仅向社会科学各个领域广泛渗透,而且还广泛向日常生活、艺术和政治领域渗透,尤其现代自然科学形成的思维方式,已经成为人类思维的普遍形式,既提高了人类认识世界的能力,又对人类思想文明的进步起着巨大的推动作用。

(二)社会科学的范畴和作用

狭义的科学一般仅指自然科学,广义的科学不光包括自然科学,也包括社会科学。社会科学是指以社会现象为研究对象的科学,如政治学、经济学、法学、教育学、史学、文艺学、伦理学、美学等,它的任务是通过研究并阐明各种社会现象及其发展规律,以更好地建设和管理社会。社会科学又被称为人文社会科学或哲学社会科学。

作为人类知识体系相对独立的组成部分,社会科学既具有一般科学的共性,又具有不同于自然科学的特殊性和重要的社会功能。总体上说,通过其文化功能、政治功能、社会管理功能、决策咨询功能,社会科学发挥着关怀人生、推进社会发展的积极作用。

首先,社会科学在社会生活中发挥着塑造人、推进思想文化建设的功能。一方面,社会科学可以为人们提供世界观、人生观和价值观的指导,帮助人们解放思想、启迪心智、提升精神境界,丰富精神生活;另一方面,依靠理论的力量,社会科学可以有助于人们提高鉴别是非、善恶、美丑的能力,并规范人们的行为,从而以潜移默化的形式全方位地提高整个民族的思想道德素质和精神风貌。

其次,社会科学的理论与方法在社会政治生活、军事斗争中发挥着重要作用与功效。在社会革命时期,社会科学可以为革命者提供革命的指导思想和斗争方略。马克思主义对无产阶级革命和社会主义运动的贡献,就是社会科学政治功能的表现。在社会和平时期,社会科学表现出为统治阶级利益服务的政治功能,因为任何国家的统治者都需要社会科学为其提供政治路线、方针和政策等方面的理论基础。

再次,各种社会科学与自然科学交叉的综合性学科,日益发挥着重要的社会管理功能。如管理学所涉及的社会生活领域非常广泛,管理学理论和方法的运用能促进管理工作的科学化,提高管理活动的效率。

最后,现代社会中,社会科学的理论和方法还在社会政策的制定、决策、咨询等方面发挥着重要作用。例如,现代国家通常都会设立"智囊团"、"政策研究室"或各种专业咨询机构,以协助政府部门达成社会政策的制定和决策。

(三)自然科学与社会科学的比较

1. 关注的问题不同

自然科学注重对自在性的自然客体的研究,它属于排除自我反思的纯实证科学。而社会科学注重研究的是社会现象,它包括主体的本质和活动、主客体的关系及主体间的关系,具有人为性、异质性、价值与事实的统一性,以及与研究主体的内在相关性。也可以说,社会科学是研究人类自身存在与发展的科学。人是认识与改造自然界和社会的主体与原动力,所以,社会科学不但不应被忽视,还应当比其他科学更具有优先发展的资格。人类认识自己比认识外部世界更为艰难,认识自己的难度就是社会科学特有的价值和魅力所在。

2. 获得的成果不同

自然科学注重获取对人类生存、发展等具有工具或手段意义的知识,而社会科学除提供某些工具性价值的社会科学知识,努力营造有助于经济技术发展的社会环境外,还特别注重探讨与人类生存有关的价值和意义,这是它与自然科学最明显的区别。由于以上原因,社会科学强调积累,理工学科更重视更新。比如,计算机升级换代,旧的可以完全抛弃。而社会科学不能只靠推理,必须经过一代一代的积累。在社会科学领域,理论固然重要,但不能随便地、不加分析地运用经验。另外,社会现象的某些属性没有绝对的精确性,社会科学有科学的一面,但也有随机的、模糊的一面,它具有不可类推、不可复原的特征。如果我们要求把社会现象全部量化、数字化,必然造成结论的简单化,那将会摧毁社会科学。

中国航天事业的奠基人、人民科学家钱学森

3. 研究方法不同

自然科学主要运用的是以实证、说明为主导的理性方法,而社会科学除此之外,还要运用理解、想象及直觉等所谓"诗"性的方法。由于社会科学学者的成长离不开积累,积累的数量和质量与时间成正比,所以培养一个成熟的社会科学学者速度相对缓慢。又由于只有积累到足够的程度才能产生新的思想,所以社会科学的效应相对滞后,尤其是传统的、历史的学科。因此,用急功近利的手段走捷径培养不出优秀社会科学人才来。对社会科学片面追求速度和数量,很容易产生废品、赝品。

4. 应用的侧重点不同

虽然两种科学都具有描述、解释的功能,并且对于生产力的发展都具有推动作用,但自然科学具有更强的应用功能,其主要表现在改造自然这一方面,而社会科学则具有更强的批判功能和规范功能,如更多的关注价值、意义、精神、道德的作用等,并且相当一部分社会科学不能离开民族特性和本国特点。科学具有普遍规律,但共性寓于个性之中,社会现象与地域、国度、民族的关系非常具体,如果不把这些具体的问题认识清楚,不去发展本国、本土、本民族的人文文化,而去寻求抽象的全球化,就会走入歧途。特别是对于我们这种经济、科技发展较晚而有着悠久民族文化历史的大国来说,会失去与世界对话的话语权。[①]

因此,在对待社会科学的研究中,一定要考虑到社会科学本身的特征,不能用研究自然科学和管理自然科学的方法来对待社会科学。对于自然科学研究,可以借鉴社会科学情感与想象的方法;对于社会科学研究,可以借鉴自然科学严谨与理性的研究方法。这样,自然科学与社会科学才能相互借鉴、共同促进、比翼齐飞,为自然科学与社会科学的发展迎来更大的辉煌。在现代科学的发展进程中,新科技革命为社会科学的研究提供了新的方法手段,社会科学与自然科学相互渗透、相互联系的趋势日益加强,未来科学的发展方向必然是自然科学和社会科学相互融合、全面发展的时代。

> **小卡片**
>
> **哲学与自然科学、社会科学的关系**
>
> 首先,哲学既不是自然科学,也不是社会科学。从狭义的学科分类来讲,哲学应该是科学体系的一个总纲,科学体系中所有的最基本概念都应该属于哲学;从广义的学科分类来讲,哲学包括一切学科,当然也包括社会科学。各个专业学科内容丰富以后,从哲学中分离出来,才独立成支。
>
> 其次,在中国的学科管理中,通常用"哲学社会科学"一词与自然科学相区别,这是基于哲学的抽象性、统摄性和基础地位,哲学是关于世界观的学说,是高度抽象的意识形态,对人类认识和实践活动具有规范和指导作用,与社会科学研究关系更是特别密切。因此,将"哲学"与"社会科学"并行并统称为"哲学社会科学"。

三、伪科学与反科学

科学与伪科学、反科学都是根本对立的,但是伪科学与反科学又有一些不同,不能混为一谈。伪科学是打着科学的名义进行欺骗,而反科学则是否定科学技术的真理性与价值性的观点。

---

① 冯光廉.《文科研究生治学导论》.安徽教育出版社,2005年,第25-28页。

> **哲人哲语：**
> 科学不是可以不劳而获的,诚然,在科学上除了汗流满面是没有其他获得成功的方法的;热情也罢,幻想也罢,以整个身心去渴望也罢,都不能代替劳动。
>
> ——赫尔岑

(一)伪科学

伪科学是打着科学的名义进行欺骗。伪科学常常和迷信联系在一起。迷信是指对没有根据的事物盲目地相信,而伪科学是打着科学的幌子利用迷信进行招摇撞骗。可见,相信伪科学的人只是由于对科学不了解,才会上伪科学的当,而实际上他们相信的是科学,只是被蒙蔽了而已。

伪科学的危害性极大,如有些人有病不去医治,反而相信一些歪门邪道,从而酿成不可挽回的损失。虽然近年来由于教育的普及和科普工作的推行,这样的事情较少发生,但是仍不容忽视;伪科学有时还冒充科学,对一些违背自然规律的现象进行研究,占用极为有限的科技投入,阻碍真正意义上科学的发展。

漫画"养生大师"

对于伪科学我们是要坚决反对的,这就要求我们对于伪科学要有一定的识别能力。伪科学有时会利用人们的错觉、幻觉以及魔术表演技法蒙骗大众。如20世纪80年代的王洪成"水变油"事件就曾经是名噪一时的骗局,王洪成通过魔术表演手法蒙骗大众。首先王洪成只是到处表演,而逃避严格的科学鉴定。表演之一是拿来一杯水,滴上一两种药液,或者放上一小撮神妙的灰色粉末,然后用火一点就燃烧起来,这就算是水变成了油,实际上这仅仅是个化学小游戏,或者是调包的小魔术,如在水中放一小块碳化钙(电石),与水反应生成的乙炔就可以点燃,并冒出黑烟。任何一位化学教师都可以举出若干种方法把水"点燃"。然而就是这样的伎俩,却骗了媒体、政府部门甚至某些博导,此技术的相关文章也曾刊登在各种媒体。最后,王洪成以诈骗罪锒铛入狱。伪科学还会抓住人们对于科学家和权威的盲目崇拜进行思想侵蚀,一些有威望的科学家有时会就一些他们根本不熟悉的领域发表意见,这难免会出现一些肤浅认识或者笑话,但是一些受众却会说:"这是科学家肯定的东西,会不是科学吗?"这就跟一些影视明星代言一些保健品,将保健品的效力吹得无所不能,而盲目跟风者上当受骗一样。

反击伪科学的最有力武器就是提倡真科学。具有理性的思维习惯,伪科学往往无机可乘。在推行精神文明建设的今天,弘扬科学精神、提倡科学态度和科学方法,具有重要意义。

如果是科学,必须具有客观性和实证性,其结果和结论也必须具有可检验性和可重复性,科学的结论也必须是任何具备一定知识的人都能够得出,必须是放之四海而皆准的真理。要真正杜绝伪科学,使伪科学无处藏身,必须对学术界制定有效的管理规范,使科研工作者不至于偏离科学的航道,对于伪科学行为一定要严惩。同时,配合出版通俗易懂的科普读物,增强普通大众的科学素养,使伪科学失去成长的土壤。

(二)反科学

反科学是否定科学技术的真理性与价值性的观点。反科学往往分为两种:一种是对科学本身的反对;另一种是对于由科学所引起的负面效应的反对,这种较为复杂,其中包括反对科学方法论的反科学、反对科学文化霸权和价值中立的反科学、反对科学终结论的反科学等。中世纪时期欧洲教会的反科学,就是对科学本身的反对。当时神学主宰一切,针对一些科学家的迫害时有发生。宗教的反科学源于一种保守、守旧的心理,因为科学破坏了宗教体系。科学带来了很多负面效应,这也是反科学对于科学的一个重要的反对理由。反科学认为科学带来人的本性的改变以及人们的疏离,破坏了人们密切联系的桥梁。如目前普遍使用的电话和互联网等,使人们不愿迈出家门去和其他人交往,偏离了作为社会人的真正内涵。还有一种看法认为科学打乱了经济秩序,如更多的机器的使用,使大量劳动者失业,因为真人在流水线上工作,必须保证8小时工作制,还有工会、养老金等问题,而机器人却不会存在这些问题,未来机器人不光占领流水线,更会使一大批农民、士兵、医生等失业。另外,日益严重的由科学间接导致的破坏事件被人们所认识,尤其是从20世纪中叶开始,科学技术的负面效应逐渐显现出来,人们往往将原子弹爆炸、臭氧空洞、环境污染等与科学技术密切相关的问题归咎于科学。

实际上,反科学很多时候是由于对科学的无知和误解所造成的。首先,科学是人类文明的伟大成就,我们应该了解它,很多的反科学行为都是源于对科学的无知。如中世纪的基督徒可能并不知道一些科学原理的来龙去脉,而仅仅是由于宗教的狂热,引发了强烈的反科学狂潮,并将很多科学家送上了刑场。其次,对科学的误解也是造成反科学的一个重要原因。拿环境污染来说,环境污染不是由科学直接造成的,因为没有哪个正常的科学家会进行如何污染环境的研究,环境污染往往是由于别有用心的人对技术的滥用造成,正如科学家韦斯特法尔所说,"科学本身不值得我们惧怕,重要的是我们如何运用科学,科学能产生最好和最坏的结果。真正的危险在于人自己,在于愈来愈危险的权利和智慧之剑的不平衡"。

> **想一想:**
> "科学的都是正确的"这句话对吗?

在反科学对科学的批判中,带来的并不仅仅只是对科学的打击,相反,有时反科学思想将新的价值观引入科学,可能为科学带来新的发展,如20世纪60年代,以绿色主义为代表的反科学思想便催生了生态科学和环境科学的发展。因此,反科学也有其合理的一面,它的价值在于可以为科学发展敲响警钟,使得科学更加健康地发展下去。

施一公谈科学精神

第一,科学精神就是求真,英文叫 truth seeking,也就是实事求是。这里讲的求真不是简单的对错,而是在人类知识最前沿进一步求真、去探索。

第二,科学精神也包括独立和合作。这两个看似矛盾,实际是完全统一在一起的。所谓独立,任何一个重要的科学发现,往往来自少数人,甚至个别人、一个人独立的思考。但是科学的发展,经常需要大家在一起合作。这种合作不止局限于团队内部合作,更依赖于团队之间的合作,甚至跨时代跨行业的合作。

我举一个例子,那就是 X 射线的发现。1895 年,荷兰科学家伦琴先生发现了 X 射线的穿透力,最后在医学上带来了强大的应用。但是伦琴没有发现 X 射线还可以被衍射,而这一现象是 20 世纪被德国科学家劳埃发现的。劳埃发现了衍射之后,他并没有意识到 X 射线还可以帮助我们把物质结构解析得清清楚楚,而这一发现是 1913 年英国物理学家布拉格父子完成的,他们父子携手合作,推演出了著名的布拉格公式。这样的公式,最后应用于分子结构解析,让我们可以窥探生命的奥秘。他们四人分别获得了 1901 年、1914 年和 1915 年的诺贝尔物理学奖。他们之间跨时代的合作,把人类整个文明往前推进了一大步,所以科学精神也是合作的精神。

第三,最重要的科学精神就是批判性的思维,也就是质疑。在这种质疑声中我们不断思想碰撞,不断改进提高,不断加深合作,最后推动科学往前发展。从哥白尼的"日心说"到达尔文的进化论,都是非常典范的质疑,最后带来了科学重大进展。

中科院院士、西湖大学校长施一公在 2019 年 10 月 26 日"2019 世界青年科学家峰会"上发表题为《青年与科学精神》的主旨报告

第三节　技术观概述

一、技术的本质、特征与价值

(一)技术的本质

"技"指才能、手艺；"术"指技艺、方法。因此，我们可以将技术看为才能和方法两方面的结合。实际上，技术的定义要复杂得多，很多学者从不同角度来理解和概括它，如有的把技术理解为各种劳动手段的总和，有的认为技术是科学的应用，有的强调技术是物，有的认为技术是知识，有的认为技术是人的一种活动，有的认为技术是人的能力的扩展。总而言之，技术是科学的转化形态，是用来为社会服务的各种物质手段、方式、方法，是工艺技巧、操作方法、程序规划和劳动经验的总和。

技术的本质体现出人对自然的能动关系。第一，人对自然的能动作用，即利用和改造自然，是通过自己的实践活动来进行的，技术就是人的实践活动的工具、手段和方法。第二，人能动地作用于自然的实践活动，是在理性的指导下进行的有目的的活动，在于从改造客观世界中实现主观目的。这里理性和目的并不直接使自然界发生任何变化，而是借助技术工具的中介作用，使自然界发生形式变化，同时在自然界中实现自己的目的。第三，技术作为人对自然的能动关系，推动着人与自然之间关系的演化，并改变着人自身的自然。一方面，技术的演化推动了人与自然之间的关系从原始时期混沌的天人合一到近代的天人对立，再到将来的自觉的天人合一的演化；另一方面，人类还在运用技术变革自然的实践活动中改变着自身，使人的身体和思维发生着改变。第四，技术作为人对自然的一种能动关系，不仅存在于物质生产过程中，还表现在社会生活条件方面以及由此产生的精神生活的各个方面与过程之中。

(二)技术的特征

1. 自然性和社会性

任何技术活动都具有直接或者间接的自然性，从石器、铜器到铁器，从简单的工具到人手开动的复合工具再到现代电子计算机和自动控制的庞大的技术体系，都是人对自然的改造成果。技术还可以满足人们物质生活和精神生活的需要，农业技术、工业技术等满足了人们的物质需求,从而使人们有更多的时间进行精神生活的创造。现代技术的发展越来越显示出,技术不仅延长了人的劳动器官,而且延长了人的感觉器官和思维器官,成为人用以认识客观物质、人自身及其精神活动乃至部分代替人的大脑的智力活动的物质手段。

2. 物质性和精神性

在物质生产过程中,技术是实践中改造自然的资料和手段,包含着物质因素;同时,技术还是运用于实践的科学,是指导人进行生产操作的方法知识,具有精神性。

3. 主体性和客体性

任何一项技术都是主体的知识、经验、技能与客体要素的统一,即任何一项技术活动都是人运用自身的知识、经验、技能等对自然物的改造活动。可以说,这种改造活动既包括人的知识与经验等软件,也包括物质手段等硬件,只有这两方面相互协调、不断发展,技术才可以不断更新。

4. 价值性和中立性

技术的价值性充分体现了其对人类的宝贵性,不同的技术,其所依据的原理不同,发挥的功能不同,实现功能的方法和过程不同,因而都具有其独特的价值。技术作为整体,与艺术等人类其他活动方式不同,其价值在于技术实现的功能、效果、效率等方面。技术的现实价值则是指在现实的社会条件下技术作用于客体而产生的实际效果,这是由技术的社会属性决定的,具有强烈的价值性。另外,在不同的历史时期,占主导地位的技术也有所不同,

> **想一想:**
> "技术的发展只遵循自身的逻辑,而不受任何约束。"这句话对吗?

但是由于技术的价值,人们并没有全部否定、抛弃,而是将其改造和提高,作为宝贵财富继承下来。并且作为财富,技术仅仅是方法论上的意义和手段,其本身只能作为客体,由人这个主体来加以运用,才能体现它的价值。目前,技术之所以会产生一些截然不同的影响,主要是因为人为的原因产生的,就像原子弹的爆炸、菜刀的使用,技术本身没有什么错,主要问题在于使用的人。因此,技术在政治、文化和伦理上没有正确与错误之分,其本身是价值中立的。

(三)技术的价值

技术由于其在生产生活方面的贡献,从诞生那一天起就受到人们的推崇与青睐。技术的巨大威力主要表现在以下几个方面。

1. 技术极大地提高了生产力

三次工业革命的爆发无不说明，各种新技术的应用不断走进我们的生活，改善了人们的生存环境。以蒸汽机的应用为标志的第一次工业革命就证明了这一点，蒸汽机带来了英国经济的全面腾飞。从 1770 年到 1840 年这 70 年中，一个工人单位工作日的生产率增长了 27 倍。从 1791 年到 1841 年这 50 年中，英国的工业生产力增长了 4.25 倍。1830 年英国的工业产品已占全世界的一半。英国很快成为当时世界上唯一的超级大国，殖民地遍布世界许多区域，号称"日不落帝国"。

扫一扫了解更多"共和国勋章"获得者、"杂交水稻之父"袁隆平的事迹

2. 技术拉近了人与科学之间的距离

科学由于其自身的原因，常常蒙着一层神秘的面纱，因为它很难与人们的实际生活发生联系，而技术将科学应用于生产、生活，使人们在享受技术成果的同时也体会到了科学的价值。例如，三极管可以用微量电流控制大量电流，因而产生放大效应，如果仅仅作为一项科学发现，很难引起人们的注意。然而，当晶体管作为技术应用到电子产品中，晶体管促进并带来了"固态革命"，进而推动了全球范围内的半导体电子工业。作为主要部件，晶体管还率先在通信方面得到及时普遍的应用，并产生了巨大的经济效益。由于晶体管彻底改变了电子线路的结构，集成电路以及大规模集成电路应运而生，制造像高速电子计算机之类的高精密装置就变成了现实。由此，人们认识到了三极管的威力，更加深刻地认识到了科学的价值。

3. 技术实现了人对自身的超越，增强了作为人的自信

远古时期人们就梦想像鱼一样在水里游动，像鸟一样在天空飞翔，更出现了夸父追日、嫦娥奔月、精卫填海、愚公移山等神话故事。这些都是人类超越自身的梦想，是在自然状态下不可能完成的事情，近现代技术的进步帮助人类完成了类似的梦想。也许，将来的人体技术可以用技术手段对人的躯体进行根本性的技术改造，可以治愈很多疾病，还可以全面改变人的器官，用技术手段提高各种器官的功能，譬如经过改造的双手，不仅力气很大，而且动作又精又准；通过大脑植入芯片，可以大大增强人们的计算、记忆等能力。

二、"天使与魔鬼"——技术"双刃剑"问题

 小卡片

从前有一个人，从魏国到楚国去。他带上很多的盘缠，雇了上好的车，驾上骏马，请了驾车技术精湛的车夫，就上路了。楚国在魏国的南面，可这个人不问青红

皂白让驾车人赶着马车一直向北走去。

路上有人问他的车是要往哪儿去,他大声回答说:"去楚国!"路人告诉他说:"到楚国去应往南方走,你这是在往北走,方向不对。"那人满不在乎地说:"没关系,我的马快着呢!"路人替他着急,拉住他的马,阻止他说:"方向错了,你的马再快,也到不了楚国呀!"那人依然毫不醒悟地说:"不打紧,我带的路费多着呢!"路人极力劝阻他说:"虽说你路费多,可是你走的不是那个方向,你路费多也只能白花呀!"那个一心只想着要到楚国去的人有些不耐烦地说:"这有什么难的,我的车夫赶车的本领高着呢!"路人无奈,只好松开了拉住车把子的手,眼睁睁看着那个盲目上路的魏国人走了。

那个魏国人,不听别人的指点劝告,仗着自己的马快、钱多、车夫好等优越条件,朝着相反方向一意孤行。那么,他条件越好,他就只会离要去的地方越远,因为他的大方向错了。

(一)双刃剑的内涵

"天使"与"魔鬼"是一个问题的两个极端。在基督教中,"天使"是侍奉神的灵体,神差遣它们来帮助需要拯救的人,传达神的意旨,是神在地上的代言人。而"魔鬼"是天使堕落败坏后变成的,具有骄傲、诡诈、污秽、凶残的本性,在人间残害生灵。不管是"天使"还是"魔鬼"都是针对人类而言的,它是一个事物的双重性或者两面性。双刃剑本是控制论之父——英国数学家维纳关于工业革命的说法:"新工业革命是一把双刃剑,它可以用来为人类造福,但是,仅当人类的生存的时间足够长时,我们才有可能进入这个为人类造福的时期;新工业革命也可以毁灭人类,如果我们不去理智地用它,它就有可能很快地发展到这个地步。"后来,我国的学者多把"双刃剑"一词用在对科学技术应用效果的描述上,主要针对科学技术的应用对人类产生的影响上,认为科学技术既可以造福又可以毁灭人类,具有一体两面性。

(二)为什么说技术是把"双刃剑"

1.很多技术本身往往利弊共存

由于各种技术的性质和功能不同,技术应用所引起变化就具有不确定性,如有的技术在使用过程中利弊两种情况会同时出现,而有的技术在使用过程中不利的一面相对隐蔽不易被发现或者迟于有利一面的出现。

近年来，人们对农业生产中的转基因作物问题的关注度持续提高。在国内，有从 2010 年金龙鱼转基因大豆油事件到 2012 年国内外关注的"黄金大米"事件，再到 2013 年以来崔永元和方舟子的转基因之争；国际上，有从 20 世纪初美国"星联玉米事件"，到 2012 年法国科学家塞拉里尼关于转基因玉米致癌报道，再到 2016 年奥巴马签署《国家生物工程食品披露标准》法案，标志美国转基因食品标签制度从自愿标签到强制标签的转变。国内外这一系列转基因事件反映了民众对转基因作物不确定性的安全风险问题的担忧。

事实上，转基因技术被运用到农作物生产中有很多的优点，表现在这些方面：能解决粮食短缺问题，这是转基因当初研制的基础想法，也是转基因的最大优势；能减少农药使用，避免环境污染；能节省生产成本，降低食物售价；能增加食物营养，提高附加价值；能增加食物种类，提升食物品质；能促进生产效率，带动相关产业；能从某一方面对健康有保障，比如，抗虫的转基因玉米不会被虫咬，这就减少了微生物对人体侵害的概率。

我国农业农村部负责转基因相关的监管，对转基因生物实行安全评价管理，批准后方可进行生产活动。从事转基因生物生产加工的，需要取得农业转基因生物加工许可证。销售、经营转基因食品，部分省份要求进行专区销售。中国批准了两类安全证书：一是批准了自主研发的抗虫棉、抗病毒番木瓜等 7 种生产应用安全证书；二是批准了国外公司研发的大豆、玉米、油菜、棉花、甜菜等 5 种作物的进口安全证书。进口的农业转基因生物仅批准用作加工原料，不允许在国内种植。中国对转基因食品实行强制标识制度，只要食品含有或使用了转基因成分就按转基因食品监管，没有具体的含量界定要求。

那么，转基因作物对人和自然界而言是不是就百分之百安全了？实际上，关于转基因技术依然存在着巨大的安全隐患，主要体现在两大"不确定性"方面：一是食用风险。将抗毒、抗虫、抗寒等非食用性基因或抗生素抗性的标记基因植入，使转基因食品有可能产生毒素富集或者含有变应原，或有可能产生抗药性、营养成分降低，如耐除草转基因大豆降低传统大豆的防癌成分，平均营养成分比普通大豆低 12%～14%。二是生态环境风险。抗虫、抗寒、抗旱等特性转基因作物有可能影响生物多样性，基因漂移产生超级杂草等；转基因技术有可能对非靶标生物产生误杀，如斑蝶食用转 BT（Bacillus Thuringiensis，苏云金芽孢杆菌）基因玉米花粉后造成斑蝶幼虫大量死亡；转基因技术还有可能造成土壤污染，如某些可表达毒性蛋白转基因作物产生的毒素由根部深入土壤造成污染。

2. 技术使用者的动机不同，效果会不同

如武器在恐怖分子手里会对人们的人身安全造成重大威胁，而在一些秩序维持者手里却会给人们带来安全感。更有甚者，一些技术被滥用，其效果也会很不相同甚至相反。"墨菲法则"这样描述：如果事情有可能出错，那一定会出错。

(三)对待技术负面作用应有的态度

哲人哲语：

我可以唱一首赞美诗,来颂扬科学已经取得的进步;并且无疑地,在你们自己的一生中,你们将把它更加推向前进。我所以能讲这样一些话,那是因为我们生活在应用科学的时代和应用科学的家乡。但是我不想这样来谈。在战争时期,应用科学给了人们相互毒害和相互残杀的手段。在和平时期,科学使我们的生活匆忙和不安定。它没有使我们从必须完成的单调的劳动中得到多大程度的解放,反而使人成为机器的奴隶;人们绝大部分是一天到晚厌倦地工作着,他们在劳动中毫无乐趣,而且经常提心吊胆,唯恐失去他们一点点可怜的收入。你们会以为在你们面前的这个老头子是在唱不吉利的反调。可是我这样做,目的无非是向你们提一点忠告。如果你们想使你们一生的工作有益于人类,那么,你们只懂得应用科学本身是不够的。关心人的本身,应当始终成为一切技术上奋斗的主要目标;关心怎样组织人的劳动和产品分配这样一些尚未解决的重大问题,用以保证我们科学思想的成果会造福于人类,而不致成为祸害。在你们埋头于图表和方程时,千万不要忘记这一点。

——爱因斯坦

扫一扫了解
科学巨人——
爱因斯坦

1. 技术本身是中立的

技术只是人类的工具,它本身是中立的,无所谓对错,技术带来的负面作用并非技术本身的原因,而主要在于使用技术的主体——人的不正常应用。正如爱因斯坦所说:"科学是一种强有力的工具。怎样用它,究竟是给人带来幸福还是带来灾难,全取决于人自己,而不取决于工具。刀子在人类生活中是有用的,但它也能用来杀人。"[①]同理,核能既可以作为清洁能源用来发电从而造福人类,又可以作为战争武器从而毁灭人类。

虽然技术在应用过程中所产生的负面作用会使人们忧心忡忡,但是一位 IT 工程师颇带俏皮意味的话使我们看到了技术应用风险的另外一面:"我每天坐在电脑跟前接受十个小时的电磁辐射,据说这很伤身体,也许我二十年后会死于电磁辐射,但是如果我不工作,也许我们全家撑不过几个月就会饿死。"就像转基因作物会带来很多潜在的危险,如果没有现在的转基因作物带来的增产和丰收,可能会有更多的人死于饥饿。因此,因为技术带来的负面效应而采取反技术的立场放弃技术的应用是一种舍本逐末的做法,并不可取。

---

① 爱因斯坦.《爱因斯坦文集》(第 3 卷).商务印书馆,1979 年,第 56 页。

2. 技术的使用应该有边界

对于技术的负面效应而言,重要的是对人的行为进行怎样的约束,这种约束既有道德上的,也有制度和法律上的。在道德方面主要依靠对技术使用者的教育,一个医德高尚、精神高度集中的医生对病人施行手术和一个没有医德、精神涣散的医生对病人施行手术,是有本质区别的。目前几乎所有的国家都禁止克隆人实验,就是对一些可能出现的、人类目前无法解决的严重灾难的一种预计,并进行制度和法律上约束的一个很好例子。再比如,人脸识别技术为警方侦破案件提供了巨大的帮助,

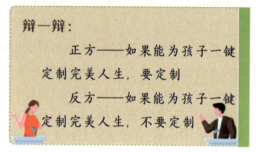

辩一辩:
正方——如果能为孩子一键定制完美人生,要定制
反方——如果能为孩子一键定制完美人生,不要定制

但在法律对这项技术做出规范之前,应该避免被滥用,即便是政府,也不应在没有明确的监督体系的情况下使用该技术。

归根结底,针对技术负面效应的道德约束和体制约束都是一个责任的问题,即我们是否站在一个更高的层次来审视技术的利弊,而不仅仅是站在利益上面。

3. 正确的义利观很重要

科学不会带来危害,但是技术的不当使用却一定会带来危害。马克思说,经济问题是一切社会问题的根源。在这里我们不妨说,利益问题是一切技术不当使用的根源。2018年11月26日,南方科技大学副教授贺建奎宣布一对名为露露和娜娜的基因编辑婴儿于11月在中国健康诞生,由于这对双胞胎的一个基因(CCR5)经过修改,她们出生后即能天然抵抗艾滋病病毒HIV。这一消息迅速激起轩然大波,震动了中国和世界。此后,相关人员因共同非法实施以生殖为目的的人类胚胎基因编辑和生殖医疗活动,构成非法行医罪,分别被依法追究刑事责任。基因编辑技术作为一项革命性技术正在推动着生命科学,如果能够严格遵守科学道德和学术伦理规范以及相关国际规则,必将以创新性科研工作推动社会发展和人类进步。

第四节 科学技术与社会协调发展

哲人哲语:

科学是人类智慧的结晶和硕果。展望科学的未来,人类将高举科学的火炬登上宇宙的天堂。

——霍金

一、科学技术与社会

科学技术作为人的社会活动,和其他类型的社会活动,如经济活动、政治活动、军事活动、教育活动、思想文化活动之间,无不存在着相互影响、相互促进、互为因果的作用和关系。科学技术与社会的互动,从总体上看是一种双向作用:一方面是科学技术能对其他社会活动的影响作用,称为科学技术的社会功能;另一方面则是其他社会活动对科学技术的制约作用,这类作用构成科学技术发展的社会条件。

在目前,科技与社会的关系越来越密切,出现了"科技社会化"和"社会科技化"两种趋势。前者指科技在角色培养、行为模式、组织和制度建构、价值理论等所有方面,都按照社会规律、社会标准设置和运作,使科技成为社会整体不可分割的一部分,它是科技与社会相互渗透、转化的一方面。后者指现代科技以空前的规模和巨大的力量影响整个社会和人类思想的发展趋势,使社会从微观到宏观、从器物到观念等都具有越来越多的科技的印记和特征,它是科技与社会相互转化的另一个方面。这两种趋势体现了科技、经济、政治、教育、社会的一体化。作为一个整体的三个要素(科学、技术与社会),如何使它们能够协调发展显得尤为重要,关于这一方面的研究在我国也是一个热点。

科学、技术与社会在国内通常称为 STS(Science,Technology and Society),其含义是对科学技术进行研究,说得更准确些,就是科学技术的人文社会学研究。STS 既是科学技术哲学反思的对象和起点,也是科学技术哲学的最终归宿和应用。由于科学技术是现代社会的主导力量,并对社会有巨大影响,使得人们极大地关注、研究它们及其与社会的关系。可以说,STS 是当代科学技术发展的产物,是科学技术哲学在理论层面的应用。

二、科学技术与社会发展的相互作用

在任何社会中,科技与社会总是相互联系、相互制约和影响的。科学技术为实现社会目标服务,社会的发展又制约和规定着科学技术的进步。它们互为条件,相互影响。

(一)科学技术对社会发展的作用

1.科技进步促进物质文明发展

物质文明是人类在社会历史发展过程中所创造的、体现社会生产力发展进步的成果,即人类改造自然的物质成果,表现为社会生产力水平的提高、国民经济的增长和人类生活质量与劳动条件的改善与提高。科学技术对物质文明的促进,主要表现在以下几个方面:第一,科学技术通过教育可以提高劳动者的素质,大大提高生产率;第二,科学技术通过改造劳动工具和劳动条件将劳动者从繁重、危险的劳动中解放了出来;第三,科学技术可以改变现代经济增长方式,改善环境,协调人与自然的关系;第四,科学技术促进了医疗、卫生事业的发展,提高了人们的健康水平和生命质量;第五,科学技术的发展制造了丰富的物质产品,满足着人们日益增长的需求,使人们的生活方式发生了根本性的改变。

> **哲人哲语:**
> 科学给人自由,以反抗自然法则。它致力于把自然力量的魔杖交到人手中;它要使我们的精神摆脱万物的奴役。
>
> ——泰戈尔

2. 科技进步促进精神文明发展

精神文明是人类改造主观世界和客观世界的精神成果,表现为科学、教育、文化知识的发达和人们的思想、政治、道德水平的提高。科学技术对精神文明的促进,主要表现在以下几个方面:第一,科学技术具有认识功能。科学技术是关于自然界的本质和规律方面的知识,它作为已形成的理论知识,对人们探索未知的事物具有一定的指导作用,它可以帮助人们发现问题、解释现象、消除愚昧、增进文明,同时可以对已知的世界树立确定的信念,对未知的世界给出合理的预言。第二,科学技术具有思想文化功能。科学技术作为先进的思想观念,对社会思想文化、哲学、艺术、道德、宗教等社会意识形态以及对教育的变革均产生重要的影响,如推动道德的完善与进步。第三,科学技术还可以促进教育内容的更新与形式的发展。

(二)社会发展对科技发展的影响

1. 科技政策影响科技发展

和谐安定的社会环境、合理的制度、有效的激励机制,可以为科技工作者起到一个很好的支持作用,从而提高他们的科研热情,进而提高科研产出率。17世纪以来,科学技术越来越受到西方国家的重视,很多国家通过法律和规章制度来保障科学研究的进行。1623年,英国国王詹姆士一世允许设立"专利权"保护新发明的权利,从而促进了许多新发明的产生,这也促使了工业革命于1750年在英国的率先爆发,使英国的科技水平在长达一个多世纪里领跑世界。二战时期,美国政府制定的《科学——无止境的前沿》的科学政策报告,不仅开启了制定科学政策的先河,而且对日后美国科学事业的发展产生了重大影响,并成为政府科技宏观管理新的里程碑和各国对之进行借鉴的典范。21世纪以来,越来越多的国家通过制定相关政策来保证本国的科技研究和发展。

2. 社会的物质投入影响科技发展

20世纪以来,随着科学技术的全面社会化,发展科技成了现代国家的重要事业,并日益依赖于社会经济的发展和国家的支持。近几十年来,各国纷纷成立专门机构保证科学研究的进行。在美国,国家科学技术委员会于1993年成立;1996年初,中国政府成立了以李鹏总理担任组长的国家科技领导小组;1994年,印度、埃及、匈牙利等国相继成立了由总理亲自出任内阁的科技委员会;英国内阁也重新设立科技部长。各国对科技的投入逐年加大,投入科研的人员越来越多,投入科研的主体也呈多样化。在欧盟委员会公布的《2018年欧盟工业研发投资排名》中,华为公司超越了苹果公司和英特尔公司排名第五,华为快速上升的排名和华为的成就一样令人瞩目。华为2018年投入的研发资金,占据了全年营业额的14.7%,华为总裁任正非认为"创新是华为发展的不竭动力"。当初任正非在代理程控交换机获得"第一桶金"之后,敏锐地发现技术力量能带来财富。从此之后,就开始投入大量研发资金坚持技术与产品创新。在任正非的影响下,华为一直在不遗余力地提升企业的核心竞争力。但这种"竞争力"并不是只是嘴上说说,需要投入大量的人力、物力、财力去研发,方能成功。

自从1840年列强打开了中国大门,内忧外患中的旧中国无暇顾及科技发展,这个时期中国的科技几乎没有任何进展。新中国成立后,在和平环境下,国家根据科技发展的迫切需要制定了一系列科技政策。在这些政策的保障下,中国科技开始迅猛发展,中国人也迅速掌握了核技术、卫星技术等一系列高新技术。中国已成为全球第二大研发投入大国,在研发成果转化为商业产品阶段的投资已全球第一。2017年,科技进步对中国经济增长贡献率达到57.5%,已接近世界创新国家的第一集团。中国的科技在量子通信、交直流特高压技术、超级计算机、激光技术等众多方面处于世界领先水平。

三、科学技术与社会协调发展

科学技术与社会协调发展,是时代的要求。所谓协调,就是在大范围内,通过控制、调节,使全局实现最优化。然而,科技与社会的协调发展是一个十分复杂的问题,涉及方方面面。根据目前的国际、国内形势,最基本的要做到以下两点。

1. 增强创新意识,建设创新型国家

创新型国家是指把科技创新作为基本战略,大幅度提高科技创新能力,形成日益强大的

十八届五中全会确立的新发展理念

竞争优势,这一类国家称之为创新型国家。我国面临的一系列问题,如环境问题、人口问题以及资源问题等,其最终出路只能依靠自主创新。自主创新可以使我国摆脱仅仅依靠劳动力投入和资源消耗的经济增长模式,提高我国的综合国力,减少我国对发达国家的资本、市场和技术的依赖。特别是从国家安全角度考虑,我们已经从跟踪模仿为主向自主创新转变,整个国家在创新型国家的体系下安全稳步地发展。

2. 积极推进国际合作,共享科技硕果

国际合作牵涉经济、政治、军事、外交、科技、文化、交通、能源、环境、体育、卫生等诸多领域。1967年,加拿大传播学家麦克卢汉在他的《理解媒介:人的延伸》一书中首次提出"地球村"的概念,主要是指随着广播、电视和其他电子媒介的出现,人与人之间的时空距离骤然缩短,整个世界紧缩成一个"村落",这个概念随后被广泛使用在各个领域。实际上,地球在方方面面都变得"更小",从而使得整个世界的联系更加紧密。如为了应对全球气候变化,2016年全球共有178个缔约方签署了《巴黎气候变化协定》。从人类发展的角度看,《巴黎气候协定》将世界所有国家都纳入了"呵护地球生态,确保人类发展"的命运共同体当中。协定涉及的各项内容摈弃了"零和博弈"的狭隘思维,体现出与会各方多一点共享、多一点担当,实现互惠共赢的强烈愿望。国际合作具有互通有无、促进了解和沟通、节约社会劳动等优点。实际上,在环境、核武器、信息安全、能源等领域都需要加强国际合作。为了使人类更好地享受科技带来的硕果,世界各国在各个领域积极展开国际合作意义重大。

拓展延伸

案例分析

工　匠　精　神
中国制造呼唤大国工匠精神①

习近平总书记曾经提出"推动中国制造向中国创造转变、中国速度向中国质量转变、中国产品向中国品牌转变",这是给中国制造业提出的行动指南。政府工作报告中也提到鼓励企业开展个性化定制、柔性化生产,培育精益求精的工匠精神,增品种、提品质、创品牌的问题。在中国经济发展进入新常态,产业结构向中高端发展,全社会创新创业全面展开的大背景下,提出并强调工匠精神,确实是适逢其时,有很强的现实意义和深远的历史意义。

所谓工匠精神,有几层含义:一是精益求精的精神,工匠们追求完美,注重细节,为产品质量,不惜花费时间精力,孜孜以求;二是严谨认真的精神,工匠们对细

---

① 梁启东.《中国制造呼唤大国工匠精神》.光明网,2017年6月13日。

节有很高要求，坚持标准，一丝不苟，不投机取巧，不达要求决不轻易交货；三是专注敬业的精神，工匠们对精品执拗地坚持，对专业执着地探索，可能几代人为一种产品不懈追求，耐心、隐忍和毅力是一切手工匠人所必须具备的特质；四是推陈出新的精神，工匠们不跟别人较劲，永远跟自己较劲，为此不断改进设计，不断提升产品和服务，绝不停止追求进步，无论是使用的材料、设计还是生产流程，都在不断完善；五是文化感染的精神，工匠们喜欢不断雕琢自己的产品，热爱自己所做的事，不断改善自己的工艺，享受着产品在双手中升华的过程，乐在其中。

工匠精神

没有工匠精神，就不可能打造金字招牌的"中国制造"。现在，中国正在打造经济升级版，中国制造要走进世界市场，品牌、技术、标准、质量等一定要建立起国际比较优势。这其中人才建设，特别是形成一批新一代的"工匠"是重要的因素。如果把提高科技创新水平、提升信息化与工业化融合能力等看作我国制造业转型升级的"硬件"，那么广大劳动者身上的工匠精神就是必不可少的"软件"，缺少软件支撑的硬件，犹如断弦之弓，发挥不出任何价值。任何科技的创新都不能取代劳动者的双手，从制造业大国迈向制造业强国的过程中，需要一大批具备工匠精神的劳动者挥洒汗水，实现由制造业大国向制造业强国的跃升，离不开大国工匠精神的坚实支撑。

弘扬"工匠精神"，就要让工匠们工作有舞台、有价值，生活有尊严、有体面，让讲究"工匠精神"的企业有公平健康的市场竞争环境。要改革教育制度，让职业技术教育在国家有更高的社会地位，让工程教育在高等教育中有更大的分量，让实践教育贯穿我们的中小幼教育；要提高工匠的地位，通过物质奖励和精神鼓励等手段，培养一批专家和技术工人，扎根基层，扎根专业领域，让工匠在社会上有职业声望、更高的获得感和荣誉感；要营造"鼓励创新、宽容失败"的社会文化环境，建立创新失败补偿机制，让青年创客要沉得下心、坐得住"冷板凳"，真正做出好创意、好作品。

让中国制造走向世界，企业是主体，产品和技术创新是关键环节，要将工匠精神融入企业生产每一个环节,促进企业精益求精、提高质量,使认真、敬业、执着、创新成为更多人的职业追求,带动中国从制造大国走向制造强国。

在互联网时代,人们的实践活动更多地集中在虚拟实践,现实实践逐渐被边缘化,工匠的实践活动作为现实实践的一部分,逐渐淡出人们的视野,工匠精神也不再被人们所重视。但是现实实践依然是实践的主要形式,工匠永远都不会退出历史舞台,工匠精神也永远不会过时,在当代以及未来,工匠精神依然是人类文明的重要组成部分。并且,在虚拟实践领域,工匠精神依然有它的用武之地。

工匠精神继承优秀传统文化。首先,技艺崇拜。中华民族历史上的"三皇"、"五帝",并不是真正的帝王,而是太古时期为人类做出卓越贡献的部落首领或部落联盟首领,他们的共同点是都有着超凡的技艺,并用他们的技艺造福大众。比如,伏羲擅长渔猎,神农擅长医疗与农耕,黄帝擅长制造器具。后人追尊他们为"皇"或"帝",并敬为神灵,以各种美丽的神话传说来宣扬他们的伟大业绩,体现了人们对于精通某项技艺的人的尊重和崇拜。正是这种工匠精神使得中华民族屹立于世界民族之林,并多次到达巅峰。在中国当代社会,这种工匠精神依然需要不断宣扬。其次,尊师重教。中国传统文化中历来对于传授技艺的人非常尊重,所谓"一日为师,终身为父",正是在这种师道传统的影响下,才将师傅的"教"和徒弟的"学"发挥到极致。历史上很多伟大的人物都是教师,比如孔子,被李约瑟称为"无冕皇帝"。再次,实践精神。荀子在《劝学》中这样写道,"故不登高山,不知天之高也;不临深溪,不知地之厚也",充分肯定了实践的重要性。而"知行合一"是对于认识和实践的最全面认识,将认识和实践统一起来,实现认识深度和实践水平的不断升级。工匠精神作为传统文化的一部分,是中华民族的重要遗产,需要得到应有的尊重与继承。

工匠精神提升实践的效率和质量。首先,规范虚拟实践。工匠精神作为实践精神的一种,对于虚拟实践同样具有价值。虚拟实践作为一种新的实践方式,已经开始应用在社会生活的各个领域,如影视、教学、购物等,这些领域会出现新的工作岗位,这些工作岗位会出现新的工匠,这些工匠依然需要工匠精神的支撑,同时也会不断丰富工匠精神的内涵。其次,工匠精神助推产业升级。中国目前是制造业大国,离制造业强国还有一定距离,要实现这种跨越,工匠精神可以起到关键作用。日本、德国等国家都十分重视工匠精神的价值,所以才能够制造出享誉全球的产品。德国在欧盟经济中独树一帜,没有坠入衰退的深渊,德国总理默克尔将其归功于追求卓越的工匠精神。日本工匠在"耻感文化"的熏陶下,认为制造出不合格产品是一种耻辱,并追求极致,所以日本产品注重细节的优点为人称道。民族品牌要跻身高端产品行列,需要精益求精的工匠精神支撑,必须追求完美和坚持品质。再次,工匠精神提升工匠素质。工匠精神是工匠素质提升的"阿基米德支点",它既是当前经济发展对劳动者素质的需求,也是学校教育中职业素质教育的重要部分。从学校到社会全方位的熏陶、培养,对劳动者素质的提升有着重要意义,而工匠素质的提升又是产业升级的前提和条件。

工匠精神促进创新创业。首先,工匠精神的弘扬是工匠进行创新创业的外部条件。当前,国家大力弘扬工匠精神,尤其专注于产业工人的培育,劳动光荣、技能宝贵、创造伟大已

第五章 科技哲学与文明之道

经形成了新的社会风尚,这些都为工匠投身创新创业提供了良好的外部环境。其次,工匠的技艺是创新创业的内部保证。工匠制造产品和机器制造产品的最大差别,在于机器永远都是一成不变,而工匠随着经验的积累和能力的提高,可以进行创新。只有创新才能增加产品的附加值,就像那些"祖传秘方"或者发明专利一样,是有其巨大经济价值的。再次,工匠精神包含创新创业精神。创新是工匠自身的一种自我实现,一个工匠如果不能实现自我提升,"逆水行舟,不进则退",很容易就被时代所抛弃。另外,创新是工匠技艺不断发展的前提,创新不光需要一丝不苟和精益求精的制造精神,也需要具备不断适应变化的求新求异精神,才能得到"青出于蓝而胜于蓝"的成果。

克 隆 人

在远古时期,人类的祖先便发现,最茁壮的植株的种子培植出的谷物也更优良。这是人类开始按照人的意图控制生命的开端,这也是克隆技术最终目标的最初体现。随后,人们一直进行着改良人类固有缺陷的一系列活动。真正意义的克隆活动最早开始于 1952 年,美国科学家罗伯特·布里格斯和托马斯·金用一只蝌蚪的细胞创造了与原版完全一样的复制品;1972 年进行了基因复制;1978 年,第一例试管婴儿出生;1996 年,世界第一例从成年动物细胞克隆出的哺乳动物绵羊"多利"诞生;2000 年,美国俄勒冈的研究者用与克隆多利羊截然不同的方法克隆出猴子。

人的克隆是一种无性生殖。科学家将没有受精的卵子中的全部遗传信息去掉,再加入另外一个人的遗传信息,然后将这个带有另一人全部遗传信息的卵子培养起来,让其分裂,最后可培养出克隆人。

关于克隆人的话题在影视作品中也有很多描述。

电影《魔力女战士》海报

《魔力女战士》讲述了这样一个故事:在未来世界里,人类被一种病毒几乎灭绝,剩下 500 万人侥幸逃生。然而,人们失去了自然受孕、繁衍生存的能力,只能靠着一代代克隆自己生存了 400 余年。可是持久的克隆却埋下了极大的隐患——人们被自身几代的克隆搅乱了记忆,处于"不知自己是谁"的混乱当中。幸存者们的领导者克隆了自己 7 代,致力于治愈人们的不孕之症。在不断实验的过程中,终于出现了自然受孕的人。可在执政府中却有一位只想通过克隆而永生,不想恢复过去生老病死的自然生态规律的人。在"魔力女战士"的帮助下,终于"邪不胜正",人类不用靠克隆生存,回归到了自然。影片对克隆这一技术显然表现出极为不认可的态度。片中那个反叛角色想违背自然规律,依靠克隆永生,可人类的不孕症却开始自愈了,他永远都敌不过自然的规律。克隆只能暂时起到保存人类的作用,想"越俎代庖",只会导致人们自身记忆系统的大乱。女主角甚至说"只想活一回,能活得精彩便足矣"。

《逃出克隆岛》的主人公是两位逐渐觉醒的克隆人,他们一直作为器官移植的活体实验品被圈养在一个基地岛屿里。他们生活在一个编造的谎言中,直到其中一位善于思考和勇敢的克隆人发现了这个天大的秘密,帮助所有克隆人逃出了这个没有人性的克隆岛。这部影片给克隆人赋予了等同人类的权利。片中那些拿克隆人当作商品买卖的商人,根本不把他们当作"人"来看待。可事实上,这些只作为富人们器官的"后备产品",却也有着自己自主的思考能力,他们也是有血有肉有头脑的人。

《天赐灵婴》讲述的是在车祸中痛失爱子的一对夫妇,在科学家的帮助下成功克隆出了自己的儿子。然而,这个克隆儿子在成长的过程中,却引发了令他们惊魂不定的噩梦。本片提出了这样一个疑问:"肉体可以复制,灵魂可以吗?"如此克隆出来的人虽然有着与"原件"一模一样的面容,可是在他的内心深处却隐藏着人格分裂、精神战栗的阴影。这样的克隆人你想要吗?

以上三部电影从不同侧面反映了人们对于克隆人的质疑,并且都是以一种相对恐慌的态度来引导人们。通过理性的分析,人们对于克隆人的担心主要可以归纳为以下三点。

第一,克隆人违背了自然规律。虽然自然界本来就存在着克隆现象,比如柳树的扦插和土豆的营养生殖均属于克隆现象,但是人类却不能在自然状态下克隆。因此,进行人类的克隆必然是一种违背自然规律的行为。人类目前的伦理关系是在长期物质生产和自身生产过程中形成的一种特定的社会关系,这种社会关系经过长期的演化才稳定下来,而克隆人的出现会打乱这种秩序,引起一系列法律、伦理、医学问题,一些问题人类在短期内并不能找到有效的解决办法。

第二,克隆人对人的定义和尊严提出挑战。正如《逃出克隆岛》描述的那样,克隆人可能会被作为一种产品进行生产,并且不合格产品会被任意地屠杀,这是对人的定义和尊严提出的挑战。马克思主义哲学认为"人是一切社会关系的总和",而克隆人在生产过程和成长过程中并不需要社会关系,仅仅是被注入千篇一律的记忆,这就导致对于人的定义的混乱。到底如何划分克隆人也是一个问题,传统的有性生殖方式生的人是独一无二的,通过自然方式生产的每一个人都具有独特性,无法被他人取代,人的尊严正体现于此。克隆人很多时候会克隆具有"优秀基因"或者"特殊基因"的人,而这些具有"优秀基因"或者"特殊基因"的人的尊严就无法保证。

第三,克隆只能克隆"生理"人,而无法克隆"心理"人。人的心理是在社会中各种因素的共同作用下逐渐形成的,这个过程很难复制,因此克隆人只能是克隆被克隆者的生理特征,对于心理特征却无能为力。由于特殊的出生方式,以及不同于目前的具有人伦关系的家庭模式的培养,克隆人更有可能出现心理畸形、精神分裂等问题。因此,克隆人与一般意义上的人会有很大的差异。

生命伦理学有以下一些基本原则。

第一,尊重自主性原则。它要求涉及他人的行为必须得到他人的允许,每一个有健全思维能力的成年人对于涉及自身利益的行为都有决定权。自主性主要包括思想的自主性、意志的自主性和行动的自主性。尊重自主性原则必须在知情同意的情况下进行,知情同意由五个因素组成:胜任、透露、理解、自愿和同意。例如,有病人需要进行近视矫正手术,那么,进行此项手术的医生必须能够胜任这项工作,并详细耐心告知患者手术的原理以及可能带来的后遗症,让病人对此项手术有充分的了解,病人自愿同意实施手术后,医生才能进行治疗。实际上,任何一项技术都应经过这一流程,但是目前对于很多新技术,人们只是在不知情或者盲目的情况下进行使用。例如,对于转基因食品,对于公众来说,无疑存在着极大的风险;高强度的电磁辐射对人体会产生一些伤害,但是一些通信发射塔建在人口密集的地方,无疑对公众的健康提出了挑战。

第二,不伤害原则。不伤害原则要求避免有意的伤害及其风险,不仅如此,它也要求以可能的利益来证明风险的正当性,要求行为者的思考必须是周密的,谨慎行事。例如,在关于公共健康的实验中,人们有责任保护受试者不受到任何伤害,或者把伤害的风险减至最低程度。显然,在一些情况下,风险是不可预料的,或者是不可避免的。有些问题或者手段会导致对于一定规模的人口的伤害,这就需要人们进行严格的论证,将伤害减到最小。人们不妨将不伤害原则通俗地归纳为以下一些方面:不剥夺他人幸福生活的权利、不谋杀、不使人致残、不冒犯他人、不造成疼痛或者痛苦、不使他人心灵受到创伤、不使他人声誉受到损害。

第三,公正原则。人跟人之间虽然存在着这样那样的差异,但是人都应该被公正地对待。著名的政治哲学家罗尔斯在他的国家健康保障理论中就提出,社会应该为每一个成员提供平等而充分的健康保障,根据他们的需要进行分配,而不论他们的社会地位与财富如何。① 每一个人的社会地位、经济状况和健康状况不同,医疗保健的起点也不同,理想地说,每一个人都应当根据需要得到自己的那一份医疗保健资助。

第四,原则的冲突与协调。尽管存在着这样那样的原则,人们对于不同的原则也有不同的解释,但是在实践中,很多问题不能仅仅求助于原则来解决。有的观点认为对于不同的文化、期望、信念和制度,应该给予不同的理解和行动;有的观点认为,发现一种唯一正确的、俗世的、标准的普适性理论是不可能的;还有的观点认为,原则应该适用于特有的情况,它们必须被具体化,必须被灵活使用,以便留有足够的余地。任何原则都不是万能的,也没有人能够提出一个万能的方案。尽管原则对社会有一定的约束力,但是并不具有法律的强制力,在生命伦理问题层出不穷,人们道德取向多元化的今天,人们更需要对原则进行具体、灵活地应用,以促进不同文化、不同社会群体和不同人们之间的交流和对话。

---

① [美]罗尔斯.《正义论》.何怀宏等译,中国社会科学出版社,1988年,第58页。

思维训练

珍妮和约翰本来是一对美满夫妻,但由于种种原因,生不了孩子。幸好,约翰的朋友斯皮克是阳光医院的试管授精技术专家,在约翰按规定付费以后,斯皮克答应利用医院库存的精子和卵子,为他们制造出一个婴儿。他用的精子是当地大学生捐献的,卵子是一位乐于助人的年轻女士捐赠的。

试管授精成功造出了一个胚胎,植入了一位"代理母亲"哈尼杜夫人的子宫(当然她要收取高额报酬)。9个月后,计划顺利完成,一个体重为6磅4盎司的小孩山姆出生了。

到此为止,一切顺利,大功告成。斯皮克大夫给那对盼孩子的夫妻打电话报告喜讯。可是他没有想到约翰和珍妮已经离婚,不再想要孩子了。他们反正已经付过费,现在离异了不再要孩子,斯皮克也没有办法,只好给"代理母亲"哈尼杜夫人打电话,希望她收养这个孩子,甚至表示可以再给她付一笔钱。

哈尼杜夫人对此无动于衷。她已有自己的孩子,不想再要这个并不是她自己的孩子。她说她已经付出了9个月的艰辛,决不再为别人的孩子受累一生。她反过来责怪斯皮克大夫和阳光医院不负责任。

斯皮克被逼得走投无路,只好通过阳光医院的律师查明精子和卵子捐献者的姓名。那精子捐献者登记的是假姓名、假地址,查无此人。那卵子捐献者倒是找到了,但她暴跳如雷,不但不肯收养孩子,还痛骂阳光医院把她的卵子白白浪费了。

可怜的斯皮克大夫,无奈地瞅着那婴儿床上"咯咯"低笑的小山姆,却想不出这究竟是谁的孩子?①

请思考科技与道德和法律如何协调发展。

 网络探究

2019年5月23日《南阳日报》头版刊发的一则报道——《水氢发动机在南阳下线,市委书记点赞!》,引发舆论广泛关注。

根据青年汽车官方的介绍,青年水氢燃料车不用加油,也不用充电,只加水,续航里程超过500公里,轿车可达1000公里。青年水氢燃料车的工作原理是,车顶安置一个蓄水箱,车内的特殊的转换设置可以将水转换成为氢气,再输入氢燃料反应堆,产生电能,然后驱动车载电机和引擎,使得汽车行驶。

---

① [英]马丁·科恩.《101个有趣的哲学问题》.伍中友译,新华出版社,2008年,第187页。

第五章 科技哲学与文明之道

《南阳日报》关于水氢发动机的报道

此外,青年汽车集团董事长庞青年曾经表示,水氢燃料车所加的水并无水质要求,自来水、河水、海水均可使用。同时,用户无须氢气成本,也减少了氢气的存储与运输,水解产物具有可观的经济价值。

但"特殊的转换装置"是何物,外界并不知道。"加水就能开车"的工作原理具体为何,外界也不得而知。"燃料不是水而是其他物质,将水分解成氢氧。"5月24日,清华大学氢燃料电池实验室主任王诚对记者表示。

"水制氢没有问题,但在成本和整车性能指标方面可能没有什么优势。加水的时候,还要不断加其他燃料。"有业内专家对记者表示。这种能源消耗高,转换效率很低,并且成本高昂,实际效果很差。

还有专家表示,电解水制氢即便未来有所突破,也只是会应用到制氢环节上,肯定不会直接在车内实现。

你认为上面的新闻报道是科学探索还是伪科学瞎胡闹?为什么在提倡真科学的今天伪科学还大行其道?伪科学生存的土壤是什么?要探究这个问题,你可以在网络搜索引擎中输入"伪科学"与"伪科学生存的土壤"等关键词以查找资料。

视频推荐

1.《复旦大学公开课:人工智能哲学》

内容简介:本课程从人工智能科学发展的科学史概要出发,讨论了哲学思辨和人工智能研究之间的密切关系,并从人工智能的角度,重新审视了近代欧洲哲学对于"机器是否能够思维"这个问题的思辨结论。尔后,讨论了如何从当代计算机科学的角度来解读康德哲学,并从中得到一个关于类比推理的计算模型。本课程也讨论了美国当代哲学家塞尔对于"计算模型如何获得关于符号的语义知识"的忧虑,并进一步探讨了这一忧虑在计算机科学内部的表达形式:框架问题。

2.《大国重器》(2018,中国)

内容简介:展现中国装备制造业成就,讲述充满中国智慧的机器制造故事。

3.《爱因斯坦与爱丁顿》(2008,英国)

内容简介:影片讲述了第一次世界大战期间,两位伟大的科学家因具有相同的人文精神和人类良知,以及坚毅的科学信仰和求索精神,跨越国界彼此成就的故事。爱因斯坦的相对论发表后,在欧洲科学界反响热烈,如果相对论能够成立,意味着牛顿的力学定律将被颠覆,在英德两国交战期间,这个问题变得更加敏感。时任剑桥大学天文台台长的爱丁顿认为科学关心的只是真理,坚持要用实验来检验相对论,1919年,爱丁顿率观测队前往西非普林西比岛观测日全食,拍摄日全食时太阳周围星星位置,成功印证了太阳重力弯曲光线的理论。

4.《人类星球》(2011,英国)

内容简介:该片主要讲述了从偏远沙漠到繁华都市、居住在世界各角落的人群的生存之道。每集都关注某一标志性的地理环境,揭示那里的人们如何适应环境以及周边动植物物种的变化与繁殖。

阅读推荐

1. 郭豫斌.《宇宙之谜》.陕西人民出版社,2009年。
2. [英]霍金.《时间简史》.吴忠超译,湖南科技出版社,2006年。
3. [美]格林.《宇宙的琴弦》.李咏译,湖南科技出版社,2007年。
4. [法]埃德加·莫兰.《复杂性思维导论》.陈一壮译,华东师范大学出版社,2008年。

课后思考

1. 简述自然界的演化的自组织机制。
2. 当代大学生应该具备什么样的科学精神?
3. 论述技术的特征。
4. 从技术的属性论述技术的正、负面价值。
5. 从科技的价值论述科技的社会功能。

扫一扫查看更多习题

第六章　人生哲学与修身之道

你若要喜爱你自己的价值,你就得给世界创造价值。

——歌德

学习要点

- 人生哲学是关于人生的根本原理和智慧,是探讨人生重大问题的哲学学说,能帮助我们了解宇宙人生的根本原理,对日常生活起指导作用。
- 人与自然、社会、自身所构成的三种关系,形成了人的三种属性:自然属性、社会属性和精神属性。
- 生与死的问题、灵与肉的问题、感性与理性的问题是人生中最主要的问题。
- 中西方的哲学家们对人生的思考与意义的追寻进行了大量探索,也为后人留下了丰富而珍贵的思想遗产。每种人生观在不同阶段、不同境遇能对我们的人生有不一样的引领,指引我们用智慧处理生活的点滴。
- 青年是人生中的重要阶段,大学生要处理好理想与现实、顺境与逆境、自我与他人的关系,从而在社会中认识自我,在创造中实现自我,用智慧引领人生。

故事导入

在古希腊时期,忒拜城拉伊俄斯国王由于早年犯下了背叛恩人的罪名而被宙斯诅咒"将会被自己的儿子杀死"。为了逃避这一诅咒,拉伊俄斯命人将自己刚出生的儿子双腿钉住扔进山谷,让其无法独自存活而自然死亡。然而,拉伊俄斯的儿子被没有子嗣的科林斯国国王收养,起名为俄狄浦斯,并抚养成人。俄狄浦斯长大后,有一次去到德尔菲神殿祈求神谕,得到神的启示,说他将来必定会弑父娶母。不知道科林斯国王与王后并非自己亲生父母的俄狄浦斯,内心充满了恐惧。他非常深爱自己的父母,为避免神谕成真,他便躲着父母,悄悄离开科林斯国,并发誓永不再回来。俄狄浦斯离开科林斯国后便骑着马车赶往了邻国忒拜城。

为了惩治拉伊俄斯犯下的罪行,天后赫拉派来了狮身人面的女妖斯芬克斯,在忒拜城附近的悬崖上长期驻守。她每天都会向进入忒拜城城门的人出一个谜语,猜不出谜语,就会被她撕碎扔到悬崖之下粉身碎骨。但也同时承诺,如果谁猜出她的谜语,她就自觉跳崖自尽,并让这个人成为忒拜城的国王。

忒拜城陷入极度的恐慌之中,忒拜国王拉伊俄斯为了寻求击退斯芬克斯的方法,去德尔菲神庙请求神谕。走向德尔菲神庙方向的拉伊俄斯与朝着忒拜城方向行走的俄狄浦斯在林间的小路相逢并产生冲突,拉伊俄斯被年轻力壮的俄狄浦斯刺死。年轻而又具有智慧的俄狄浦斯准备进入忒拜城,斯芬克斯向他出了一个谜语:"这个世界上有什么东西早上是四条腿走路,中午用两条腿走路,傍晚用三条腿

俄狄浦斯进入忒拜城

走路的?"俄狄浦斯思索了一下回答说:"人。"随后,斯芬克斯便一声狂叫并跳崖身亡。俄狄浦斯用自己的才智与勇气破解了斯芬克斯的谜语,使得女妖在羞愧中自尽。拯救了忒拜城的俄狄浦斯受到人民的推崇,被选为国王,并按照习俗与失去了丈夫拉伊俄斯的王后伊俄卡斯忒成婚,并生下了两儿两女,于是应验了他"弑父娶母"的神谕。忒拜城最终灾难不断,俄狄浦斯在得知自己"弑父娶母"的真相后,刺瞎自己的双眼,漂泊四方,最终死于众女神的圣地。

"斯芬克斯之谜"实际上提出了一个深刻的命题——人是什么?从而进一步启发每个人思考:人应该如何认识自己?人在正确认识自己的生命历程的同时,能否决定自我的命运?在这个神话故事中,主人公俄狄浦斯的人生经历及其悲剧的结局能给我们什么启示?这些实际上都是人生哲学关注的问题。

人生哲学是关于人生重大问题、根源问题的哲学学说,也是人生观的理论形式。关于人生目的、价值、意义、态度等问题的探讨都属于人生哲学的范畴。思考人生哲学的相关问题可以帮助我们了解宇宙人生的根本原理,对日常生活起到指引作用。

理论概述

第一节 人与人生

中国有一句名言:"人贵有自知之明。"但人真的能正确认识自己吗?"我是谁?""我从哪里来?""我到哪里去?""人与动物的本质区别在于哪里?""怎样的人生才是有价值的人生?"要探讨诸如此类的问题,首先需要对人与人生的本质与内涵进行分析。

一、人的规定性

"人是什么",这是一个千古不灭的问题。为了回答这个问题,古今中外多少思想家、哲学家以及仁人志士,殚精竭虑,冥思苦想,都不能给出令人满意的答案。不同的人给"人"以不同的定义:人是扁平足的无羽毛的动物;人是会说话的动物;人是理性的动物;人是社会化的动物;人是能制造工具进行劳动的动物;人是能超越自己存在的动物等。如此之多的"人"的定义构成了人的历史,既展现了人的存在的不同方面,也是人对自己的不同的规定。但是,这些规定都是限定,都只是在某一个侧面揭示了人的特征,而没有揭示出人的科学的、全面的本质。

相对于其他动植物而言,人是已成者;相对于人为自己设置的理想而言,人又是未成者。人的无限开放性和无限创造性,不断丰富着人的内涵,也决定了人的不可完成性。从生物学意义上的人到哲学意义上的人,从人类学意义上的人到社会学意义上的人,都没有也不可能给"人"提供一个完整的图景。人的灵与肉的对立统一,人的存在的阶段性与历史性的对立统一以及人的创造性与超越性的特征,决定了我们对"人是什么"这一问题做出一劳永逸的回答是不可能的。然而,我们依然可以从古今中外不同的哲学家的思想中管窥人的规定性。

> **哲人哲语:**
> 人是一根会思考的芦草。
>
> ——帕斯卡尔

(一)人的属性

属性是指对事物的性质及事物间关系的统称。人的属性通常是指人作为类存在物,在社会实践活动中作为整体性的人所表现出来的性质。马克思认为,人的属性是一个具有最大外延的概念,根据人同自然、社会与自身三种关系,应包括自然属性、社会属性和精神属性三大方面。

1. 自然属性:认识人与自然的关系

人是一个有生命的自然存在物,具有自然属性。马克思指出:"人直接地是自然存在物。人作为自然存在物,而且作为有生命的自然存在物,一方面具有自然力、生命力,是能动的自然存在物,这些力量作为天赋和才能、作为欲望存在于人身上;另一方面,人作为自然的、肉体的、感性的、对象性的存在物,同动植物一样,是受动的、受制约的和受限制的存在物,就是说,他的欲望的对象是作为不依赖于他的对象而存在于他之外的。但是,这些对象是他的需要的对象,是表现和确证他的本质力量所不可缺少的、重要的对象。"①马克思的这一论述实际上向我们揭示了以下两点。

一方面,人的自然属性规定着人受制于自然规律。例如,人必须经历生老病死的阶段,人永远无法逃脱死亡的结局。这是自然规律在人身上的具体体现,企图通过各种方法"长生不死"是违反人类自然生长规律的。

另一方面,人的自然属性规定着人具有动物性的一面。人首先是动物,正如恩格斯所说:"人来源于动物界这一事实已经决定人永远不能完全摆脱兽性,所以问题永远只能在于摆脱得多些或少些,在于兽性或人性的程度上的差异。"②由此可见,人与生俱来所带有的"动物性"使人不可避免地带有自然属性,而这种自然属性使人先天地具有吃、喝、拉、撒、睡等饮食男女所必需的衣食住行、繁衍后代等基本需要。动物也具有自然属性,但是动物的自然属性与人的自然属性具有完全不同的表现。动物的基本生存需要与其生命活动是直接同一的,它们不能把自己同自己的生命活动区别开来,它的所有生存就是它的生命活动。人则能通过自己的意识使自己的生命活动变成自己意识的对象。

2.社会属性:认识人与社会的关系

人的社会属性是人作为社会存在物在实践活动中形成的对社会关系与他人的依赖性。仅仅通过自然属性,还不能揭示人的本质属性,更无法体现人与动物的根本区别。人区别于动物的自由自觉劳动,使人与动物相区别,而人的社会关系的差异性则使人与人相区别。自然属性是人与动物所共有的性质,而社会属性则是人所独有的根本属性。婴幼孩童与家养动物同样都生活在人类社会环境中,得到抚养教育,为什么婴幼孩童可以成长为人,而家养动物却无法成为真正意义上的人呢?这说明人的动物特性从根本上与动物的动物特性具有本质上的差异。又或许说,人类从其本质上具有社会属性的"潜在性",而这种"潜在性"是一种未完成的特性,它需要人们在后天的社会环境中加以激发并培养实现。一个刚刚出生的孩童,假设放置于人类社会中正常生活,一般会成长为一个具有社会特性的人。如果孩童自幼在狼群中成长,则不具有人的本质。然而,假如让狼孩回到人类社会生活,经过一段时间的培养与教育,狼孩又会部分甚至是全部地"恢复"人的本质,具备简单的语言、思维和劳动能力等。但是动物不管家养多长时间,都不可能具备人的基本特性。这就是人与动物的本质区别。而这些可以称之为人的社会属性,它所反映的是人与动物、人与人之间的区别。

人的社会属性是如何形成的呢?它既不是由于人的生理组织自然而然地产生,也不是人类机制进化的生物学过程,而是以劳动实践为基础,在人类长期集体活动与彼此的社会关

---

① 马克思.《1844年经济学哲学手稿》.人民出版社,2000年,第105页。
② 《马克思恩格斯文集》(第9卷).人民出版社,2009年,第106页。

系中生成的。人类的祖先猿作为群居动物,在严酷的大自然面前逐渐形成以群体聚合的力量和集体活动来弥补个体能量面对大自然的渺小与不足,他们在共同抵御外界侵扰等过程中形成了一种社会本能,使他们能够学会协调并处理在社会交往中的关系,并形成真正意义上的社会关系。于是,人在自然属性的基础上慢慢形成了社会属性。人的社会属性也在某种意义上决定了单个的人是无法脱离群体而生存的。人的社会属性使人能摆脱动物属性的制约,而通过自我意识能动地实现自由自觉地活动,从而体现人所固有的、决定人性质、面貌和发展的根本属性。

3. 精神属性:认识人与自身的关系

人的自然属性说明了人具有与动物相似的生理和心理特征,需要受制于自然,人的社会属性说明了人不能脱离社会而孤立存在,受到社会的影响。人作为有意识的存在物,在劳动实践过程中必然会形成精神活动及其产物,从而形成人类所独有的精神属性,而人的精神属性则是人的属性中最高级别的属性。美国著名社会心理学家马斯洛认为,人之为人,不可或缺的是人的精神属性。"精神生命是人的本质的一部分,从而,它是确定人的本性的特征,没有这一部分,人的本性就不完满。它是真实自我的一部分,人本身的一部分,人的族类性的一部分,完满的人性的一部分。"① 人的精神属性为何如此重要?它对人类具有什么功能呢?

一方面,人的精神属性使人追求价值感与意义感。著名犹太心理学家弗兰克在总结人生时说:对人来说,最重要的不是趋乐避苦,而是在乐或苦中能看到价值与意义所在。人在诞生那一天本并不存在任何人生目标与意义设定,更多的是对先天的肉体生理本能的需要。但随着社会化的成长,人便开始了对人生的思索。人的生命只有一次,一生应该如何度过?"当他回首往事的时候,他不会因为虚度年华而悔恨,也不会因为碌碌无为而羞耻。"也正基于这样一些思考,人们对生活开始了付诸行动的积极追求,从而为自己的人生不断赋予价值并创造非凡的意义。

另一方面,人的精神属性使人超越物质需求追求更高层次的精神需求。虽然物质追求能为人提供生存与生活的最基本保障,然而物质的拥有并不一定能带来精神上的愉悦与幸福。人类生命的意义在于不断追求崇高的精神境界,超越了感官需求、日常琐事、物质金钱之外的精神追求能为人带来对生命体验的深度感受。人的精神属性使人渴望追求更高层次的精神的需要,追求更高的人生境界,这不仅是人生活的永恒主题,也是人生幸福的来源之一。人的精神属性使得人在物质世界之外创造了丰富的精神世界,充分彰显了人内在的自我超越精神与精神文化的核心特质,并成就了人类世界绚烂美丽的精神文明之花。

扫一扫了解更多孟子的生平与思想

---

① [美]马斯洛.《人的潜能和价值》.林方译,华夏出版社,1987年,第223-224页。

(二)人的本质

世界上的万事万物都有自己的本质,人当然也不例外。那么何为本质呢？本质是相对于现象而言的、区别一事物与另一事物的最根本的特性。关于人的本质,马克思提出了一个著名的论断:"人的本质并不是单个人所固有的抽象物。在其现实性上,它是一切社会关系的总和。"①从这一论断中可以看到,人的本质是具有可感性的,其"现实性"决定了任何一个单个的人都不能脱离社会而孤立地存在,必须要处在一定的社会关系中,并必然地被他所在的社会关系所决定和制约;离开了人的社会关系去寻找人的本质,无疑是缘木求鱼。在马克思看来,离开现实的生活与社会,就无法正确理解人。人一定是处于一定的社会关系之中的人,不同的社会关系、不同的社会实践造就不同的人的本质。人是什么样的,完全由其在社会关系中的地位所决定,在后天与他人的交往中形成和实现。

扫一扫了解更多马克思的人生故事

社会对人的决定性与制约性是否从某种程度上忽视了人的主动性发展与主体能动性呢？答案是否定的。从社会关系的视角定义人的本质属性,恰恰强调应该从具体的、历史的观点去洞察人的发展与人的本质,这蕴涵着对人主体性、能动性的充分肯定与张扬。

无论人性善恶,抑或是马克思关于人的本质的定义,都说明:人是一个开放的系统,是一个不断生成和发展的结构。通过社会教育与自我培养引导人性的全面发展,处理人性中存在的各种冲突、缺陷和不完善,引领人生走向和谐、美好的境界,是每一个人重要和艰辛的人生课题。

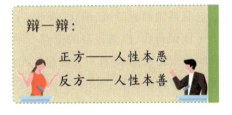

辩一辩:
正方——人性本恶
反方——人性本善

二、人的生命

人的生命有肉体生命与精神生命之分,这使得人在实际上具有双重生命。而对于人生的体验自然也分为肉体生命的体验与精神生命的体验。人的肉体生命是有限的,这在某种程度上决定了人生需要受到各种的限制。人在生物进化上与其他动物也具有很大的区别。人的孕育期、幼年期比一般动物要延长很多。研究发现,许多动物在出生的一瞬间就具备了独立的能力,而人类需要经过长达一年左右的时间才能学会走路,经过两到三年才能学会自己觅食,经过十多年的成长,方能脱离父母的保护而独立生活。人从出生那一刻开始,虽然脱离了母体而独立,但还不是真正意义上的"人"。心理学研究指出:"人是一个永远都未完成的动物,只有经过不断的反复学习,才能完善自我。"联合国教科文组织国际教育发展委员

---

① 《马克思恩格斯选集》(第1卷).人民出版社,1994年,第94页。

会在其《学会生存——教育世界的今天和明天》中把"培养完人"作为教育的根本目标,书中指出:"人永远不会变成一个成人,他的生存是一个无止境的完善过程和学习过程。人和其他生物的不同点主要就是由于他的未完成性。"人的"未完成性"使人的发展蕴含着不确定性、可选择性、开放性和可塑性,这就赋予人在发展中的无限可能性,这种可能性为人类超越自我实现了一次又一次的突破,创造了人类的奇迹。

想一想:

现在很多学校和教育机构都将联合国教科文组织国际教育发展委员会在其《学会生存——教育世界的今天和明天》中提出的"培养完人"作为教育的根本目标,你认为什么才是"完人"?

(一)人的肉体生命

所谓肉体生命只是人作为"一种存在"所具有的那种看得见、摸得着的实体物质生命系统。这套系统通过呼吸、消化、吸收、生殖等进行生物化学运动。自从人类具有自我意识,就踏上了认识自我、探索自身的道路。然而,作为一个有意识的生命存在,人类肉体生命的存在时间是如此短暂,终有一天要迎接死神的到来,并由此产生出一种虚无的恐惧感。面对着人类无法得知其寿命的宇宙时空,人类在一次次征服自然的同时,却感受到自我的渺小与无助。人肉体生命的长短与质量高低在某种程度上决定了人的生活样态、生命质量和存在意义。

人的肉体生命具有遗传性、有限性与不可逆性。遗传性是指每一个人的肉体生命都无可避免地从上代人所继承下来的生理解剖学上的特点,如我们的五官外形、肢体形态、感官功能、神经系统等的特点,人的遗传素质为人提供了生理的先天条件。个人肉体的遗传具有差异性,这种差异性不仅表现在体态和感觉器官的功能上,还表现在神经活动的类型上,这使得我们先天具备与他人的差异性。

人类的肉体生命是有限的。生老病死是人生常见的场景,死亡是人的肉体的必然归宿。一个人不管有多长寿,终究无法抗拒终有一死的命运。正是因为生命的有限性,才迫使人去超越自身的局限,充分发挥人的潜能,不断超越自我而赋予生命丰富的意义。除了肉体生命的有限性外,人的身体机能也具有有限性。人的肉体生命从诞生伊始,对比其他动物幼儿的生存能力而言,似乎没有任何优越感。如果以身体的体质而论,人是世界上最慢具备自主与自卫能力的动物之一。人的许多生存本能都弱于其他动物。

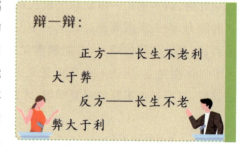

辩一辩:

正方——长生不老利大于弊

反方——长生不老弊大于利

如动物可以通过皮毛来抵御寒冷,具有无比锋利的尖齿可以啃食坚硬食物和捕食以及防御他者入侵,这些都称之为动物的"专门化本能"。而人类不具备这样的专门化,被认为是"有缺陷的存在"①。

生命的不可逆性意味着人的生命过程只有一次,没有重复的可能性。这里的不可逆性不仅指肉体生命的不可逆性,同时也指生命轨迹的不可逆性。每一个独立的个体,在生命中都具有无限选择的可能性,但人的生命轨迹是一条线性的存在。我们的任何一个决定,都意味着我们选择了一条不可逆的人生轨迹。

(二)人的精神生命

所谓精神生命是指人作为"类存在物"所具有的有意识、能思维的生命活动,其内在的表现是人类思维的自我运动、创新,外在表现为人类通过思想意识支配的有意识、有目的的实践活动。在日常生活中,我们常常会用"行尸走肉"来形容一些在生活中失去"灵魂"的人。这里的"灵魂"实质上指的就是人的精神生命。精神生命是人区别于禽兽的标志,人的本质与价值主要取决于精神生命。人的肉体生命是有限的,而精神生命却可以实现无限延长。1999年,英国广播公司(BBC)在国际互联网经过反复评选最后选定,马克思被评为千年最有影响力、最伟大的思想家。这显示了马克思精神思想的生命力。孔子所创立的儒家思想经历几千年的风霜,依然闪烁着熠熠光芒。人的精神生命活动实质上就是人有意识的生命活动所组成的整体。近年来,哲学界越来越多学者开始关注人的精神生命问题。

想一想:

臧克家有一首纪念鲁迅先生的非常有哲理的诗。其中第一句是:有的人活着,他已经死了;有的人死了,他还活着。思考一下,这里的"活着"和"死了"分别是什么含义?

(三)生命的内在张力:限制与超越

所谓生命的限制是指人在一生中所存在的不可逾越的约束与界限。所谓生命的超越是指人在成为人的过程中具有无限的可能性,能通过自身的努力不断突破各种限制,实现自我的超越。

不可否认,人局限于自身的肉体生命和外在环境,在不同程度上具有自身的限制性。冯

---

① [德]兰德曼.《哲学人类学》.彭富春译,工人出版社,1988年,第211页。

友兰先生曾经将限制人生的基本因素归纳为三种:"才"、"命"和"死"。此外,他还将人的生命存在从低到高分为四个层级:自然境界、功利境界、道德境界和天地境界。他认为不同境界的人所受的"才"、"命"和"死"的限制程度也是不同的。①"才"是指人的天资。每个人身上所携带

想一想:

如果人的生命能实现永生,世界将会发生什么改变?你觉得人类社会会发展得更好还是停滞不前?

的父母的遗传基因的差异造就了每个人在身体与精神上的不同天资。从某种意义上看,每个人天资的高低优劣规定着我们只能在天资的极限范围内"尽其才",人难以完全逾越天资的极限。"命"则是指人的命运际遇。每个人的生命都必然伴随着一定的时代背景与具体的境遇。如无法决定自己在何时何地何处出生,无法决定自我生长的时代以及时代所发生的所有的事件。这并非说人只能完全服从于所谓的命运的安排,而是让人能清醒地认识到自己所处的时代背景与生长环境,更有利于对自我成长与发展进行预判。而"死"则是指人最终无法逃避肉体生命终有一死的走向。这三者共同构成了生命的限制。

人的发展虽然受到种种限制,但这并不说明人对此只能消极对待而无能为力。作为有意识的存在,人具有自我选择、自我承担、自我超越的能力,这也是人的主观能动性的重要表现。人的命运境遇虽为生命的成长设置了不同的背景,但人可以通过自身的努力去改变自己的命运与机遇。尼克·胡哲是一名著名的残疾人励志演讲家。他1982年12月生于澳大利亚墨尔本,先天就患上"海豹肢症"的他从出生那一刻就注定没有四肢。然而,他通过自身的努力,不仅能完成正常人才能完成的骑马、游泳、足球等运动,甚至还能完成普通人较少涉足的滑板、冲浪等高风险运动,并成为一位环球励志演讲家。他的经历让人们看到人的精神意志与主观努力对于自身限制的超越力量。肉体生命的限制与精神生命的超越、躯体功能的限制与创造突破的超越,是天然地存在于我们生命中的内在张力。人只有以自身有限的生命去追求无限的精神存在,才能创造更为丰盛的精彩人生。

哲人哲语:

人类成长了,可是并没有成熟。它还陷在启蒙时代的网罗中。他最大的缺陷是不愿追求新生的那种惰性。然而,人类必须追求新生和成长。

——罗曼·罗兰

---

① 廖新平、廖建平.《人生的限制与超越——冯友兰人生哲学中未被重视的贡献》.《广西社会科学》,2006年第4期。

三、人生的主要问题

人的一生都需要面对很多事情,也需要思考很多问题。哪些问题是最主要的问题呢?可以说,生与死的问题、灵与肉的问题、感性与理性的问题是人生中最主要的问题,其他与人生相关的问题无一不是由这几个问题所延伸出来的。

(一)生与死

"To be? Or not to be? ——This is the question."这是英国戏剧家莎士比亚在其巨作《哈姆雷特》中的一句非常著名的台词。译为汉语的意思为:"生存,还是死亡?——这是问题的根本所在。"这句台词表达了主人公处于生死抉择关键时刻内心充满的挣扎痛苦。生与死的问题不仅是一个复仇王子在特殊情况下面对的特殊问题,也是每个人时时刻刻都应该面对并审慎思考的人生课题。

生死问题之所以是人生的主要问题,是因为它是人生所有问题的起点和基础。生死问题包含着"生"与"死"两个方面。出生是物理生命的起点,死亡是物理生命的终点。所谓的人生从表面上看来,就是处于生与死两个端点之间的生命状态,是肉体生命延续所形成的时空场域。孔子曰:"未知生,焉知死。"生存必须是一个人最基本的本能,缺乏求生本能,人类就无法得到繁衍。然而,人为什么需要思考死的问题?苏格拉底曾说:"哲学就是预习死亡。"思考并正视死亡,一方面能让人更加积极地投入现实的人生中,去创造更加有意义的人生,另一方面也能使人超脱出来,更宏观地观照自我的人生。没有生就没有死,没有死也无所谓生。生死相依,互为辩证。缺乏对生死探讨的人生哲学,是缺乏前提和基础的无意义探讨。因此,生死问题是人生哲学的根本问题。

扫一扫了解
《向死而生:补回
我们缺失的
死亡教育》

想一想:

有哲学家说过:每一个人的生命历程就是一个"向死而生"的过程,你是如何看待这句话的?很多学者还说:我们中国人特别缺乏死亡教育,忌讳谈及死亡。死亡教育的缺失使得我们的生命教育缺乏完整性。你觉得死亡教育重要吗?

(二)灵与肉

人生的另一个主要问题是灵与肉的问题。一般提到"灵",我们往往会联想到"灵魂"一词。对于灵魂的探讨自古已有。到底有没有灵魂的存在?如果人有灵魂,那灵魂是物质的还是精神的存在?人们甚至会通过各种方式来论证灵魂的有无,也描述过关于灵魂出窍、灵魂转世等的场景。然而迄今为止,还没有一个关于灵魂是否真实存在的科学定论。在这里,我们所讨论的"灵"主要是指人的精神、思想、品格、良心等,而我们探讨的灵肉问题实质是如何摆正肉体生活与精神生活之间关系的问题,这也是灵与肉的问题是人生最主要问题的原因所在。

肉体生活是人的生存领域,而精神生活是人的意义领域。柏拉图曾经提出一个非常经典的命题:"身体是灵魂的监狱。"他认为人的灵魂是不朽且至善至纯的,人的灵魂是因为附着在肉体上,被肉体的罪恶与欲望所控制才逐渐受到污染。他实

想一想:
你觉得人有灵魂吗?

质上是希望人们重视美德,净化灵魂,善度人生。人的肉体总是充满着"情欲",希望满足自身吃喝玩乐等欲望,而灵魂应该具有理性,追求高尚,践行美德,降低肉体对灵魂的影响。不管是在佛教还是基督教的人性论中,都认为人生要追求幸福,根本之道就是要摆脱追求肉体欲望与享受的束缚,追求灵魂的幸福和快乐。然而,人的完整性是由"灵"与"肉"共同完成的,人不能摆脱任何一部分而存在。这里实际上涉及应该如何处理肉体生活与精神生活之间的关系问题,而这一关系的处理将会直接影响着人生的意义。

无可否认,人只要生而为人,就必须面临生、老、病、死等诸般烦恼,也需要满足各种本能的生理欲望。生活不仅是精神境界的提高,还有肉体的维持与生命的繁衍,一味压抑人的食、色、性等基本的肉体需求是违反人性的做法。只有灵魂与肉体共同合作,达到灵肉的和谐,才能使"灵"与"肉"都在为"人"所用,共同达到修成人性、灵魂完美的最终目的。

(三)感性与理性

为什么感性与理性的问题会成为人生的主要问题呢?有学者言,相对比东方文化而言,西方文化更为重视理性精神与思辨的思维方式,这种说法不一定完全正确,但是却并不无道理。感性思维就是运用自己的经验和直觉去思考与判断。感性思维活动包括感觉、知觉、本能思维倾向、习惯思维等。理性思维就是运用逻辑、推理和演绎等方法去进行思考与判断。理性思维活动包括概念分类、定性思维、范畴思维、因果推理等。相对于其他动物而言,只有人才具有感性与理性的思维特征,对于这两者的重视与看法的差异影响着每个人不同的人生观与价值理念,具有不同思维模式的人也表现出不同的特征。

第六章　人生哲学与修身之道

📝 小卡片

感性思维与理性思维的区别

	感性思维	理性思维
行动	轻视规律	遵循规律
目标	注重感受	追求效率
结果	追求满足	压抑欲望

　　区别一，理性的人一般遵循规律（规则），感性的人一般轻视规律（规则）。我们无法否认世界万物的发展存在着规律。具有理性思维的人在做某一件事情的时候，会更倾向于寻找规律，然后选择一个可行的方法。所谓的可行方法就是指遵循了客观规律。而感性思维的人，在做某一件事情的时候，会更倾向于用让自己感觉舒服或希望的方法去做，也就是说感性思维的人在解决问题时，更注重自己的感受，而较少考虑方法是否可行、效果如何。

　　区别二，理性的人一般追求效率，感性的人一般不计成本。有人说，西方人比中国人更加注重规则意识与法治意识，而中国人则更注重伦理关系。这是因为西方人自古便具有的理性精神驱使他们更加注重计算长远的经济成本、时间成本以及这些行为所带来的后果。而感性思维的人则更注重这种行为给自己所带来的感受以及由此带来的伦理关系的改变。

　　区别三，理性的人压抑欲望，感性的人追求满足。在现实生活中，人们难免有各种花样繁多的欲望，由于客观规律的存在，人们知道有一些欲望是不可实现或不现实的，而有一些欲望则是可行的。理性的人在满足自我的时候表现得更加遵循规律，懂得克制自己的欲望。当然，这里所说的克制是一种谨慎和耐性，而非一定是苦行僧似的压抑。而感性思维的人则更追求在这个过程中欲望的满足。

想一想：

　　认真审视一下日常生活中自己的思想与行为，你认为自己的思维模式是偏重感性思维还是偏重理性思维？你觉得现在的这种思维模式有何优劣？应该如何改善？

　　虽然从古希腊到中世纪，再到文艺复兴时期、工业革命时期至今，西方的哲学家们对感性与理性的重要性一直争论不休。但是实际上，理性与感性并非完全对立的。在日常生活中，人类对行为的价值选择也并非单纯只运用一种思维模式，而是两种思维模式的综合，纯感性和纯理性的人都不存在。没有理性，缺乏秩序与原则；没有感性，缺乏生机与活力。重要的是如何在这两者之间保持一种平衡或一种合理的张力。

第二节 中西方人生哲学

一、中国传统人生哲学

人生哲学是中国传统哲学的中心内容,可以说中国哲学家所思所论,有三分之二都是关于人生问题的。在两千多年的中国思想发展史中,中国古代的哲学家们在人生价值、人生理想、道德修为、行为修养等方面进行了大量探索,也为后人留下了丰富而珍贵的思想遗产。比较儒、释、道三大主要流派的人生哲学思想发现,儒家的人生哲学更加注重进取、道义的现实主义人生观,道家的人生哲学更加注重生命境界与个体自由放大的理想主义人生观,佛家的人生哲学更加注重觉解开悟与德福善报的出世主义人生观。每种人生观在不同阶段、不同境遇能对我们的人生有不一样的引领,指引我们用智慧处理生活的点滴。

(一)儒家人生观

儒家是中国建立最早、延续最长久的一个学术派别,对我国历史文明的发展与进步,特别是在思想文化、人生观问题上发挥了不可估量的作用。儒家所崇尚的核心是"礼"和"仁",强调人与社会的和谐统一,以维护现实既定的宗法秩序,把追求个人道德上的完善和治国安民之道作为人生的目标。儒家的思想是积极入世、追逐功利的。

1. 仁义礼智——人与人的和谐

"仁"是儒家思想的核心与精髓。孔子提出"仁、义、礼",孟子将此延伸为"仁、义、礼、智",后经董仲舒扩充为"仁、义、礼、智、信",也即中国传统伦理学中所称的"五常"。它贯穿于中华文明发展的始终,并成为中国传统核心价值体系中核心的元素。其中,"仁、义、礼、智"是儒家思想的精髓。"仁义礼智,非由外铄我也,我固有之也。"(《孟子·仁义礼智,我固有之》)

何为仁?从文字学的字面上分解,"仁"字分为"人"与"二"二字。所谓"仁"是指两人相处时,遵循合适的原则,做到和谐融洽,和睦相处,相互关照。具有"仁"心之人,凡事都能设身处地地为他人着想,为他人考虑。"仁者爱人,推己及人"、"己所不欲,勿施于人"等都反映出儒家"仁爱"思想的核心。何为"义"?古汉字繁体字为"義",从羊从我。"羊"表示祭牲,"我"表示手拿兵器,合起来表示为了自己的信仰而不惜牺牲。何为"礼"?"以曲示人为之礼。"这里的"曲"是指弯腰屈体,表示对他人的恭敬有礼。当一个人弯下身子时,则显示他人高于自己,在传统哲学中的"礼"表达了谦逊、谦卑的道德修养。何为"智"?能知晓分辨日常的事物与是非,能把生活中的平常事物琢磨、了悟透了,才叫智,此乃大智慧也。"仁、义、礼、智"作为儒家思想中所倡导的为人处世的核心,也主要适用于处理人与人之间的关系,力求人与人之间的和谐,营造和谐有序的秩序。

2. 立德、立功、立言——君子、圣贤

春秋战国时期,鲁国大夫叔孙豹提出君子及圣贤追求的目标应该是"立德、立功、立言"。"'太上有立德,其次有立功,其次有立言'。虽久不废,此之谓不朽。"(《左传·襄公二十四年》)意思是,一个人的生命是有限的,要让此生被人所纪念,被历史所记载,只有三种途径:立德、立功、立言。最高境界的是"立德",即要求个体完善、修行自我的道德品性,追求圣人的境界,做一个被社会认可的"光辉典范";其次是"立功",要求个体做英雄,建功立业,刻下伟大功勋,做出对后世具有功德无量、功业千秋的功绩;再次是"著书立说",要求个体做文章,著书立说,使自己的思想流芳百世,将自己独到的见解留予后人。

"立德、立功、立言"也被称为"三不朽",体现出君子与圣贤追求自身道德境界的不懈追求。而由此延伸出来的"内圣外王"则成为传统儒家的最高政治理想。正是因为"三立"的标准极高,历代的士子们都为此人生理想而奋斗终生。在"立德、立功、立言"理念的引领下,的确培养并成就了不少历史名人,对社会进步起到了推动的作用。

然而,在封建社会制度框架内,这种理想的君子和圣人的追求主要是偏向于人对社会的影响,以此作为人生的价值取向。封建社会制度下,人与现代社会中真正独立的人具有实质的差异。人的独立性分三个阶段:依赖于人、依赖于物、真正的独立。封建社会的人的独立性就是人依赖于人的相对独立性。在封建社会,所有的君子、圣贤,他们的思想行为及人格理想必须要局限在封建统治阶级所允许的范围内。换句话说,他们的立德、立功、立言,其最根本的目的是维护某一代帝王或朝代而存在,只有符合封建统治阶级的要求,所立之德、所立之功、所立之言才具有道德上的合法性。

(二)道家人生观

道家作为中国本土发展起来的一种哲学思想,蕴含着非常丰富的人生哲学观。相区别于儒家的"入世"思想,道家是以"出世"为特征的一种人生法则。道家主张遵循万物演变的法则,根据这些法则来安排自己的行动。老子和庄子作为道家思想的代表人物,其思想非常具有代表性,"道法自然"与"无为逍遥"是其最集中的命题与核心思想。其思想综合起来就是"自然无为",认为万事万物都应该遵循最自然的法则。

1. 道法自然——人与自然的和谐

"道法自然"这一理念源自《道德经》第二十五章:"人法地,地法天,天法道,道法自然。"[①]

---

① 陈鼓应.《老子注译及评介》.中华书局,1984年,第63页。

"自然"作为道家思想中极为重要的概念,并非我们世俗所理解的自然界或者大自然。

"自然"实质上是"道"的另一指称,也就是万物的本体。《庄子·渔父》云:"道者,万物之所由也"①,这里所指的"万物之由"是万物从产生、发展到消亡所应该遵循的依据与规律。既然"道"为万物之由,人类自然应该以"道"作为至高无上的法则来指导并开展自身的行为实践。人作为天地万物中的一员,源于自然、属于自然并依赖于自然,没有天赋的权力把其他自然物作为满足自身无限欲望的工具与手段,而是应与自然达至"天人合一"的理想境界。老子"道法自然"命题中所蕴含的"天人合一"思想,要求人类在与自然相处的过程中做到敬畏自然,杜绝对自然的过分掠夺与利用,这对于反对极端人类中心主义的价值倾向、维护生态环境平衡、化解人与自然之间的对立与紧张,无疑具有积极的意义。由此视之,"道法自然"不失为人类反省自身与自然的关系并寻求自我救赎的有效道路。

2. 无为逍遥——真人、至人

庄子继承并发展了老子的思想,与老子并称"老庄"。庄子是道家学派中非常集中关注和思考人生问题的代表人物。庄子把"道"和人生紧密联系在一起,把有限的生命纳入无限恒长的宇宙时空中,希望倡导人们通过体道、悟道、达道来实现人格的自我完善与人生价值的实现,从而寻找人生真谛,实现人生理想,追求审美境界。

庄子认为最高层次的理想人格是"真人"、"至人"。在修身过程中,何为"真"?不牺牲自己的自然本性去追逐名利,就能保持本真状态。人在此时便成为"真人",一个真正意义上的人。庄子认为真正意义上的人应该是真实无伪的,失去了真,一切的美便不再存在了。他认为"至人"是人格模式的最高端,他们懂得顺乎自然,摒弃奢侈、无度的感官欲望满足,避免无止境地追逐功名利禄与声色犬马,从而实现"身心合一"的自由境界。

庄子的最高的人生理想是"无为逍遥"。"无为逍遥"体现的是庄子"闲放不拘,悠游自在,无挂无碍"的精神自由,这种自由是对世俗的超越。他倡导人要绝弃任何的伪善与伪饰,回归内心世界的"至善至美",立足于自我的独立与自由。

> **小卡片**
>
> 天地有大美而不言,四时有明法而不议,万物有成立而不说。圣人者,原天地之美而达万物之理。是故至人无为,大圣不作,观于天地之谓也。②
>
> ——《庄子·知北游》

在"无为逍遥"中,"无为"实质是方法与手段,"逍遥"是目的与结果。何谓"无为"呢?"无为"在道家思想里是相对于"有为"和"人为"而言的。"无为"的确切含义是顺应事物的自

---

① 陈鼓应.《庄子今注今译》.中华书局,1983年,第824页。
② 陈鼓应.《庄子今注今译》.中华书局,1983年,第563页。

然规律,排除不必要的作为或妄为,顺应万事万物的自然发展规律,不用外力去干扰其发展。这实际上是具有深刻意蕴的、最高境界的"有为"。只有通过"无为"才能真正通往"逍遥"的康庄大道。在人们过度被物欲所操控的现今社会,道家的"无为逍遥"思想,无疑是一股"清流",让迷失的自我真正回到精神的家园,"诗意"地栖居在"精神的故乡"。

(三)佛家人生观

佛教并非中国本土的宗教,由古印度迦毗罗卫国王子乔达摩·悉达多所创,距今已有两千五百年的历史。佛的意思是"觉者",佛陀本指释迦牟尼,后来演化为觉悟真理者的总称。佛教分为许多宗派,各有特色,也都因应不同的国家和地域文化有所改造。总的来说,佛教分为大乘佛教与小乘佛教,两者所要达到的目的是不一样的。小乘佛教一般只要求修行者自我解脱,达到"自度"即可。而大乘佛教则不仅要求"自度",还要能"度他",也即普度众生。谈善论恶是佛教的永恒主题,而善恶之别的根源在于"业",人需要通过"修业"来"修禅"从而达至"有为修行"。"业"从狭义上理解为人的行动作为,从广义上理解,是指一切有情物(生灵)的思想和言语。也就是说,一个人的修为不仅仅参照其行为,还应参照其思想与语言。按照佛教的论述,"业"是因,"果"是报,有因必有果,"业"与"报"是因果循环的连环套。善果有善因,恶果有恶因,人之所以会从恶,乃是因为执着地追求自己内心的无知无明,而导致各种"贪"、"嗔"、"痴",而解脱出来的唯一途径便是"觉悟",并由此在生死轮回中超脱出来实现"涅槃"。

1. 善恶因果——人与心灵的和谐

"善恶因果"在佛教中常用于描述因果循环。在中国佛教中,存在着两种不同的善恶"因果"观:一种是倡导"善有善报、恶有恶报"的"果";一种是注重"诸恶莫做,众善奉行"的"因"。前者具有"决定论"意味,具有中国本土特色的;后者是"缘起论"思想,是原汁原味的印度佛教善恶"因果观"。

> **小卡片**
>
> 净尘问禅师:"师父,虽善恶有报,但为何恶人总迟报?"禅师答:"未迟,当下已报!"净尘研:"请师父开始。"禅师说:"为恶至人,殃虽未至,心性已损。为善积德,身心泰然如处天堂;为非作歹,衣影抱愧当下犹在地域。"净尘说:"失心果报慎重。"禅师叹:"世人不信有因果,因果又曾绕过谁?"①

---

① 《为何恶人总迟报?》,参见 http://wh.zgfj.cn/GK1/2013-12-09/27546.html,2013-12-09。

具有"决定论"色彩的"善有善报,恶有恶报",实际上已经是中国化了的佛教观念。在"决定论"的观点中,事物之间的因果关系是呈线性状态的,"有因必有果,有果必有因。"同时,"业"有三报:一曰现报,二曰生报,三曰后报。这三报也蕴含着佛教的"轮回"思想。实际上这是一种强调由行为来改变自我命运和未来生命的理论。①

具有"缘起论"色彩的"诸恶莫作,众善奉行"则是原汁原味的印度佛教善恶因果观。天台宗创始人智者大师的《童蒙止观》开篇第一句便是:"诸恶莫作,众善奉行,自净其意,是诸佛教。"这种善恶因果观只强调人需要去行善,而不要去计较给自己带来的结果。人的修行是为觉悟涅槃、解脱成佛,而非功利地为了福报。这才是佛教的核心内容与对人生的终极关怀。

"诸恶莫作,众善奉行"的因果观认为,当一个人放下执念,行善不求回报,方能得到最大的福报。"只问耕耘,不问收获",唯此,方能达到人与心灵的和谐。

2. 觉悟涅槃——佛陀、菩萨

在佛教所倡导的人生修行中,"觉悟"乃重要的功课。觉悟是佛教的教义名词,即觉醒之意。为何需要"觉悟"呢？佛教认为,人世间充满了痛苦,所有的这些痛苦都源于人的欲望,而人的欲望则源于无知与无明。无知与无明让人不断执着追求一些不实在的实物,从而产生痛苦与烦恼。只有通过修行,放下执念,通过体悟洞察人生实相,放弃对世俗实物的执着,放弃对世俗欲望的沉溺,不为追求财富或感官满足而到处奔命,才能取得心灵的安宁与祥和。在佛教中,修行一般需要通过三个关键性阶段:无常,无我,涅槃。

《大般涅槃经》说:"诸行无常,是生灭法;生灭灭已,寂灭为乐。"所谓的"无常",是指世间万物无一得以常驻不损,凡生者必灭。情世间有众生的生老病死,自然界有时序的春夏秋冬。宇宙世间一切事物没有一样是静止不变的,都处于变动之中,即为"无常"。

> **小卡片**
>
> 对任何有名有相之物都不加自私执取的人,不执着于一切,所以没有任何理由焦虑,也没有丧失之痛。
>
> ——《尼波多经》

只有感悟无常,才能放下对外在事物的占有,不再区分"我的"、"他的"。而达到了摒弃自私执取的"无我"的状态,实现了彻底能"舍"的人方能真正称得上是智慧,方能真正谈得上觉悟。消除了这些无明与烦恼,才能灭除痛苦,从而达到完全的自由与宁静。在这样的状态下,一个人已经超脱了世俗,超脱了生死,到达了"彼岸",实现最终的"涅槃"。

"涅槃"既是佛教修行的理想境界,也是最高境界。"涅槃"一词由梵语音译而得,其原义

---

① 方立天.《中国佛教哲学要义》.中国人民大学出版社,2001年,第76页。

第六章 人生哲学与修身之道

是"灭"或"熄灭"。在佛教中,涅槃主要是指烦恼的灭除,引申为通过超脱、解脱而达到无烦恼的最高境界。涅槃境界在佛教看来是"贪欲永尽,瞋恚永尽,愚痴永尽,一切烦恼永尽"①。在涅槃境界中,人因为达到了认识事物本质(法性)的最高境界而摆脱了人的七情六欲,进入了一种玄奥绝妙之境。

想一想：

有人说,人生就是一场儒释道：儒家强调尽力,道家强调随缘,佛家强调放下。如果将人生分为青少年、中年和老年三个阶段,你认为应该分别用什么人生哲学来指导这三个阶段呢？

但是在达到涅槃境界的修行方式上,大乘佛教与小乘佛教有不同的观点。小乘佛教认为要达到涅槃,就一定要出家,通过禁欲的生活脱离不净的世俗世界以求得个人的解脱；大乘佛教则认为信徒应该积极在世间修行,努力弘扬佛法,普度众生,即人人都能立地成佛。

二、西方传统人生哲学

古希腊作为西方文明的发源地,产生了很多对人类影响巨大的哲学家。在苏格拉底以前,哲学家们都专注于探究宇宙的运行规律,企图了解世界的本原。而苏格拉底提出"认识你自己"的命题,把哲学从天上拉回人间,哲学世界从此开始关注人自身,思考关于人的最根本的问题,并逐渐形成了不同的人生哲学流派：亚里士多德对最高生活境界的思辨、康德对"头顶上的星空与位居心中的道德法则"的敬仰、文艺复兴时期对人性的张扬、萨特对"存在"的关切与追问等,无不都倾注着哲学家们对人生的思考与意义的追寻。

(一)古希腊罗马时代的人生哲学

1.理性主义人生观

从荷马时代开始,古希腊社会形成了注重德性的传统。而支撑人们形成德性的则是人的理性。所谓的"理性主义"是区别于感性主义而言的。理性主义将人的理性作为知识的来源,并认为人的理性高于感官感知。持理性主义人生观的哲学家们认为,感觉感官是人与动物都兼有的本能,这种本能是盲目的,如果缺乏理性的引导,极易对人的健康和幸福造成损害。而理性的作用就在于能够超越感性进行概念、判断和推理,帮助人们支配、控制和协调

---

① 《杂阿含经》卷第十八《大正藏》,第2卷,第126页。

自身的行为向更为健康与幸福的方向发展。在实际生活中,如何发挥理性精神的作用,以对待理性与非理性之间的平衡,就成为古希腊人生哲学探讨的重点话题。

苏格拉底、柏拉图、亚里士多德被称为"古希腊哲学三杰",黑格尔在《哲学史讲演录》中把他们盛誉为"人类的导师"。他们作为师徒关系,思想既有一脉相承的延续性,又各有区别。苏格拉底是首次把"理性"从人的一般意识领域中提炼出来的哲学家。苏格拉底非常注重伦理学,是古希腊第一个提出要用理性和思维去寻找道德的人。他提出"知识就是美德"的命题,倡导"知德合一",认为人的道德是由理性指导的,人的美德源于知识,一个人不为善是因为并没有真正懂得关于善的知识,因而也不会有真正的幸福。如何获得理性的知识呢?苏格拉底擅长通过辩论术来对流行观念进行诘难和批判,从而引导人们对事物本质的寻求。这种方法被称为"精神助产术"。

柏拉图认为人是一种理性的动物。他在《理想国》中构建了一个理性化身——由哲学王所统治和管理的理想城邦,把理性主义发挥到了极致。他认为人区别于动物在于人具有理性认识能力,可以通过思维进行推理和判断。理性认识

想一想:

苏格拉底的"精神助产术"给你什么启示?

能力区别于感性认识能力,应该具有绝对性和永恒性。柏拉图认为世界分为两个部分:其一是"理念世界",其二是"现实世界"。理念世界必须通过人的理性来把握,是人们充分运用自己的演绎推理而非凭借感觉来掌握的世界,是真实存在的世界。而现实世界则是人们凭借感官,掺杂了很多感性因素的常识和意见把握的世界,因而是不真实的世界。因此,人应该致力于求真。柏拉图认为"灵魂"是至善、至美、至纯、自足的存在,灵魂的本性是善的。但灵魂附着于肉体后就受到了感性肉体的污染与侵袭。从健康、有序与和谐变为疾病、无序与混乱。他倡导通过人的"理性",即人的思维自身的能力,摆脱一切感官感觉的干扰,全神贯注于自身而不为肉体的声色苦乐所羁绊与侵扰,保持灵魂自身的本性,达到善的价值本性与境界。"善是我们一切行为的目的,其他一切事情都是为了善而进行的,并不是为了其他目的而行善。"① 此后,"求真"、"向善"一直成为西方两千多年来哲学研究的两大主题。

亚里士多德在人的本质观上提出过一个非常重要的命题:"人是理性的动物。"他分别从理性认知和社会历史的视野对人的本质进行考察。与苏格拉底和柏拉图相似,亚里士多德认为,人之所以为人而区别于其他一切低等动物的重要标志在于"人具有理性和智慧"。他认为:"对每一事物是本己的东西,自然就是最强大、最使其快乐的东西。对人来说这就是合于理智的生命。如若人以理智为主宰,那么,理智的生命就是最高的幸福。"② 显然,在亚里士

---

① 汪子嵩、范明生.《希腊哲学史》.人民出版社,1993年,第441页。

② [古希腊]亚里士多德.《亚里士多德全集》(第8卷).苗力田译,中国人民大学出版社,1997年,第228页。

多德看来，唯有理性与理智方能成就最高的幸福。"一个人没有德性就不可能具有实践智慧。"①

2. 快乐主义人生观

伊壁鸠鲁是古希腊时期著名的唯物主义哲学家，他基于对个体生命的珍视与关爱，提出了"快乐主义学说"，其核心主张是追求过一种"灵魂无纷扰，身体不疾痛"的快乐生活。与理性主义人生观极端关注并推崇人的理性精神相区别，快乐主义人生观并不否定人在感官上的满足与快乐。"肉身的呼喊催促着我们避开饥渴和寒冷，谁能避开这些困扰并一直保持下去，其幸福将不亚于天神。"②伊壁鸠鲁绝对肯定了肉体快乐的重要性。然而，有人执着于伊壁鸠鲁关于肉体快乐的强调，将其对肉体快乐的满足完全等同于吃喝等肉体享受，甚至认为伊壁鸠鲁只注重物质享乐，把感官满足当作生活的目的。这种误读让伊壁鸠鲁的快乐主义学说背上了庸俗且肤浅的享乐主义恶名。

其实，伊壁鸠鲁将人的快乐分为肉体的快乐和精神的快乐两种，并重点论述了两者的关系。他认为肉体的快乐具有基础性的作用，当人最基本的肉体快乐没有得到满足时，又或肉体承受着极大的痛苦时，他的精神和灵魂难以得到快乐。伊壁鸠鲁多次强调精神快乐的重要性，反对那种"放荡的快乐"，"我们并不选取所有的快乐；如果忍受一时的痛苦将会使我们获得更大的快乐，我们还常常认为痛苦优于快乐"③。因此，伊壁鸠鲁的快乐主义是"有节制的理性"的快乐，而非"放纵与无度"的快乐。如何"节制"？在他看来，人生要获得真正的快乐，就需要擅用理性进行区别、分析与权衡，用"清醒的理性"去把握快乐与痛苦，才能使身心处于一种平和、宁静的状态，从而达到善的状态。由此，快乐与善在伊壁鸠鲁的思想里就融通起来，快乐成为最高的善。"肉体无痛苦，灵魂无纷扰"，看似简单的一句话，实际上蕴含着人身心和谐的理想状态与最高境界。伊壁鸠鲁的快乐主义学说所要直面的是个体自我在现代性的背景下，要如何摆脱人之存在的生存困境，运用人自身的理性力量和已有权力实现自身存在的最大、最高、最善的价值。这不仅是伊壁鸠鲁思索的命题，也应该是我们每一个人终生探究的问题。

(二)中世纪的人生哲学

西方社会进入中世纪后，古希腊的理性精神与基督教信仰文化相遇，具有基督教信仰的哲学家们扬弃了古希腊的理性主义精神的不足与困境，借由理性的支持提出以基督教信仰

---

① [古希腊]亚里士多德.《尼克马可伦理学》.廖申白译注,商务印书馆,2003年,第114-133页。
② [古希腊]伊壁鸠鲁、卢克莱修.《自然与快乐：伊壁鸠鲁的哲学》.包利民译,中国社会科学出版社,2004年,第32页。
③ [古希腊]拉尔修.《名哲言行录》.马永翔、赵玉兰、祝和军等译,吉林人民出版社,2003年,第692页。

为基础的信仰主义人生观,将信仰、自由意志和理性三者结合,对后世产生了深远的影响,在人类思想史上具有划时代的意义。

奥古斯丁的信仰自由观正是在这样一种背景下提出并确立。这种信仰自由观区别于一般的信仰主义,强调了信仰、自由意志、理性三者的结合。奥古斯丁的信仰主义明确地宣扬人的自由意志,他说:"人不可能无自由意志而正当地生活,这是上帝之所以赐予它的充分理由。"①自由是一种选择的权力,也正是因为人有了自由选择的意志,才需要对自己的行为承担其责任,善与恶才具有判断的意义。假设一个不拥有自我选择权利的人,他的所有行为都是被迫而为之,如一个人被另一个人用枪指着脑袋去抢劫,那么,这种抢劫的行为是否可以称得上真正的恶呢?这是值得考究的。但是,自由意志不能放任其发展。如何为自由意志确定正确的方向,为人提供安身立命之所呢?需要理性的指引。只有坚定不移地信仰上帝,在堕落与拯救之路中做出选择,神圣之光才有可能照耀在身上。对于上帝,人只有选择无条件信仰。"除非相信,你们不能理解。"②在这种信仰高于理性的前提下,真理的标准不在于人的理性逻辑推理,而在于上帝那里。人的理性作用实质上非常有限。

从公元2世纪到15世纪长达1300多年,宗教的信仰主义对西方的世俗生活形成了极大的影响。西方哲学思考的模式产生了变化:理性主义的思维模式遭受到怀疑和否定,人们越来越注重感觉感官的认识,并转为信仰主义思维模式,依靠上帝来完成灵魂救赎,将世间生存视为走向天国的历程。但是,古希腊、古罗马所遗留下的理性传统依然发挥作用,只是这种理性更多是用于证明信仰的正确性,并由此形成了基督宗教信仰主义的思维模式。

(三)文艺复兴和启蒙运动时期的人生哲学

在宗教进行了长达1000多年的"统治"后,人们逐渐发现天主教构建的一个庞大而有权势的组织出现腐败现象。上层领导在世俗利益的熏染下,使得宗教世俗化现象非常严重,人性的各种弱点也逐渐暴露。教会世俗化的现象不仅引发了宗教改革,也引发了人们对于人性的反思。

1. 人文主义人生观

人文主义③是在中世纪之后的文艺复兴时期,新兴资产阶级在反封建反教会斗争过程中所形成的思想体系,其核心思想是主张"一切以人为本"。人文主义者反对神权,反对神学抬高神、贬低人的观点,强调人的高贵,以期把人从神学枷锁中解放出来。人文主义肯定人性

---

① [古罗马]奥古斯丁.《独语录》.上海社会科学院出版社,1997,第110页。
② [古罗马]奥古斯丁.《独语录》.上海社会科学院出版社,1997,第80页。
③ 人文主义有广义与狭义之分。广义的人文主义包括从古至今、从东方到西方思想界都倡导并强调过的对于人的尊严、价值、地位的关注,对人的平等与自由、权利与理想的张扬与保护等主张。狭义的人文主义是指中世纪之后,在文艺复兴时期兴起的那场重回古代文明的思想运动。

的基本需要,肯定人的价值,要求人从束缚中解放出来,反对一切等级秩序,倡导人与人之间的自由与平等,推崇人的感性经验和理性思维,视人的尊严高于一切,主张自我价值体现,追求现实人生幸福。人文主义思想的兴起,使人们在精神气质上不再囿于基督教教义的束缚,无时无刻对人们的行为起到监督作用的神已经不再存在,人开始觉醒了,思想得到了解放。人们逐渐淡化甚至放弃了对来世生活的关切与地狱的恐惧,将目光投注在现世生活中。对知识乃至科学技术的景仰代替了对上帝的崇拜,支配人们言行的是人文主义精神与道德伦理。人们致力于开发自身潜能,满足人性的需要。

然而,在看到人本主义历史功勋的同时,也需要正视并警惕它给社会带来的消极性一面。它摧毁了无处不在的神,传统宗教和道德对于人性的束缚被削弱,却还未有一套有效替代的制约力量时,人性自然的欲望和冲动得不到遏制,人们肆无忌惮地追求财富、名利、纵情声色,给社会带来对金钱肉欲的沉溺,引起社会整体精神的瓦解与道德秩序的紊乱。如何把人重置于新的信仰和道德约束下,在尊重人的尊严与权利的同时,把人性引向理性的道德,这是新时代应思考的主题。

2. 自由主义人生观

对"自由"的探讨由来已久。但是自由主义作为一种理论学说是在 17 世纪后产生的,是近代资产阶级革命的产物。18 世纪末,资产阶级革命的胜利与政权的确立,使自由主义走向了全盛,对人们的人生价值选择产生了重要影响。自由主义的基础是个人主义,它的基本主张是"个人主义是自由主义思想的形而上学和本体论的核心,是道德、政治、经济和文化存在的基础。个人比社会更真实,并优先于社会"①。在自由主义者看来,个人的利益和欲望是至高无上的,它将个人的独立精神置于首位,承认个人的价值,高扬人的理性,把个人行动与思想的自由看作是一切的中心。

近代以来,自由主义思潮对我国各个领域都有不同程度的影响,衍生出人们对政治自由、宗教自由、言论自由、思想自由等的呐喊。自由的争取本无可厚非,也是一个社会民主发展的必然。然而,倘若自由主义者在强调个人的自我选择与自我决定权利时,缺乏一定的社会规范与约束,则容易把每一个人都限定在一个狭隘的范围,只关心自己的事情,使其等同于"我行我素,反对权威干预,追求率性自为,放任自流"的代名词,则极易走向极端而导致无政府主义,甚至致使社会共同体的瓦解与崩溃。

(四)工业革命以来的人生哲学

如果说 14—16 世纪的文艺复兴开始了人性的解放,16 世纪哥白尼日心说动摇了"神创论"的根基,17 世纪牛顿的物理学树立了人们对科学的景仰,那么始于 18 世纪中期的工业革命的启蒙理性则是极大地张扬与鼓舞了人的力量。19 世纪末 20 世纪初,西方社会处于变革

---

① [澳]安德鲁·文森特.《现代政治意识形态》.江苏人民出版社,2005 年,第 49-50 页。

与矛盾冲突的重要阶段,新兴资产阶级在自我塑造与构建的历程中,急需一套新的社会学理论来规范当时的人文思潮,使社会秩序得以重建。实用主义、进化主义等思潮迭起,给当时的人们探索社会生活与自我的人生道路给予了丰富而有益的启示。

1.实用主义人生观

实用主义是产生于19世纪70年代的现代哲学流派,19世纪末迅速发展,在20世纪逐渐成为美国的一种主流思想。资本的无限扩张本性使得其对内采用屠杀驱赶土著居民的手段获取最大限度的剩余价值,对外极力扩张和掠夺殖民地。如何为自己的贪婪性与疯狂性掠夺寻求合理性?实用主义正是为了论证资产阶级追逐个人实利的合理性而诞生的。实用主义的特点在于强调"生活"、"行动"和"效果",把"有用"、"效用"或"行动的成功"视为真理,有用即是真理,无用即为谬误。而实用主义者只关注行动能否给个人或集体带来某种实际的利益和报酬,完全贯彻了资产阶级利己主义人生观的精神。实用主义曾在西方社会产生了非常广泛的影响。美国哲学家杜威是实用主义人生观的代表人物。

杜威认为所有的自然科学或是伦理学,都是人类获取实利的工具。基于这样的一种标准,每个人都有权利选择对自己有利、给自己带来方便的生活方式,社会集团不应给个体带来约束力,而是应该为个体带来利益。因此,善恶好坏的衡量尺度在于这样的事物是否能满足个人利益。

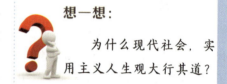

想一想:
为什么现代社会,实用主义人生观大行其道?

"当物理学、化学、生物学、医学有助于具体的人类苦难的考察和救治计划的发展的时候,它们就是道德的,它们就是道德研究和道德科学的一套用具。"①实用主义人生观在人生问题的指引上,崇尚"有用即真理",对事物的评价标准在于对人是否有价值。

在市场经济影响下,社会利益结构与利益分配发生了重大调整,有许多人抱着实用主义的态度,在市场交往中以个人利益为先,甚至奉行庸俗的实用主义,并导致了工具主义的诞生。有的人受实用主义的影响,为了达到目的不择手段,丧失了人之所以为人的最可贵的品质。有的人盲目追求经济效益,而遗忘了精神价值的追求。这些都容易导致物质上的丰厚和精神上的贫瘠。

2.进化主义人生观

在进化论以前,西方社会对物种的起源普遍接受的是基督教的神创论。直到进化论的出现,才彻底抛弃了"上帝造物"说,确立了发展、动态的新宇宙观,并对人们的思想和价值观都带来了极大的影响。进化论的主要代表人物包括达尔文、斯宾塞与赫胥黎。

---

① [美]杜威.《哲学的改造》.商务印书馆,1985年,第95页。

达尔文是19世纪英国杰出的生物学家。他在1859年发表的《物种起源》中提出了生物进化论。生物进化论主张自然界一切生物不仅先天必然趋于自我完善化，而且大自然在世世代代的更替与发展中，也会保留那些有益的变异，淘汰有害的变异。他将这一理解概括为：自然选择，适者生存。与达尔文同时代的巨擘斯宾塞在进化观上坚信：在自然界的竞争中，进化必然会伴随着强者的生存和壮大。显然，斯宾塞奉行"强者生存"的进化法则。达尔文坚持认为不应该将"适者"等同于"强者"，"适者"是指在大自然的演化环境中，能适应自然环境变化的生物，即使是弱小的生物如寄生虫等，也能通过不断繁殖与适应环境，保持着最简单的状态而存活万世。而所谓的"强者"，如恐龙等，如果不适应环境的变化也会遭遇到淘汰和绝灭，强弱只是相对而言。达尔文的进化论强调生物为适应自然，自身需要做出努力与进步，带有一种共生的概念。这种进化论充分显示了人的主体精神，强调了人在发展过程中的努力、尊严、价值和地位；而斯宾塞的"强者生存"法则实质类似于"胜者王、败者寇"的"丛林法则"，充满着弱肉强食的血腥意味。赫胥黎是达尔文思想的捍卫者，他反对将斯宾塞的"强者生存法则"无条件地运用于人类社会。他认为人类与自然界的区别在于人具有理性，人类社会之所以维系发展乃得益于人具有爱其子嗣及同胞的慈爱之心和仁义道德的同情心、同理心，过分强调优胜劣汰、弱肉强食，不顾弱者，将会带来一个被生存斗争天性统治的社会，将会带来伦理道德的破坏与社会秩序的紊乱。

3. 悲观主义人生观

悲观主义人生观是现代人生哲学思潮从理性主义向意志主义转变的标志，而德国的叔本华无疑是这一理论的第一个推动者。作为悲观主义哲学的代表人物，叔本华的人生哲学理论特征的形成，一方面受到自身与生俱来的悲观主义个人气质的影响，另一方面也深受康德与东方佛学文化的影响。他抛弃了德国古典哲学理性的思辨传统，从非理性的方向来寻求人生的出路。在他的人生学说里，充满着东方佛学的色彩。佛教认为，人生是苦海，人从一出生就罪孽深重。叔本华认为，因为有欲望，产生了现实生活中的尔虞我诈与争权夺利，这些都是暴利、欺骗等的根源。本能的欲望冲动即生存意志是一种非理性的心理和盲目的自我。人因为有了欲望而永远处于一种痛苦中。为何如此？因为人的一种欲望得到满足后往往会有两种结果：其一是产生满足后的空虚，其二是产生新的欲望。欲壑难填，周而复始，日益膨胀的欲望使人不断地追逐，长期处于疲惫、缺乏、痛苦的状态中，背上了沉重的心理负担。因此，人生就是苦难，世界就是地狱。这种思想是否就是一种纯粹的悲观主义呢？有学者认为，叔本华是一个乐观的悲观主义者，对于人的这种周而复始的痛苦，他并没有只是表现出完全的"无能为力"或"无所作为"，他提出了克服悲观与改变宿命的努力与尝试。要如何摆脱"宿命"的痛苦？途径只有一条，就是不断地弃恶从善，克制自我的欲望，与生存意志做斗争。叔本华的"禁欲主义"是与"享乐主义"相对立的一种人生哲学。但是他的这种"禁欲主义"背后带着一种摆脱压倒欲望与意志，避免人在痛苦中被欲望的力量吞食，反抗命运折磨与摆布的力量，这又不失为一种奋斗进取、乐观积极的精神。

三、马克思主义人生哲学：共产主义人生观

共产主义人生观就是无产阶级人生观,是指用共产主义世界观来观察、分析和处理人生问题,它是马克思主义世界观认识人生问题的体现。

首先,共产主义人生观是一种以人的全面发展为最高诉求的人生观。对于马克思而言,共产主义的最终目标是:社会的每一个成员都能得到充分而自由的发展,每一个人都具有自身的独特性并能发挥自身的独特才能和力量。从这个角度而言,社会每一个人认识自我,发展自我,完善自我,实质就是走在通往共产主义的道路之中。

其次,共产主义人生观是一种以集体主义为核心的人生观。共产主义人生观中的"人"并不是单一的个人,而是每一个社会大众的人。在共产主义人生观看来,个人与集体就是一个利益共同体,彼此互相成就,共同成长。当然,共产主义并非需要我们毫无意义地牺牲个人的利益来成就集体利益,而是将个体或家庭置于一个更为宏大的时代背景中,在追求集体利益的同时,获得自身利益的实现与人生价值的升华。

最后,共产主义人生观是一种乐观积极的人生观。它以革命乐观主义为人生态度,引领人们以一种乐观的精神与英雄气概对待人生的各种境遇,通过实践不断实现自我的更新、发展与超越,不断扬弃"旧我",塑造"新我",不断生成自我的人生价值。人正是通过对象化活动,不断扬弃"旧我",塑造"新我",实现自我的更新、发展与超越。这种创造性实质就体现为人的超越性。实践创造了人,也创造了人的生活世界,更是人生价值生成的过程,是个体展现生命状态的生活过程。因此,实践成为人自我生成的根本途径与生成之源。共产主义人生观科学地回答了"人究竟为什么活着"、"人生有什么意义"、"人应该怎样度过自己的一生"以及"应该成为一个什么样的人"等问题,是一种进步的、科学的、崇高的、伟大的人生观。

扫一扫了解
千年伟人——
马克思

第三节　用智慧引领人生：青年的修身之道

一、青年阶段的人生观选择

青年阶段处于人生中的重要阶段,是发展任务较为繁重、艰苦和复杂的阶段,所承当的社会角色往往具有很大的变化,无论在生理上还是心理上,都即将走上人生的高峰,是人一生中最为热血、奋斗,精力最为充沛的阶段,也是决定未来人生道路的重要节点。

然而，青年由于还未完全成熟，又具有非常显著的矛盾性特点，如稳定性与可变性同在，独立性与依赖性并存，追求理想与讲究现实纠缠，冲动与理智胶着，理性与感性共在等。而且在全球化、信息化时代，青年的思想极易受到外界瞬息万变的信息与形势的影响。因此，青年阶段的人生观选择尤为重要，它决定个体未来的发展方向与人生轨迹。

人生历程中，人们无可避免地要面对各种纷繁复杂的人生问题。不同的人生阶段，需要以不同的人生态度去完成不同的人生任务。检验一种人生观的正确与错误，其根本标准是这种人生观的理论对实践所起到的指导作用是否有益于个人与人类社会两者的共同发展。人在童年、少年、青年、中年、老年都需要某种人生观进行指导。青年时期是人生中最具有创造性与生命力的时期，必然需要一种乐观积极、锐意进取的人生观为指导。共产主义人生观应作为青年人生观的理想模型追求。这是因为，共产主义人生观要求人们在自觉地改造客观世界的同时，也要自觉地改造主观世界。共产主义人生观与一切旧人生观的根本区别在于，它坚决反对脱离社会现实生活和人们根本利益的实践，去提倡所谓的个人品格"完善"，而是要求每一个人在积极投身社会建设的实践中，改造自身的物质生活品质，同时也提高自身的认识觉悟与道德水平，使自己成为一个具有共产主义觉悟并自由全面发展的人，从而实现自我的人生价值。

二、青年阶段需要处理好的关系

青年阶段是人生中的重要阶段，面临的矛盾关系越来越复杂，理想与现实的关系、顺境与逆境的关系、自我与他人的关系是最为迫切需要处理的三对关系。

(一)理想与现实

理想是人们在实践过程中形成的、有实现可能性的、对未来社会和自身发展的向往和追求。理想是人们的世界观、人生观在奋斗目标上的集中体现。缺乏理想的人生注定缺乏丰富性与深刻性。

理想与现实具有辩证统一的关系。首先，理想和现实是矛盾的、有区别的，二者存在对立的一面。理想属于"应然"的状态，而现实属于"实然"的状态。理想必然高于现实，因而才能成为青年追求和奋斗的目标。其次，理想是现实的基础。理想不能脱离现实，必然会受到现实的规定和制约，是在对现实进行全面、充分分析与认识的基础上形成与发展起来的。脱离现实谈理想，只能是空想。因此，理想必然包含着现实的因素，并由现实孕育而成。最后，理想可以转化为现实。理想是尚未实现的现实，既包含着现实中必然发展的因素，也包含着由理想转化为现实的条件，在一定的主客观条件下，理想可以转化为未来的现实。

理想转化为现实往往是一个充满波澜和坎坷的过程。一般来说,理想越是高远,它的实现过程就越是复杂,需要的时间就越长。因此,我们对理想的实现需要有足够的付出与坚毅的信念。那么,青年如何才能促进理想转化为现实呢?

首先,理想必须具有可行性。理想显然不是实存的,甚至可能是暂时无法直接看得见的。但是,每个人的理想都不是凭空而生的,而是扎根于现实。当一个人的理想与现实无缝融合,才可以转化为催人持续奋进的内驱动力,成为人生的指路明灯。其次,理想必须靠行动实现。艰苦奋斗是实现理想的关键,只有脚踏实地的实践才能使理想变为现实。理想的实现还需要用正当的手段去获得,所谓"君子爱财,取之有道",理想的实现必须要建立在一定的伦理规范基础上。最后,理想必须及时地校正。在实践的过程中,如果发现理想和现实的距离太大,也要善于调整理想,确立更为符合实际的理想目标。或者既坚持远大理想,又调整具体的目标,努力实现近期理想,为实现远大理想奠定坚实的基础。

(二)顺境与逆境

哲人哲语:
顺境使我们的精力闲散无用,使我们感觉不到自己的力量,但是障碍却唤醒这种力量而加以运用。

——休谟

春夏秋冬,冷暖交替,大自然有着四季的变化,并不是总处于一种气候。世间万物通过相反相成的原理体现出自身价值的存在。这些相反相成的两方面,不仅互相映照,而且相互制约、相互转化。现实的人生也是这样,既有光明又有黑暗,既有喜剧又有悲剧,既有幸运又有不幸。因此,人的一生不可避免地会在顺境和逆境的交替中高低起伏,不同的只是个人所遭遇的逆境和顺境在层次、类型及程度上的差异而已。

从直观的感受上来说,顺境给人带来快乐,逆境给人带来痛苦。顺境的好处是使人的控制力得以自由发挥,从而使人生更顺畅、更自由,让人生的奋斗目标得以实现。而且,顺境能使人更有同情心,更容易净化人的心灵,并表现出道德行为。逆境对人生的最大影响是不利于人生控制,使人生处于艰难困苦的境地。在逆境中,如果不能合理、理性地对待逆境的压迫,人的思想可能产生异化、偏激,成为一个心理扭曲或怪异的人,或向邪端发展,成为一个堕落、邪恶的人,从而毁灭自己,危害社会。然而,顺境也并非

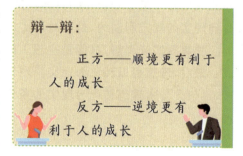

辩一辩:
正方——顺境更有利于人的成长
反方——逆境更有利于人的成长

没有弊端。人如果一直处于顺境,对顺境缺乏正确的态度,就很有可能滋长骄傲自满的心态和轻率马虎的作风,从而使人要么不思进取、吊儿郎当,要么狂妄自大、盲动冒进,这些都容易使人生陷入困境。而在逆境中,人们能更加全面、深刻地认识自我和社会,磨砺意志,培养智慧,帮助甄别真假朋友,对生命的意义和价值有更加合理而清醒的认识与判断,对幸福有更加充分的感受。逆境还能激励人们奋发向上,这些都将成为宝贵的人生财富。逆境常常成为人生的一个分水岭:有的人被逆境压垮,其人生和事业就此坠入低谷;有的人从逆境中崛起,其人生和事业就此开创出一个新的天地。逆境从根本上来说是一种实现优胜劣汰的社会选择机制。

那么,要如何处理好顺境与逆境的关系呢?首先,要辩证地看待顺境与逆境。要清醒地看到顺境对人生的消极作用,也要看到逆境对人生的积极作用。逆境往往成为人生发展的拐点,善待逆境的强者,才能正视环境,积极谋求打破困境的道路与办法,才有可能迈向成功。其次,要发展地看待顺境与逆境。要懂得,人生并非只有一个回合。人的成长与成功需要经历无数次进退、成败的回合。衡量一个人是否成功,也并非指根据一时一事的成败。目光短浅的人往往以当下一个小片段来评判自己的人生。只有用长远的眼光看待现处的环境,才能以一种更为淡定从容的心态走完一生。最后,要积极地促使逆境向顺境转化。当遭遇逆境时,一方面需要判

扫一扫
了解关于
尼克·胡哲的
故事

断前进的方向是否正确,另一方面还需要有坚强的意志力,冷静分析转机的条件和机遇。既不要过分夸大问题的严重性,也不要过分低估自身解决问题的能力与潜力。"智者创造机会,愚者错过机会,强者抓住机会,弱者空等机会。"只要方向是正确的,就不怕路难路远。只有善于变劣势为优势,才能为自己创造新的生机。

(三)自我与他人

人并不是一种孤立的存在。从诞生起,我们就处在各种社会关系之中。青年时期是人生过程中承上启下的关键阶段,随着年龄的增长,会面临更为复杂的人际关系。如何处理自我与他人的关系,在维持良好的人际交往关系的同时又能保持作为主体的独立个性?界定人际关系的规范,就显得尤为重要。

现代社会是一个开放共融的社会,我们每个人都避免不了要与他人打交道,与他人相处。年轻人是充满朝气与活力的群体,更渴望与他人交朋友,渴望参与到错综复杂的社会关系之中。但是,如何与人相处、如何交友却是一门学问。新时代的年轻人在个人与他人的关系上总体是积极、健康、向上的,能体现出互助合作、仁爱关爱的原则。但是,也应该看到:青年人处于人生发展的爬坡期和上升期,尤其容易产生一种竞争的意识。一旦在竞争关系中无法调适好,就会滋生出个人主义、功利主义、自我、自私、冷漠、缺乏团队意识等问题,容易使人际关系产生各种摩擦、冲突,甚至是对立与仇恨。

> **小卡片**
>
> 曾经有这样一则寓言。冬天到了,天气非常寒冷,两只刺猬冻得瑟瑟发抖。它们为了御寒,就紧紧靠在一起,希望通过相互依靠来温暖对方从而也使自己暖和一些。没想到,当它们靠得太近时,身上的刺会刺伤对方;而靠得太远时,又感受不到对方的温度。它们就这样反复尝试距离的远近,最终找到了最佳的距离——既能得到最大的温暖又不至于刺伤对方。这则寓言告诉了人们一个与人交往的浅显的哲理。那就是,人与人之间,即使是同学、朋友、同事甚至是兄弟姐妹、恋人、夫妻之间,都会存在着远近不等的距离。只有保持适当的距离,人们才能保持自己的独立空间,人与人之间才能和谐相处。

那么,青年应该如何处理好自我与他人的关系呢?明智之人在与人交往和相处时懂得保持距离的智慧。古代的孔子非常欣赏春秋时期晏子的交友态度。晏子一般不轻易与人交朋友,但一旦交了朋友,就会赤诚相待,恒之久之。他不仅交而往之,而且"久而敬之"。朋友关系的存续,是以相互尊重、以诚相待为前提的。如果掺杂着利益关系或者其他目的在里头,并且强求、干涉、控制对方,这种朋友关系肯定是暂时的。中国人强调"君子之交淡如水",水虽无味,却持久绵长。相反,酒肉朋友则仅仅局限于有酒有肉而已。因此,朋友之间虽然情趣相投、脾气对路,再亲密再熟悉,也应保持一定的距离,所谓"距离产生美"也。如果亲密过了头,超过了距离,朋友间的默契和平衡被打破,朋友之间的友好关系将不复存在。与他人保持合理的距离,一方面是为了维持彼此之间的关系,另一方面是为了保持自身的独立性。

与人交友不仅有距离的要求,而且还应该遵循基本的原则。一是以德交友,患难与共。如果希望交到真心的朋友,就要首先自己拿出真心,以高尚的品德与人相处,品德高尚的人才能交到品德高尚的朋友。德行高尚的人,才能做到同甘苦、共患难。二是以诚交友,肝胆相照。和朋友相处,彼此要讲求赤诚相待,肝胆相照。双方以真心对人,坦诚相见,以真实的语言、真实的情感交往,摒除利害关系,拥有手足般的义气情谊,能相知相惜,互相关爱,彼此帮助。三是以知交友,见多识广。见识广博或具有专业知识的人,自然会受到朋友的尊重与信赖。所谓"近朱者赤,近墨者黑",人们往往愿意同那些见多识广、阅历丰富的人相处,这样能丰富自己的知识,增强自己的能力。

三、青年阶段的修身之道

儒家将人生的历练分为四个阶段:修身、齐家、治国、平天下。其中,修身是指修养身心,修身的具体行为表现为在日常生活中择善而从,博学于文,并约之以礼。青年是人生过程中的重要阶段和黄金阶段,尤其需要注重自身的修身养性。为了达到修身的目的,青年首先需要在社会中通过自我反省体察认识自我,在创造中通过实践和奋斗不断地实现自我价值,并在一种智慧思维的引领下不断超越自我。唯此,才能使身心达到一种更加完美的境界。

(一)在社会中认识自我

"认识你自己"这是古希腊德尔菲神庙的铭句,也是古希腊著名哲学家苏格拉底所尊奉的一句名言。人类能够认识纷繁复杂的大千世界,认识自己却很难。自我认识是一个人在社会实践中,通过与他人的关系、自我的行动、与他人的比较等,形成的包括自我概念、自我观察、自我分析、自我评价等自我意识的相关内容。

认识自我与认识其他事物的最大区别在于,"我"既是认识的主体,同时也是认识的客体。自我天然地包括了主观自我与客观自我,自我认识就是主观自我对客观自我的认识与评价。

1. 全面客观地分析自我

分析自我主要包括三个方面:一是对自身外表和体质状况的分析,包括外貌、风度和健康状态等方面的分析;二是对自我形象的分析,包括对自己在社会生活与实践中的位置与作用、价值与贡献,在公共生活中的行为举止等表现与自我社会适应状况等的分析与判断;三是对自己的精神世界的分析,如政治态度、心理状态、道德水平、智力水平、兴趣特长、爱好、性格、能力等方面的分析与判断。要全面客观认识自己,要求我们既要看到自己的优点和长处,还要看到自己的缺点与不足。"金无足赤,人无完人",每个人的外在形象、内在素质等都存在着优势与不足。我们既要关注与发挥自身的优势,用欣赏的眼光来看待自己,又要坦然面对自己的不足,接纳自己的不完美,勇于迎接挑战,努力将劣势转化为优势。

2. 用发展的眼光看待自我

辩证唯物主义告诉我们,事物总是变化发展的,没有一成不变的事物。俗语说"士别三日,当刮目相待",作为主体的人也是在不断的变化发展中的。这种变化不仅体现在生理、心理与精神上的发展,还体现在主体优缺点、优劣势的不断变化发展之中。因此,必须要用一种发展的眼光认识自我,及时发现自己的优点和缺点,正确认识自己的优势与劣势,积极看待顺境与逆境,善于改善缺点、发扬优点,善于促进劣势向优势的转化,善于在逆境中寻找生机并不断完善自我。如果用静止的眼光看待自我,容易陷入一种悲观主义的"宿命论"中而停步不前。只有用一种发展的眼光认识自我,才能充满信心,勇敢迎接生活的挑战。

3. 结合他人眼光认识自我

人要认知自我一般有两个途径:自我观察和他人评价。自我观察是自我教育、自我提高的重要途径,而他人评价主要是帮助我们更全面、更客观地认识自我。古诗云:"不识庐山真面目,只缘身在此山中。"单纯从自身角度去认识自我难免缺乏全面性与客观性。对于他人对自己的好评，不应骄傲，应该从中汲取前进的力量和信心，继续探索；对于他人对自己的差评，不应怨恨，应该从中反思其合理性，有则改之，无则加勉。总之，需要保持良好的心态，充分尊重与重视他人的评价，采取既不盲从、也不忽视的态度，客观、冷静地分析他人对自己的评价，以帮助我们更好地认识自己、了解自己。

(二)在现实中创造价值

所谓实现自我，就是实现自我的人生价值。在人类的历史长河中，个人、社会、自然以及三者之间的相互关系构成了宇宙间的客观存在。尽管个人于世界犹如沙子于大海，个人于历史犹如流星于长夜。但是，人的出现、人的存在，必然会展现自己独特的色彩，显示出特有的光亮和痕迹。不管这种光亮或亮或暗，这种痕迹或深或浅，都是人类在社会实践中自我价值的创造与实现。

1. 人生价值的形态与关系

马克思主义哲学认为，价值是揭示外部客观世界对于满足人的需要的意义关系的范畴，是指具有特定属性的客体对于主体需要的意义。人生价值是指人生对于满足社会、他人和自身需要而具有的意义和功效。实现自我，就是实现自我的人生价值，就是厘清自我对于社会、他人以及自身的作用和意义。人生的价值包括人生的个人价值和社会价值两个方面。

(1)个人价值。个人价值是在社会生活和社会活动中为满足个人的需要所提供的服务。或者说，就是个人通过自身的实践活动，付出心血和劳动后获得相应的报酬，得到社会对自我价值的承认，从而实现了对自我的满足。个人价值包括物质价值与精神价值两个方面。只讲奉献不讲获取，或只讲精神不讲物质，都不符合马克思主义的基本要求。尊重和保护人们正当的物质利益，鼓励人们争取和创造美好富裕的生活，是推动社会生产力进一步发展，促进人类社会不断进步的强大动力。但是，不能仅仅只追求物质的回报，还应该追求更高层次的精神需要。

> **小卡片**
>
> 根据马斯洛的需要层次理论，人的需要有五个层次，处于低层次的需要是生存的需要、安全的需要，在这些需要得到满足、基本满足甚至不一定满足的情况下，人还要追求更高层次的需要，那就是社交的需要、尊重的需要和自我实现的需要。尊重的需要和自我实现的需要，就是体现了人的精神价值的满足。

(2)社会价值。社会价值是指作为客体的个人通过自己的实践活动为满足社会或他人的物质、精神需要所做出的贡献和承担的责任。简单来说，即是主体通过自己的活动满足自己所属的社会和他人的需要。社会价值是个体存在对于社会的意义,这是人的真正价值所在。任何一个人都不可能是一个孤立的存在,他总是生活在一定的社会关系中。他在社会关系中的存在也不是没有意义的存在,而是通过与他人交往、合作,为社会创造物质与精神财富而显示出他存在的意义。

(3) 个人价值与社会价值的关系。个人价值和社会价值是对立统一的辩证关系。一方面,个人价值和社会价值是各自独立的,它们都有各自具体的规定性。个人价值是社会对个人需要的满足程度,是个人通过自己的劳动从社会的获取;社会价值则是个人对社会的贡献。另一方面,个人价值与社会价值又是相互联系、相互影响、相互制约的。个人价值的实现,必须以他对社会的贡献、为社会创造的社会价值作为前提。每个人作为社会的主体时,其他人就是社会的客体,主体在强调满足自身需要的同时,他作为客体也必须为他人提供服务。马克思主义的人生价值观在肯定人生的个人价值的同时,更强调社会价值的重要性,认为衡量一个人的人生价值的大小,不应该只考虑他从社会中获取了什么,而更应该看他对社会所做贡献的大小。

2. 人生价值的取向及实现

人生价值取向,是指在一定价值观的指导下人们对于人生价值目标的选择和追求。每个人的生命历程都是由一连串的人生选择所构成,所以人生历程即是人实现人生价值的过程。

人之所以要确立和选择自己的价值取向,一是因为理性,二是因为责任。所谓理性,是指人是有思想的动物,人是寻求意义的生物,人无法忍受无意义的生活。黑格尔曾说过:"一个有文化的民族,如果没有哲学,就像一座庙,其他方面都装饰得富丽堂皇,却没有至圣的神那样。"① 意义之于人类,犹如哲学之于文化一样。人生的意义,就如普照大地的阳光,照亮了人的心灵,照亮了人生活的世界。所谓责任,就是应尽的义务和分内应做的事情。人生在世,有许多事情是必须做的,人可以选择如何做,但不能逃避不做,这就是责任。人必须对家庭负责,对工作负责,对社会负责,对国家负责。一个有强烈责任感的人,必定会努力实现自己的人生价值。而没有责任感的人,很难说他的人生有什么意义和价值。责任感的最高表现是使命感,使命感使人坚定地承担起最大的责任。正是在使命感的召唤下,我们才会不断追求进步,进而实现伟大的人生。

主客观条件的多样性和复杂性决定了人生价值取向的多样性。人生价值取向一般表现为两种类型:一是以个人为本位的人生价值取向;二是以社会和国家为本位的人生价值取向。以个人为本位的人生价值取向,往往表现为个人主义,以个人利益为中心,主要围绕个人利益的得失来进行价值选择,并以是否对自己有利的标准来处理人际关系和其他一切问题。而以国家、社会和人民为本位的人生价值取向,在树立理想和人生目标时,在学习、生活和工作时,在处理个人与社会、集体和国家的关系时,始终把人民、国家的利益摆在首位,坚

---

① [德]黑格尔.《逻辑学》(上卷).商务印书馆,1966年,第2页。

持集体主义,反对个人主义。

今天,人们普遍把"以人为本"作为一切工作的出发点和落脚点。我们一方面要特别重视和保护个人利益,尊重人,理解人,关心人,把不断满足人的需求、促进人的全面发展作为一切工作的根本出发点和立足点,实现人与自然、人与社会、人与人自身的和谐发展;另一方面也要清醒地认识到,在确定人生价值取向的时候,必须把社会向度放在首要位置。就个人对社会的意义而言,人生价值的大小要以他对社会的贡献为尺度。社会是个人存在和发展的基础和空间。在人们越来越重视和关心个人的利益和价值需求的时代背景下,社会也为个人价值的实现提供了越来越多的渠道和物质保障,个人的能力和价值越来越多地得到体现。

人生价值的实现,是主观与客观的辩证统一。在客观上,社会要提供一定的物质条件,要以一定的生产力发展水平为基础,要有一定的社会经济政治制度、意识形态、舆论环境和物质文化生活环境。人生价值的实现不可能脱离一定的社会经济条件;在主观上,实现人生价值,必须发挥人的主观能动性,创造必要的主观条件。要实现人生价值就必须全面提高个人素质,包括思想道德素质、科学文化素质、身体素质和心理素质等,必须具备坚强的意志品质和百折不挠的顽强奋斗精神,必须发挥聪明才智,在自己的岗位上埋头苦干,努力拼搏。人只有把有限的生命投入到无限的为人民服务之中去,才能实现其最大的人生价值。

拓展延伸

案例分析

霍华德·休斯的"三倍人生"

1976年,从墨西哥飞往休斯敦的一架飞机里,一位70岁的老人溘然而逝。待飞机降落在休斯敦机场,等在那里的是闻讯赶来的FBI(美国联邦调查局)。经过指纹比对,他们最终确认死亡的老人叫霍华德·休斯。他的死讯传出后,整个美国沸腾了,许多报纸的头版都是一行大字:"休斯死了!"这个拥有别人几倍精彩人生的传奇人物,合上了他永远充满好奇的双眼,留下的是20亿美元的遗产和以不同身份创造的精彩传奇。

在美国,霍华德·休斯的名字家喻户晓。不仅因为他是美国少有的享有世界声誉的富豪之一,还因为他本人是一个深入涉足航空业、电影业、商业、医学界等领域的天才人物。单纯提到霍华德·休斯,也许不为我们国人所熟知。但是当我们提到好莱坞电影城与拉斯维加斯赌城时,人们往往耳熟能详。霍华德·休斯的传奇人生经历与这两样事物具有不解的渊源。人们为什么说霍华德·休斯拥有"三倍人生"?我们一起来看看他的传奇故事。

第六章 人生哲学与修身之道

1905年12月24日出生于美国得克萨斯州休斯敦的霍华德·休斯，从小与母亲关系甚好，深受母亲的影响。母亲是一个洁癖患者，对休斯要求严厉，休斯受其影响也成为一个完美主义者与强迫症患者。这些对他后来的人生与事业既产生了积极影响，也产生了消极影响。在早年，厄运接连光顾原本生活幸福无忧的休斯。16岁时，他的母亲因为手术失败去世；刚年满18岁的时候，他父亲也因心脏停搏突然辞世。在亲友们的愕然中，本来沉默内向的霍华德·休斯在法庭上对法官滔滔不绝地表明自己有能力掌管所有的遗产，并且提出向银行贷款买回属于亲戚的1/4遗产。随后，18岁的休斯像一个历练多年

霍华德·休斯

的精明商人，用贷款取得了父亲公司的全部控制权和75万美元的遗产。他对媒体扬言说，他要成为世界上最好的高尔夫球员、世界上最好的飞行员和世界上最好的电影制作人。当时人们都不以为然，甚至认定老休斯的家底会很快败光在这个毛头小子手里。然而，谁也没有想到，这个稚嫩的少年，最终通过自己的疯狂的努力，成为让全美国震惊的商人、飞行员和电影导演，实现了当初2/3的梦想，成就了"三倍"的人生。

杰出的电影制作人

1923年，成为孤儿的休斯辍学接管父亲的企业。热衷电影的他在1926年进入好莱坞成为电影公司的董事长兼导演。他购买了125家电影院的经营权，自己也投身到电影的制片和导演事业中。母亲对他的影响使他形成了追求完美的性格并具有强迫症患者的症状。为了追求极致的观影效果，他在1929年耗资巨大投资了空战影片《地狱天使》，为了使有声电影的效果更好，他曾经不惜重本大胆地将挪威口音的女主角换成具有正宗英国口音的女主角。为了亲自示范飞行技巧，他还亲自上场担任特技飞行演员而遭遇了飞机失事坠毁的重创，影响了日后大脑的正常功能。然而，这部由休斯拍摄的耗资巨大的《地狱天使》在美国上映后获得了第三届奥斯卡金像奖最佳摄影提名，票房比投入更令人瞠目，并从此奠定了休斯在好莱坞的权威地位。

世界航空航天领域先导

休斯不仅对电影感兴趣，而且自小对飞行感兴趣。在幼年时期逃学期间，他就经常捣鼓飞机模型，甚至自行学习了飞行驾驶技术。在1933年一场业余飞行员比赛失利之后，他将兴趣转移到制造飞机上，并创立了以自己名字命名的休斯飞机制造公司，开始设计制造以休斯第一个字母命名的H1（即"休斯"号）型新式飞机。1935年9月13日，H1型飞机首次试飞，休斯亲自驾驶H1试飞成功，并

创造了飞行速度为566公里/小时的世界纪录。接着,他又把这一记录改写为567.12公里/小时,打破了法国人505.85公里/小时的陆上飞机速度世界纪录,并一直保持到1939年。他在进行第5次试飞时,H1失事,险些丧命,但这依然无法减退他对飞行的热情。1937年1月18日,霍华德·休斯驾驶改进后的H1B型飞机成功,实现了横越美国大陆的不着陆飞行(从伯班克到纽瓦克),仅用时7小时28分25秒,再创一项世界纪录。为此,被誉为"飞行英雄"的休斯还受到美国总统罗斯福的亲切接见。1938年7月14日,霍华德·休斯驾驶洛克希德14-N2"超级伊莱克特拉"双发运输机打破了5年前威利·波斯特创造的7天18小时的环球飞行纪录。休斯和他的机组人员平均飞行时速208英里,途中在巴黎、莫斯科、西伯利亚的一些地区做了停留,经过91小时14分的飞行后在布鲁克林的一个机场着陆,飞机航行14824英里。这次飞行的目的是宣传"1939年世界博览会"。整个20世纪,休斯一手创立的休斯公司先后发明了第一个实用激光器、第一颗同步卫星、第一台登月探测器,成为美国及至全世界航空航天领域的先导。可以说,休斯自己的飞行与其所掌控的飞行公司都一次又一次地打破了纪录,实现了飞行界新的突破与超越。

出色的拉斯维加斯娱乐大亨

如今世界最大的销金窟——拉斯维加斯的崛起,也和霍华德·休斯有着紧密的关系。当年的拉斯维加斯给人们的印象,就是黑帮加妓女的罪恶之地。1966年,霍华德·休斯买下拉斯韦加斯的一家饭店后,有洁癖的他决心改变拉斯维加斯的经营环境。他用两年的时间,从美国"黑手党"手中买下了拉斯维加斯最主要的几家赌场和酒店,进行企业化改造,一举将拉斯维加斯变为"一个穿着正装的男人和一个戴着珠宝穿着皮草的美丽女人正从一辆豪华车里出来的样子"。此后,他还鼓动大量的商人进入拉斯维加斯投资娱乐服务业,对拉斯维加斯进行整体的改造。霍华德·休斯的改造,奠定了拉斯维加斯成为世界最大的正规赌场的基础。而休斯也因为自己在几个行业的出色而成为享誉世界的亿万富翁。

按照人具有肉体与精神双重生命的角度看,霍华德·休斯所具有的"三倍人生"是指哪个维度的生命呢?为什么说他获得了"三倍人生"?是什么让他获得了"三倍的人生"?

人的生命有肉体生命与精神生命之分,霍华德·休斯所具有的"三倍人生"并非指肉体生命维度的延长,而是指精神生命维度的增量。能在三个跨度和差异性较大的领域有斐然成就,这是非常鲜有的,因此我们说霍华德·休斯拥有超出常人的"三倍人生"。

霍华德·休斯具有出彩的人生,源于以下三个方面的原因。首先,他有理想。休斯在十几岁的时候就说过:"等我长大了,我要……开世界上最快的飞机,拍最宏大的电影,成为世界上最有钱的人。"理想给他指引了前进的方向。其次,他具有面对逆境的勇气。少年时期父母的早逝并没有击垮他,他不屈服于命运与现状的性格,使他不断挑战自我,成就自我。最后,他有为理想付诸行动的实践。仅有梦想,而不付诸行动是远远不够的。我们每一个人在孩童时期也曾有自己的人生理想与人生梦想,但是我们往往总是迫于现实的压力、困难等,在梦想前退缩,最终使自己成为一个平庸的人。霍华德·休斯通过狂热的行动与实践,追求自己的理想,才成就了他在一个又一个领域的飞跃与突破,给自己的人生交上一份满意的答卷。想要实现自我的人生价值,理想、勇气与行动,缺一不可!

  思维训练

北京大学曾对新生进行心理调查,发现近四成大学生在入学阶段感觉疲惫、孤独、情绪差,感觉学习和生活没有意义,人生看不到希望,终日重复却没有结果,对未来失去信心,缺乏存在感,感觉身心被掏空。心理学家将此定义为"空心病"。"空心病"是指由价值观缺陷而导致的心理障碍,症状为觉得人生毫无意义,对生活感到十分迷茫,不知道自己想要什么。① 提到"空心病",往往会让人联想起一个世纪前诗人艾略特在1925年所写的诗作《空心人》。

> 生命如此漫长,
> 在渴望与痉挛之间,
> 在潜能和存在之间……
> 这就是世界结束的方式,
> 并非轰然落幕,
> 而是郁郁而终。

"空心病"漫画

这首诗描绘了现代社会里人们空虚与焦虑并存、寂寞与无聊交织的生活状态,人们在物质极大丰富的同时,发现失去了自己,在忙忙碌碌中无法感知旁人与自我的存在,不知道自己是谁,不知道自己要到哪里去,不知道自己想要成为怎样的人。这是一种失去灵魂的状态。显然,在诗作的一个世纪之后,人们生活的意义感仍然是一个值得追问的重要命题。大学生处于人生最美好的年华,却患上了"空心病",这是何等的悲哀! 这与青年在成长中遇到迷茫与困惑不一样。青年成长过程中的迷茫与困惑往往指向具体的事件,是一种阶段性的情绪,也源于自身对人生道路的选择矛盾与思考,在某种程度上是由于对人生具有深度思考才会有这种困惑。而"空心病"的迷茫是一种弥散性的,源自对生命意义的无法感知,这值得我们警惕。

请对照"空心病"的定义,分析"空心病"的相关症状,诊断自己是否患上"空心病"。请你对"空心病"的自救提出一些建议。

---

① 大学生空心病:北大四成新生认为获得没有意义.腾讯教育,引用日期[2016-11-30]。

网络探究

在西方哲学里,关于灵魂有无的问题一直是哲学的核心命题。随着科学技术的不断进步,有灵论者经常尝试用科学的方法证明灵魂的存在,其中关于灵魂重量的证明与争议就成为灵魂有无的重要问题。在历史上,曾经有过两种关于灵魂重量测量的争议。

35 克之说

1987年,墨西哥的一位心灵学家胡力安-马尔撒斯公布了一组病人死亡前一刹那的照片,并告知人们他发现有一道白色的东西从死者身体内冲向上面。心灵学家笃定认为这就是死者的"灵魂素粒子"正准备离开死者的身体。1996年秋天,为了证实灵魂是否存在,7个灵魂学权威的医师、科学家、心理学家成立了一个专门的研究团体,制造了一套"灵魂测定器",面向100位死者进行体重测试。

测试后他们发现,当人死亡的时候,水分和瓦斯会从人的肉体里释放出来,将这些因素扣除重量后重新计算人体死前与死后的重量,赫然发现前后相差35克,而且没有胖瘦之分。因此他们得出结论:人是有灵魂的,灵魂是附着于肉体上的,是一种具有相对恒定重量的物质,其重量大约为35克。他们进一步解释说,正是因为灵魂的重量很轻,所以当灵魂一旦离开人体,就以"灵魂素粒子"的状态呈现,并常常漂浮空中,如水中浮萍一般,没有附着点。在某些时候,这些微粒子会集合成肉眼可看见的物体,以"幽灵"的形式出现。

21 克之说

美国麻省大夫邓肯·麦克道高为了验证灵魂是一种可以测量的物质,设计了一种带有灵敏测重能力的床,让自愿接受实验的濒临死亡的人躺在上面,然后一直精确测量这个人的体重,以观测这个人在死亡瞬间体重的变化。他认为死亡瞬间减轻的体重即为灵魂的重量。邓肯·麦克道高一共测量了6个垂死之人,包括4个结核病人、1个糖尿病昏迷的病人,以及另一个不明病因的人。21克的说法来自第一个病人,这是一个患结核病垂死的男人。这个男人在死前较为平静,基本不动的姿势保证了测量的准确性。邓肯·麦克道高前后共用了3小时40分钟来观察这个男人的重量变化,其体重的下降速度为每小时1安士(28.3495克),他估计这个重量的减轻主要是体液蒸发所致。因此,他把秤的平衡调到接近上限条,以期观察死亡瞬间的体重变化。在这个人死亡瞬间,秤的指针快速下降到了秤的下限条,就再没有弹回来,这一瞬间重量下降了3/4安士(21.26克),这个著名的21克就诞生了。但是,邓肯·麦克道高在接下来对其他5个人所做的测试都无法重复第1个测试者的结果。第二例,因为无法确认具体的死亡时间,结果无效。第三例比较有意思,体重居然下降了2次。死亡的瞬间,重量下降了1.5安士,随后的几分钟,又下降了1安士。邓肯·麦克道高是这样推理的,因为测试者死亡过程中灵魂有一部分先走了,但是还有一部分依依不舍滞留到十几分钟后才不得不离开。第四例,因为测试者死的时候重量因为秤没有调节好,所以结果无效。第五例,因为死亡来得太突然,尽管重量下降了3/8安士,但这个结果因为秤的原因,也不能算数。第六例,病人的秤还没来得及调整好,病人放到床上不到5分钟就死了。6个案例中只有1个是邓肯·麦克道高比较满意的结果。随后邓肯·麦克道高将这个测试运用在狗身上,发现狗死的时候,重量没有任何变化,他推出的结论是:人有灵魂,而狗是没有灵魂的。

"灵魂21克"之说

你是如何看待灵魂重量的测量?你认为人有没有灵魂呢?如果有,灵魂是否是一种物质的存在呢?灵魂是否有重量?又是如何产生的呢?请在网络搜索引擎中输入"21克的灵魂重量"和"灵魂有没有重量",以查找相关资料。

 视频推荐

1.《人生最重要的课题:死亡》

主讲:谢利·卡根,美国耶鲁大学哲学教授

内容简介:本课程以通俗易懂的方式讲授了我们习以为常或未经深思的观点,以更清晰的概念探讨死亡的意义为何,从形而上学到价值观,认真、理性地思考生命和死亡的真相,让我们对死亡有更加深刻意识,对生命价值有更加深刻的了解。主讲谢利·卡根教授1982年获得普林斯顿大学博士学位,教授的课程"哲学:死亡"是互联网上最受欢迎的国际名校课之一,他还著有《耶鲁大学公开课:死亡》一书。

2.《阿甘正传》(1994,美国)

内容简介:男主人公阿甘先天智障,但她的妈妈把阿甘当成是一个有完整人格的人,让他像普通孩子一样上学,与社会接触,还不断鼓励他与人为善,自强不息。成年后的阿甘不仅凭借着上帝赐予的"飞毛腿",在多个领域创造了奇迹,还收获了至真好友与至爱珍妮。此片曾获第六十七届奥斯卡金像奖的最佳影片、最佳男主角、最佳导演、最佳改编剧本、最佳剪辑和最佳视觉效果等多项大奖。

3.《肖申克的救赎》(1994年,美国)

内容简介:年轻的银行家安迪被冤枉杀了他的妻子及其情人,被判终身监禁,在监狱中饱受精神与肉体上的摧残。不甘屈服于命运,心中仍存希望和目标的他开始设计重获自由的通道,经过20多年水滴石穿般的不懈挖掘,终于在一个雷雨交加的夜晚,他重获了自由。此片本可获第六十七届奥斯卡金像奖的,但无奈碰上了《阿甘正传》,最终颗粒无收。

4.《美丽人生》(1997年,意大利)

内容简介:法西斯政权下,男主人公犹太人圭多和儿子被强行送往纳粹集中营。在这段本该充满着痛苦与黑暗的时间里,为了让孩子的童心不受到伤害,集中营的种种迫害在圭多的智慧下转变为儿子眼中的一个个游戏环节,儿子每天都充满着期待与欢乐去面对着集中营的生活。最后,圭多死了,但是成就了妻子和儿子的美丽人生。

阅读推荐

1. 宋希仁.《人生哲学导论》.山西教育出版社,2005年。
2. 梁漱溟.《人心与人生》.学林出版社,1984年。
3. 刘墉.《人生的真相》.中国工人出版社,1994年。
4. [美]卡耐基.《积极的人生》.中国文联出版社,1987年。
5. [苏]苏霍姆林斯基.《怎样培养真正的人》.湖南教育出版社,1987年。

课后思考

1. 人生哲学是什么?人生哲学有什么功用?
2. 人生哲学有哪些主要研究的问题?
3. 性善论、性恶论和性无善无恶论的主要观点是什么?这些观点之间有何区别与共同的主张?
4. 如何理解人肉体生命的限制与精神生命的超越之间的张力?
5. 青年阶段需要处理好的几对关系是什么?应选择怎样的人生观?
6. 青年应如何超越自我?

扫一扫查看更多习题

第七章 哲学思维与辩论之道

一人之辩,重于九鼎之宝;三寸之舌,强于百万之师。

——中国古语

学习要点

- 辩论是不同思想、观点之间的语言交锋的过程和行为。
- 辩论的基本形式有自由辩论、专题辩论和模拟辩论等。
- 辩论要坚持实事求是原则、平等原则、逻辑通顺原则。
- 辩论既有助于人们辩驳谬误、探求真理,又能锻炼思维,磨炼口才,还可以增进了解,促进沟通。
- 辩论赛的战术是制胜的法宝。

 故事导入

海伦是希腊传说中斯巴达王的妻子,为绝世美女,后受特洛伊城王子帕里斯的诱惑,出走特洛伊,引起了双方长达十年的特洛伊战争。因此,海伦在希腊普通民众心中是一个罪不可赦的坏女人。而古希腊著名智者、修辞学家、演说家、哲学家高尔吉亚在一次酒宴上却为海伦辩护甚至作颂词赞颂海伦。高尔吉亚在《海伦颂》中雄辩道:"海伦是无辜的,海伦是受害者而不是害人者。"主要的理由有以下四个。

(1)海伦的出走是神的旨意,如果说神是万能的,就不会让海伦离家出走,引起浩大的战争。如果海伦私自出走,引起战争,那就等于承认神不是万能的。

(2)海伦的出走是暴力所劫,一个手无寸铁的女人,面对一个强壮的王子,她是没有能力反抗的,如果她能反抗,她就不是海伦。

(3)海伦的出走,是做了爱情的俘虏,如果说爱情是无辜的,那么海伦就是无辜的。如果不原谅海伦,那就等于承认爱情是罪恶的。

(4)特洛伊战争不是由海伦引起的,它是由斯巴达人与特洛伊人长期的仇恨所致。如果说战争是由海伦引起的话,那就等于承认斯巴达人与特洛伊人之间过去是友好的。

高尔吉亚用这四个理由不但驳倒了全城的辩论家,还成功地说服民众放弃了之前站在理性、伦理的角度审判海伦的立场,转而站在海伦的角度同情她。甚至可以这么说,是高尔吉亚维护了海伦的名声,使她仍作为古希腊美女的形象存在下去[①]。

---

① 方位津.《跟我学口才 实用口才训练教程》.首都经济贸易大学出版社,2015年,第165页。

第七章　哲学思维与辩论之道

人们常说,真理越辩越明。从这个故事可以看出,辩论是人类表达观点、增进交流和探索真理不可或缺的重要工具,辩论的历史可以说与人类文明史一样久远。历史上,很多的哲学家同时也是雄辩家。现代社会,各种形式的辩论日益受到社会普遍重视和欢迎,校园辩论赛在锻炼和提升大学生的思辨水平和表达能力方面发挥着重要作用。那么,什么是辩论?辩论有哪些类型?辩论的原则应该如何把握?哲学家与辩论有着怎样的不解之缘?怎样打一场有准备的校园辩论赛?这些都是在本章要展开讨论的问题。

理论概述

第一节　辩论概述

一、辩论的概念

辩论是与人类文明同步产生的。人类在早期的生产劳动中,对于组织、分配以及其他相关社会活动的开展,会表达不同的看法。对于不同观点的申辩、反驳,就是辩论的形式。尤其是从语言产生开始,人类就已经有了辩论。因为人们在生产劳动和社会活动中要交流思想、传递情感,而在阐述自己与他人不一致的观点时,为了达到观点和情感的一致,为了伸张自己的道理,就要去说服对方,这样就产生了辩论。

辩论,又称论辩。从字面上分析,"辩"有分辨、辩解、辩明的意义,指论辩者依据一定的理由驳斥某种观点,阐明自己的观点;"论"指论理,论辩者依据一定的需要和原则分析和说明事理,它包含有议论、评定、论说之意。合起来的"辩论"即含有通过议论来评定、辩明是非之意。可见,辩论是指代表不同思想、观点的各方,彼此利用一定理由来证明自己的观点是正确的、揭露对方的观点是错误的这样一种语言交锋的过程。简单地说,辩论就是不同思想、观点之间的语言交锋的过程和行为。

> **哲人哲语:**
> 夫辩者,将以明是非之分,审治乱之纪,明同异之处,察名实之理,处利害,决嫌疑。
> ——《墨子·小取》

二、辩论的历史渊源

在古希腊,特定的地理位置和气候条件,使各城邦民主制国家的社会生产发展很快,城邦之间的贸易以及海上贸易比较发达,经济的繁荣带来文化的大发展,从而形成了灿烂的古希腊文化,使古希腊成为西方文化的摇篮。当时,雅典实行的是城邦民主政体,在政治上公民可以参与讨论和决定国家大事,在司法上也可以参与法庭诉讼和陪审,参与辩论。因此,能言善辩既是社会生活的一种技能,也是学习知识、开展文化交流的一种普遍形式。在雅典的教育中,无论"三艺"(辩证法、文法和修辞学)还是"七艺"(逻辑、语法、修辞、数学、几何、天文、音乐),辩论术都是其中重要的一"艺"。早在公元前5世纪中叶,就出现了以教授修辞学、辩论术为业的一个学派——"智者学派",其代表人物有普罗泰戈拉、高尔吉亚等。这个衍生出西方社会最早的教师和律师职业的学派主要研究演说的艺术、辩论的艺术和证明的艺术。那时候,辩论术、雄辩术和诡辩术所表达的是一个意思。到了后来,诡辩术才从其中分化出来。

古罗马时期,辩论与辩护制度成为法律诉讼制度的基本形式之一,当众演说辩论甚至成了衡量人才的重要标准之一。当时的教育部门规定,学校教育必须开设有关辩论的课程,以便培养具有雄辩口才的优秀学生。当时著名的辩论家与政治哲学家西塞罗在其《雄辩术》一书中指出:"教育应培养政治家。"在他看来,只有好的雄辩家才能成为好的政治活动家,只有具备雄辩才能的人才能成为最高统治者,而他自己的辩论因独具风格被称为"西塞罗体",其演说辩论词流传下来的就有57篇,其中雄辩杰作《对威勒斯的控告》最广为人知。

辩论的历史在中国也是源远流长。我国最古老的史书《尚书》中记录的论辩现象便非常丰富。据《尚书》的第一篇《尧典》记载,帝王尧的儿子丹朱非常善辩,是我国有史记载的最早的诡辩家,正因其善辩却不入正道,帝王尧未将帝位传给他,而是传给了虞舜。①

春秋战国时期,新兴的地主阶级和占统治地位的奴隶主阶级不断进行着冲突和较量,诸侯割据,战争频仍,整个社会动荡不安。动荡的社会促使各诸侯国国君为争夺地盘、富国强兵而礼贤下士、广纳贤才,希望这些贤才能够帮助自己出谋划策,以达到治国安邦的目的。一大批能言善辩的文人学者,为了赢得诸侯国国君的青睐,四处奔走游说,形成了各种风格不同的辩论艺术流派,这就是我国历史上思想空前活跃的百家争鸣时代。其中,儒家、道家、法家、墨家等最为有名。这些诸子百家的代表人物的论辩各有特点,比如孟子的辩论形象生动、气势逼人;庄子的辩论纵横四海、变化莫测;墨子的辩论朴实无华、逻辑严密。荀子总结了诸子的学说和辩论的经验,写出了著名的辩论艺术专论《非相篇》,这是我国第一篇研究辩论的理论文章。

在汉代,西汉的刘向把荀子的辩论理论进一步发展,他的《说苑·善说》可以说是中国古

---

① 赵传栋.《论辩史话》.复旦大学出版社,1999年,第1页。

代有关辩论理论的集大成者。[1]

从古至今,历代仁人志士、文人骚客无不以自己雄辩的口才、激扬的文字来抒发自己的理想抱负,抨击腐朽没落的思想和社会制度,涌现了一代又一代能言善辩的论辩人才。现代社会里,市场经济飞速发展,社会生活日益多元化,信息流通更加快捷,人际交流更加频繁,人们对同一客观对象的思考和评价方式及标准也越来越多元化。辩论这种古老的思想与语言表达方式,成为新时代人们传播信息、阐述观点、探求真理、促进沟通与交流的重要工具,焕发出新的生命力。

 三、辩论的类别

(一)自由辩论(日常辩论)

自由辩论,或日常辩论,指人们在日常生活中,对某一问题的观点见解产生分歧而引发的一种即兴式辩论。例如,在日常家庭生活中,夫妻双方可能会为给刚出生的孩子起名字产生意见分歧,双方都想让孩子叫自己喜欢的名字,并试图用自己的理由说服对方,从而产生辩论。再比如,一个部门的全体同事商量集体活动的内容,由于大家各有想法、各有建议,可能也会在办公室展开热烈的辩论。

> 想一想:
>
> 甲:"鸡蛋不好吃。"
> 乙:"嫌东嫌西,那你为什么不去吃鸡毛呢?"
> 甲:"神经病,鸡毛又不能吃。"
> 乙:"对啊,鸡毛不能吃,鸡蛋能吃,能吃的你觉得难吃,不能吃的你又不吃,你到底想怎样?"
> 请问:上述对话是一场有意义的对话吗?

这类辩论,往往没有固定的发生地点,没有固定的参与人员,也没有人数、身份的限制,更没有辩论的规则,有的只是相对集中的辩题内容和自由松散的辩论环境。虽然也是为了达到意见上的统一,但是这样的辩论有时候会有结论,分出胜负,而更多的时候往往不能产生结果,分不出胜负。东扯西拉,不着边际,甚至表现为抬杠、顶嘴、胡搅蛮缠等,最终往往都是不了了之,有时甚至不欢而散。因此,在日常辩论中,要分清辩论的必要性,对于那些价值和意义不大的辩题,没必要进行无谓的辩论。

---

[1] 袁方.《最新使用口才训练教程》.中国经济出版社,2006年,第3页。

> **哲人哲语：**
> 即使是最深刻的言论，如果一个人说的时候态度粗暴、傲慢或者吵吵嚷嚷，即便是在辩论上面获得了胜利，在别人心目中也是难以留下好印象的。
> ——洛克

（二）专题辩论

专题辩论，指在专门场合对某一领域的特定议题，按照预定的程序组织进行的辩论。它包括时政辩论、竞选辩论、法庭辩论、议会辩论、外交辩论和学术争鸣等。这类辩论有着明确的目的性，一般在讨论的最终都会产生一个让绝大多数人信服和接受的结果，因而其实际应用性最强。

（三）模拟辩论（赛场辩论）

模拟辩论，指模拟上述两种辩论形式而进行的一种具有正规比赛性质的辩论活动，因此又被称为赛场辩论，它具有程序性、规范性、竞技性的特点。

这类辩论是比赛双方组队进行，围绕一个辩题，确定正方和反方，根据比赛规则，展开你来我往的辩论比赛。由于辩题本身具有居中性、可辩性、对抗性，正反双方都能构建自己的理论体系和逻辑体系，在观点上很难说哪一方占优势，因此，整个辩论过程虽然可以很激烈、很精彩、很紧张，但是比赛结果却往往不会出现一个很明确的、简单明了的统一结论。双方在辩论的过程中更注重理论阐述是否准确、逻辑是否严密、论证是否合理、论据是否充分、驳斥是否到位、语言是否犀利等，而不是刻意追求"我们的观点才是正确的"这样的实质性结果。

一场精彩的辩论赛，辩手可以淋漓尽致地施展自己的才华，获得对手和观众的认可、尊重和欣赏，获得很大的成就感和满足感，获得对辩题的更深入的认识和了解，增长知识；观众也可获得知识，增长见闻，受到教育，得到娱乐。因此，近些年来，辩论赛作为一种寓教于乐、气氛热烈、喜闻乐见的比赛形式，为广大群众普遍欢迎和接受。尤其是大学生辩论赛，更是开展得如火如荼，成为当代大学生掌握知识、锻炼能力、开阔眼界、促进友谊的很好形式。

小卡片

近年来，华语辩坛不断发展壮大，据不完全统计，每年举办的中型以上辩论赛近百项，覆盖海内外多地，每年产生数百场优秀辩论比赛，涌现无数优秀辩手。其中，世界华语辩论锦标赛，简称华辩世锦赛，曾用名华语辩论锦标赛，由南京审计大学君和思辩社主办，自2011年首届比赛至今，已经成功举办了九届，吸引超过全球500多所大学参与，是全球规模最大、规格最高、影响范围最广的华语辩论赛事之一。

四、辩论的原则

(一)实事求是原则

所谓实事求是，就是指尊重客观事物本来的规律，从实际对象出发，探求事物的内部联系及其发展的规律性，认识事物的本质。

首先，辩论要服从事实。俗话说："事实胜于雄辩。"辩论选题的确立、辩论的材料内容的组织以及辩论的是非结论等，都要依据和尊重客观事实，都要正确地反映现实，而且最终都要靠实践来检验。用来证明己方观点的材料，不能信口胡诌；对对方引用的材料，不能随意否定。

其次，辩论要强调服从真理。"千秋胜负在于理。"在辩论中，对经过辩论已被证明为正确的观点或理论应予以承认，对错误的观点或理论应自觉摒弃。

辩论之所以有它存在的价值，一个很重要的原因，就是辩论双方或多方就某个辩题能够拥有有利于自己的事实材料，能够拥有部分真理。辩论取胜的诀窍就在于捍卫自己真理性的一面，同时攻击对方谬误性的一面。

(二)平等原则

辩论的目的，本来是为了摆事实、讲道理，通过说理和辩驳的方式达到事理的沟通和问题的解决，让对方或他人对自己的观点做到心服口服，使观点和意见达到统一。辩论也是双方或多方就某一辩题展开观点上的对峙和交锋，这种对峙和交锋必须遵循对等的原则。如果在辩论中不遵守平等原则，那就不是辩论了。

首先,在辩论中,论辩双方的辩护和反驳的权利是平等的。在封建专制社会里,封建等级和强权政治起着主导作用,人与人的政治、社会地位是不平等的。在不平等的条件下,是无法展开真正意义上的辩论的。在强权即真理的社会里,才会闹出"指鹿为马"的笑话出来。在现代社会,有人慑于领导的权威、上级的压力,也不敢平等地、理直气壮地阐明自己的观点,同样达不到真正意义上的论辩效果。因此,有效的辩论要建立在论辩双方权利平等的基础之上,正如在法庭上,即使是一个罪大恶极的犯罪嫌疑人,也有在法庭上为自己辩护的权利。

其次,在辩论中,辩论双方的人格是平等的。辩论中,每个人都有自己的人格和尊严,绝无尊卑大小、高低贵贱之分。论辩各方不得故意借题发挥或制造机会来贬低对方的长相、出生、职业、服装、品行等,更不能丑化或贬损对方,揭露对方隐私,嘲笑对方的生理缺陷。有的人因为准备不充分或者基本素质达不到而在辩论中处于下风时,采取谩骂、诋毁或揭露对方不光彩的隐私等来达到击垮对方的目的,这显然是不道德的,也是违背辩论基本原则的。

> **小故事**
>
> 晏子出使到楚国,楚王对晏子进行人身攻击。楚王说:"齐国难道没有高大能干的人吗?怎么派你这么个矮小无能的人当使者呢?"晏子回答道:"我们齐国高大能干的人多得很。不过,按我国的规矩,派什么样的人出使什么样的国家是有严格规定的。高大能干的人,就派他出使高贵强盛的国家;矮小无能的人,就派他出使低贱弱小的国家。我是最矮小无能的人,所以就派我出使到楚国来了。"①
>
> 从这个故事可以看出,楚王本想占着自己是楚国国君的高高在上的地位,通过污辱贬低晏子而达到污辱贬损齐国的目的,以显示自己在这场外交谈判辩论中的优势,获得更大的信心和满足。但没想到聪明的晏子反应敏捷,巧妙应答,反唇相讥,驳得楚王面红耳赤,自讨没趣。

(三)逻辑通顺原则

尤其在提问和寻求问题解答时,聚焦在逻辑是否通顺方面,最基本的逻辑必须服从形式逻辑的几个原则:同一律、矛盾律、排中律、充足理由律。

1.同一律

同一律要求人们在思维过程中始终保持概念的同一、论题的同一和前后思想的同一。在辩论中,遵守同一律是对辩论者的基本逻辑要求。如果论辩双方或多方没有明确概念的

---

① 袁方.《跟我学:辩论口才》.中国经济出版社,2006年,第32页。

内涵与外延,或者谈论的论题不同,或者每一方不能首尾一致地始终坚持自己的观点,出现"你弹你的调,我唱我的曲",这样就不能形成有实际意义的辩论。

首先,概念要保持同一。在同一场辩论中,概念要有明确的内涵和外延。如果一个概念被前后反复使用,则这个概念应当始终保持其内涵不变。如果一个概念变成另一个概念,这就出现了逻辑错误。

其次,论题要保持同一。

甲、乙两人就"现代社会里,人的能力比知识更重要/现代社会里,人的知识比能力更重要"为题展开辩论。

甲说:"我认为,在现代社会里,人的能力比知识更重要。因为现代社会是一个自由的、开放的、市场经济的社会,一个人只要有能力,没有什么办不到的事情。只要你有能力,你就能找到很理想的工作,就能获取很高的报酬,同时还能获得社会公众的褒扬和肯定。尤其是市场经济社会里,有能力就能赚到钱!金钱甚至可以和能力画等号。"

乙说:"我不这样认为。按照你的观点,市场经济社会就是金钱社会?有能力的人就能赚到钱,有钱的人就是有能力的人?难道金钱真的是万能的吗?"

甲说:"虽然说金钱不是万能的,但金钱的作用可是巨大的啊。有钱可以买来漂亮的别墅、豪华的汽车、精美的服装、昂贵的首饰,有时候金钱还能买到人的良心!"

乙说:"不对。金钱确实可以买到别墅、汽车,但买不到良心。因为良心是存在于人们内心的一种道德情感,是人们对自己行为负责任的道德责任意识。它是第二性的东西,是无法用金钱买到的。"

甲说:"尽管良心是第二性的东西,但金钱仍然可以买到它。君不见那些收受了不义之财的人,贪赃枉法、徇私舞弊,做出种种违背法律、违背道义的事,不正是出卖了自己的良心了吗?"

从这段辩论可以看出,甲、乙二位辩手本来辩论的主题是"知识与能力谁更重要"的问题。但由于双方没有恪守同一性原则,在辩论中没有保持辩题的同一,而是信马由缰、信口开河,漫无目的,辩到哪里算哪里,最后开始讨论金钱的作用、什么是良心等问题,这样就必然离题万里了。像这样的辩论,很显然是失败的辩论。

再次,前后思想要保持同一。

在一场亚洲大学生辩论赛关于"儒家思想可以/不可以抵御西方歪风"的辩论中,反方复旦大学曾这样发言:"对方一辩说抵御西方歪风就是全盘禁止,而三辩又说,抵御西方歪风可以有一部分进来,只要削弱,那么题目恐怕要改了吧……"

在辩论赛中,不仅一位辩手的前后思想,即所有的判断、推理和论点要一致,一个辩方的所有成员都要保持一致。这场辩论赛中,复旦大学的辩手正是指出了对方辩手之间思想的不一致,从而使对方在辩论中处于非常被动和不利的局面。

2. 矛盾律

矛盾律是指在同一思维过程中，一个思想不能与其否定的思想同时都是真的，其中必有一假。即思维应该前后一致，不能自相矛盾，不能"自己跟自己打架"，不能自我否定。也就是说，对同一个对象不能做出两个矛盾的判断，不能既肯定它又否定它。如"这盏灯亮着，但这盏灯又不亮"，这是不可能的，这句话是矛盾的。违反了矛盾律，思维就会陷入逻辑矛盾。可见，按照矛盾律的要求来说，实为不矛盾律。人们常说的所谓"不能自圆其说"、"自己打自己的脸"，指的就是这种错误。论证和辩论中违反矛盾律的典型错误就是思想的"自相矛盾"。

小故事

众所周知，伽利略的"比萨斜塔试验"是科学史上的一段美谈佳话，说的是年轻的伽利略用实验事实证明了"轻重不同的物体下落速度一样"，从而推翻了上千年来人们坚信不疑的亚里士多德"物体越重下落速度越快"的理论。事实上，在伽利略做实验之前，他已经发现了这一理论在逻辑上的矛盾。

伽利略说，假如一块大石头以某种速度下降，那么，按照亚里士多德的论断，一块小石头就会以相应慢些的速度下降。但是如果把这两块石头捆在一起，那这块重量等于两块石头重量之和的新石头，将以何种速度下降呢？如果仍按亚里士多德的观点，势必得出截然相反的两个结论：一方面，新石头的下降速度应比第一块大石头的下降速度快，因为把两块石头捆在一起，它的重量大于第一块大石头；另一方面，新石头的下降速度又应比一块大石头的下降速度慢，因为加上了一块以较慢速度下降的石头，会减缓第一块大石头下降的速度。

伽利略

这样一来，从原本的"物体越重下落速度越快"的理论出发，却推出了两个互相矛盾的结论。两个相互矛盾的结论不能同时成立，因为一个物体不可能同时比另一个物体既先落地又后落地，那么出错的只能是得出矛盾结论的前提了。因此，伽利略认为，亚里士多德的论断是不合逻辑的，因而是错误。

3. 排中律

排中律是指在同一思维过程中，两个相互矛盾的思想或相互反对的命题不可同假，其中必有一真。例如，"这盏灯或者亮着或者暗着"就符合排中律，因为同一盏灯只有亮或者不亮两种状态,不存在第三种可能状态。根据排中律的要求,在两个相互矛盾的对象中只能肯定一个,不能都否定,不能都肯定,也不能对同一对象既不肯定也不否定。只有这样才能消除思维的不确定性。如果违反排中律就会犯模棱两可的错误。

> 在一起行政诉讼案件的庭审中:
> 原告律师:请问这种违反程序法的行为是正当的吗?
> 行政机关应诉人:当然不是……
> 原告律师:所以对方刚刚承认你们所提的是一种不正当的行为,对么?
> 行政机关应诉人:也不是的……

本案中,行政机关应诉人把观点说得含含糊糊、似是而非,令人捉摸不透,犯了"观点含糊"的错误。

4. 充足理由律

充足理由律是指在同一思维过程中,一个思想被确定为真的、正确的,必须要有充足的理由,用公式表示就是:A 且 A 推出 B,所以 B。

辩论要以理服人,而且理由要充足。充足理由律有两个基本的前提要求:一是理由要真实、充分;二是理由与推断之间要有必然的逻辑关系。在辩论中,理由越充分,理由与结论之间的逻辑关系越正确,就越能说服对方,驳倒对方。违反充足理由律最常见的例子就是"虚假理由"和"推不出来"。

> 在一场刑事案件的庭审中,辩护律师这样为被告人辩护:"当天下午,被告人开拖拉机在回村的路上,亲眼看到他妹妹杨某和被害人在路边大树下拥抱,当拖拉机从他俩身旁路过时,被告人听到被害人小声说:'今晚咱就走,带着那些钱。'这足以证明被害人和被告人的妹妹有不正当的关系,并想抛弃妻子,和被告人的妹妹一起私奔。被告人一怒之下,砸坏被害人的家具并且伤害了被害人,所以造成被告犯罪,被害人也有一定的责任。建议法庭量刑时给予充分考虑。"

此案的辩护律师就犯了"虚假理由"的错误。因为拖拉机在路上行驶要发出很多的声响,怎么可能听到路旁两人小声说话呢?

> 在一起盗窃案的审理过程中,被告辩护律师在法庭上论证:"被告虽然盗窃属实,但是被告之所以进行盗窃,确实是由于他的工作没有得到妥善安排,生活困难,因此建议法庭从轻处罚。"

此案的辩护律师则犯了"推不出来"的错误。因为他诉诸本案无关的案件事实,无法联系法律规定而得出他想要的结论。

五、辩论的作用

(一)辩驳谬误,探求真理

辩论是人们认识世界、发现真理的一种认识活动和思维活动。在人们对自然和社会的认知活动中,会经常发生辩论,辩论的结果,使得事物的原理得到显现,真理得到阐明,就如刀和火石相撞而产生火花一样。

伴随社会的不断进步,人类科学活动向广度和深度进军,人们对事物的认识也愈益丰富多样,彼时彼地认为是真理的,此时此地则也许是谬误,即使是同时同地,由于个人的思想、知识水平、认识角度、所处地位等的不同,对于同一事物也会产生不同的见解和主张,甚至形成不同的政治、学术派别和思想体系。如我国古代的墨子以"兼爱"为正道,而孟子却以其为异端,公孙龙以"坚白异同"之说为是而庄周以为非;至于"性善论"与"性恶论"之争,更是由来已久,人所共知。但是不管怎样争论,真理只有一个。真理有待发现,真理越辩越明。辩论的过程,实质上是批驳谬误、探求真理的过程。因此,在某种程度上说,辩论活动和科学实验、社会实践活动一样,也是人们认识真理、掌握真理的重要途径。

(二)锻炼思维,磨炼口才

当代社会,科学技术日新月异,文明程度不断提高,人们的社会交往、思想交流日趋频繁。研究辩论之道,总结辩论规律,掌握辩论技巧,对于每一个人来说,都是大有益处的。在辩论活动中,锻炼思维是第一位的。辩论既能促进思维的准确性,又能丰富思维的完整性;既能提高思维的清晰性,还能强化思维的敏捷性。

辩论不仅锻炼思维,而且磨炼口才。语言的表达是一门艺术。辩论对于口才的锻炼也是一样,伶牙俐齿不是天生的,良好的表达能力也是平时勤于锻炼的结果。清晰的吐字、悠扬的音调、抑扬顿挫的语调、缓急有节的语速等,都会给人以美的享受。通过辩论训练和比赛,能够培养辩手演讲、表达、辩驳的口才,提高辩手的表达能力。

(三)增进了解,促进沟通

在辩论中,人们能够达到相互了解、谅解和信任,进而实现良好的人际沟通。常言说,"不打不相识",在辩驳中、在交锋中,互相对立的双方可以达成统一。因为,通过交锋,彼此能够更好地了解对方的立场和观点,可以求同存异,达到高层次的心理沟通。例如,领导和群众之间存在不同的观点,可以通过平等对话这种具有辩论色彩的方式,开诚布公地交换意见,相互沟通。这样,既可以形成民主气氛,增进团结,又可以统一认识,实现科学决策。学术上持不同观点的人,也可以通过辩论的方式,了解对方观点,扩展自己的学术领域,开阔视野,相互提高,共同促进学术的进步。

> **名人名言:**
> 一个好的辩论者,他可能会需要一定程度的演讲方面的训练,他会需要一定程度的说服观念辅助,辩论过程当中不可避免地一定程度上和谈判有关,辩论的过程当中也一定包含着你对所有听众的潜在的沟通。
>
> ——黄执中

第二节 哲学家与辩论

哲学自古就与辩论结下了不解之缘。辩论是哲学活动的重要形式,也是哲学发展的重要推进力量。因此,辩论自然而然地成了哲学家的基本功之一。自古以来,哲学论争不断。各个学派之间、同一学派内部,经常围绕一些重大问题进行辩论。这种活跃的思想论争带来了学术、理论上的繁荣,许多哲学名著名篇都是哲学论争的产物或总结。

在我国,辩论是我国古代诸子百家阐述思想、游说四方的基本方法和基本技能。以孔子、孟子等为代表的古代哲学家,通过游说,通过与国君、学生和他人的论辩,阐述自己对于仁、义、礼、智、信的见解,忠告国君关于治国安邦的策略,启发百姓对于善恶美丑的判断。论辩在中国古代作为一门智慧的学科和技艺而广受推崇和研究,涌现了不少论辩大家,流传于世的著名论辩典故也很多。

扫一扫了解孔子驳冉求和孟子与齐宣王辩"乐"

在西方,早在《荷马史诗》(《伊利亚特》、《奥德赛》)就搜列了许多激烈论辩对抗的演说词。在古希腊,生活着一批充满智慧、善于论辩的哲学家和思想家。而辩论的激情在以"雅典的牛虻"自诩的苏格拉底身上表现得淋漓尽致。苏格拉底是古希腊著名的哲学家和雄辩家,他的一生是谈话和辩驳的一生,他开创了雅典第一所修辞学校,他的全部思想都是在雅典的街头、广场、集市上与人辩论中产生的,他把自己的谈话辩论方式称为"精神助产术"。苏格拉底以他智慧的头脑、深刻的思想、雄辩的口才和新颖的教学方法,赢得了崇高的荣誉。苏格拉底的弟子柏拉图,继承了苏氏的论辩风格,记述了多篇对话集,阐述了许多重要的逻辑思想,对古希腊智者的"诡辩术"进行了批驳。他把辩论术定义为"用论据赢得人心的一种普遍性艺术"。柏拉图的学生亚里士多德是一位"百科全书"式的人物,他的研究领域甚广,其中涉及辩论的著作有《范畴篇》《命题篇》《辩谬篇》等。他在前人的基础上,建立了比较完整的逻辑体系,他的《论辩篇》就是系统地介绍逻辑学和论辩学的专著,从理论上和实践上比较系统地阐述了关于论辩的思想。

一、濠梁之辩

《庄子·秋水篇》记载了一场辩论,内容是这样的:

> 庄子与惠子游于濠梁之上。
> 庄子曰:"儵鱼出游从容,是鱼之乐也。"
> 惠子曰:"子非鱼,安知鱼之乐?"
> 庄子曰:"子非我,安知我不知鱼之乐?"
> 惠子曰:"我非子,固不知子矣;子固非鱼也,子之不知鱼之乐,全矣!"
> 庄子曰:"请循其本。子曰'汝安知鱼乐'云者,既已知吾知之而问我。我知之濠上也。"

李苦禅画作《濠梁之鱼》

这段话的大意是说:

> 庄子与惠子二人同游于濠水桥上。庄子说:"白鱼悠然自得地游来游去,看上去很快乐啊!"
> 惠子质问道:"你不是鱼,怎么能知道鱼是快乐的?"
> 庄子反问:"你不是我,怎么知道我不知道鱼的快乐?"
> 惠子答道:"我不是你,固然不知道你了;但你也不是鱼,你也不能知道鱼的快乐,这不是很明显的道理吗?"
> 庄子回答:"还是从头说起吧。你说:'你怎么能知道鱼是快乐的?'这句话,说明你已经知道了我知道鱼的快乐才来问我。我是在濠水桥上知道的。"

庄惠之间的这场精彩舌战跌宕起伏、扣人心弦、妙趣横生,被传为千古佳话,史称"濠梁之辩"。关于这场辩论,谁输谁赢,历来仁者见仁,智者见智,莫衷一是。总起来看,争论主要是围绕异类能否相知、他人能否相知,若相知、如何知等一系列问题展开。这个看来似乎是玩弄概念的游戏,但却包含着十分深刻的哲学意义,它涉及一个十分重要的认识论问题,即认识者考虑问题的角度以及认识者的认识能力问题。庄子并不是在说明鱼的快乐是可以知道的,他所要说明的是,人们考察事物的角度不同,那么得出的结论也就不同。他在《齐物论》中说过,世界上的事物没有不是"彼"的,也没有不是"此"的。从他物那方面就看不到这方面,从自己这方面来了解也就知道了。"此"和"彼"并没有什么区别,"此"也就是"彼","彼"也就是"此"。惠子则反对这种抹杀事物彼此区别的相对主义理论。认为"你不是鱼,是无法知道鱼的快乐的"。所以,为了避免惠子抓住他言论中的相对主义的不可知论这一矛盾,庄子十分狡猾地玩弄了一个偷换概念的手法,他把惠子的问话"你怎么知道鱼的快乐"偷换成了"你在哪里知道鱼快乐的",然后回答惠子说,"我是在濠水桥上知道的"。这就把"能否得知鱼之快乐"这一认识能力的问题,偷换成了"在哪里知道鱼的快乐的"这就是一个关于地点的问题了。有人认为庄子是靠偷换概念或强词夺理来取胜的,但整个辩论过程不能不说反映了庄子的机智、聪明和善辩。

二、公孙龙的白马非马辩

公孙龙是战国末年赵国人,著名的哲学家,在他的《公孙龙子》里,有一篇著名的"白马非马"论的辩词,从而引发了两千多年的关于一般和个别关系的哲学思辨。

曰:"白马非马,可乎?"
曰:"可。"
曰:"何哉?"
曰:"马者,所以命形也;白者,所以命色也。命色者非命形也。故曰:白马非马。"
曰:"有白马不可谓无马也。不可谓无马者。非马也?有白马为有马,白之,非马何也?"

漫画公孙龙"白马非马论"

曰:"求马,黄、黑马皆可致;求白马,黄、黑马不可致。白马乃马也,是所求一也。所求一者,白者不异马也。所求不异,如黄、黑马有可有不可,何也?可与不可,其相非不明,故黄、黑马一也,而可以应有马,而不可以应有白马,是白马非马,审矣!"
曰:"以马之有色为非马,天下非有无色之马也。天下无马,可乎?"
曰:"马固有色,故有白马。使马无色,有马如已耳,安取白马?故白者非马也。白马者,马与白也。马与白,马也?故曰白马非马也。"……

原文的意思是说:

有人问:"白马不是马,可以这样说吗?"
我说:"可以。"
问:"为什么呢?"

我说:"马,是称呼物体的外形的;白,是界定物体的颜色的。称呼颜色的词不能用来称呼形体。因此说,白马不是马。"

问:"有白马不能说没有马啊。不能说没有马,那白马不就是马吗?有白马应该可以算作马,为什么用白来称呼它时,它就不是马了呢?"

我说:"要一匹马,黄马、黑马都可以被牵过来;而要一匹白马,黄马、黑马就不可以被送过来。如果白马是马,那么刚才两次说的就是一个意思了。如果所要的东西是一样的话,那么白的东西与马就没有区别了。如果所要的东西没有差异,那么黄马、黑马有时可以,有时不可以,那又是什么原因呢?可以与不可以,它们之间的差异就很明显了。所以黄马、黑马,只要有其中一个,就可以说有马,但不可以说是有白马啊。所以白马不是马,不就很清楚了嘛!"

又问:"把有色的马认定为不是马,可天下没有无色的马呀。说天下没有马,可以吗?"

我说:"马本来是有颜色的,所以有白马。如果马没有颜色,马倒是有马,但到哪里去找白马呢?所以白色不是马。白马,是马和白两种东西的组合,马和白组合在一起的东西,还是马吗?所以说白马不是马啊。"

"白马非马"论是流传几千年的先秦哲学家的一个著名命题。之所以这个命题被人们津津乐道,反复研究和思考白马到底是不是马,就是因为公孙龙在这里提出了关于概念的确定性问题和事物之间"一般和个别"的矛盾性问题。公孙龙认为,概念与概念之间是有严格的确定性的,"马"是一种事物,"白马"又是另一种事物,这二者之间有着根本的区别,不能把二者等同起来。因为,从形式逻辑的角度看,"是"这个判断词,既可以表示"等于"、"完全相同"的意思,比如"一千元是一千元",意思是"一千元等于一千个一元的和",也可以表示"属于"、"从属"的意思,比如"白马是马",意思是"白马是马的一类"。

在这里,公孙龙尽管强调了个别事物的特殊性,重视单个的事物,但却刻意夸大了概念的一般与个别的差异性,认为个别的事物就是个别的事物,比如"白马"就是"白马";一般的事物就是一般的事物,比如"马"就是"马"。他认为"白马"就是"白马",而不是"马",二者不能混为一谈,这样就割裂了事物个别与一般之间的关系,否定了二者的同一性,不承认事物的一般都是由个别的事物抽象出来的本质的东西,因而是一种形而上学的观点。

公孙龙的"白马非马"论尽管有诡辩和形而上学的缺陷,但他却用形象的比喻强调了概念必须具有确定性,为人们分析和认识事物的个别与一般之间的关系提供了一种思维路径,对推动人们研究哲学思维的形式与规律起到了独特的作用。

三、苏格拉底的精神助产术

古希腊哲学家苏格拉底的"辩证法"是哲学辩论杰出的范例。苏格拉底认为,每个人都应当下决心掌握"辩论"这种艺术,因为每一个人凭着它的帮助,都会成为最有才干的人、有深刻见解的人、最受人尊重的人。苏格拉底把辩证法又称为"助产术",他认为,真理只有通过艰苦的辩论才能产生,就像女人生孩子一样,激烈的辩论才能产下真理的婴儿。苏格拉底在实施"助产术"时所采用的方法一般是问答法,又叫反诘法,即通过发问与回答的形式,运用比喻、启发等手段,使对方对所讨论的问题的认识从具体到抽象,从特殊到普遍,一步步深入,最后得出正确的认识,"生下"自己孕育的真理婴儿。

苏格拉底曾经与一位叫尤苏戴莫斯的青年探讨什么是善、什么是恶的问题。

苏格拉底(以下简称"苏"):请问你知道什么是善行、什么是恶行吗?

尤苏戴莫斯(以下简称"尤"):当然知道!

苏:那么我问你,盗窃、欺骗、奴役他人是善行还是恶行?

尤:这些行为自然都是恶行了。

苏:可是,如果一位将军战胜并且奴役了危害自己祖国的敌人,这是恶行吗?

尤:不是。

苏:如果这个将军在战时欺骗了敌人,并偷走了敌人的作战物资,这是恶行吗?

尤:不是。

苏:你刚才讲,盗窃、欺骗、奴役他人都是恶行,怎么现在认为又不是了呢?

尤:我的意思是,对亲人、朋友和自己人实施了以上的行为的话,那就是恶行。而你列举的对象是敌人啊!

苏:好吧,那么我们就讨论一下对于自己人的问题。如果一个将军率兵作战被敌人包围了,士兵快要丧失作战勇气的时候,将军欺骗他们说:"援军正在赶来,我们里应外合,将敌人一举歼灭吧!"这时士兵士气大振,浴血奋战,终于取得了战斗的胜利。请问,将军的欺骗的话到底是善行还是恶行呢?

尤:我想应该是善行。

苏:如果一个人发现他的朋友绝望地想自杀,而这个人偷走了他的朋友准备用来自杀的刀,这是善行还是恶行?

尤:是善行。

苏:你刚才说对于敌人,欺骗、盗窃、奴役等几种行为都不是恶行,这些行为也只能对敌人,如果对朋友的话就是恶行了。那刚才我所说的几种情况都是对自己人的,怎么又是善行了呢?

尤:哎呀,我现在也不知道到底什么是善行、什么是恶行了!

在这段对话里,苏格拉底运用了我们常说的反诘法。就是他首先向对方提出自己的观点,然后不断地从对方回答问题的角度提出新的问题,攻击对方的疏漏之处,使对方的思维陷入矛盾之中,最终承认自己的无知。这种层层深入、不断反驳的技法,就是典型的论辩手法,有时往往令对手难以招架。苏格拉底正是运用这种对话与辩驳的方式,教导青年学生,任何概念都是相对的,不是一成不变的,"善行"和"恶行"也是这样,在不同的场合、不同的语境下,会表现出不同、有时甚至完全相反的含义来。

第三节 辩论赛介绍与实战练习

一、辩论赛模式与规则

根据参加人数的多少,辩论赛基本上分为个人赛和团体赛两大类。不同的竞赛竞赛模式有不同的竞赛规则。

(一)个人赛

个人赛比较典型的是林肯-道格拉斯辩论赛。这是一种一对一模式的个人辩论赛。它是个人素质之间的比试与较量,从 1979 年开始正式成为美国中学生辩论赛的正式比赛项目,在我国一般作为参赛前辩论队里选手的训练方式,比赛规则如下。

(1)正方结构性发言,时间 6 分钟。
(2)反方盘问,时间 3 分钟。
(3)反方结构性发言,时间 7 分钟。
(4)正方盘问,时间 3 分钟。
(5)正方辩驳性发言,时间 4 分钟。
(6)反方辩驳性发言,时间 6 分钟。
(7)正方辩驳性发言,时间 3 分钟。
(8)评判、决议与评析。

整场比赛总计耗时 32 分钟。所谓结构性发言,即立论,辩手进行逻辑性、框架式、概要式的辩述。盘问则是临场对对方发言的盘查式审问。辩驳性发言是围绕辩题立场从多方面驳难对方。可见,这种辩论是对辩手多方面综合素质的训练和考察。

(二)团体赛

团体赛的模式较多,比较经典的是新加坡模式。2000 年第二届全国大专辩论会时,主办单位中央电视台策划了一种全新的模式,这里姑且称之为北京模式。在以后的比赛中,中央电视台又不断推出新的比赛模式。此外,近些年来在国内外高校的大学生辩论赛中,又产生了许多改进模式,如上海教育电视台模式、中国高校网络辩论模式及海峡两岸大学生辩论赛、世界华语辩论锦标赛、国际华语辩论邀请赛和亚太大专华语辩论赛等模式。

> **小卡片**
>
> 自2013年中央电视台宣布无限期停办国际大专辩论赛(简称"国辩")后。同年11月,第一届国际华语辩论邀请赛(简称"新国辩")在珠海举办,至今已成功举办七届,成当今世界最高级别高校辩论邀请赛之一。第二届"新国辩"开创了"哲理辩论"新赛制,赛制对辩手"短平快"的交锋不做主要考量,决胜以哲理深度、推论周全为主要标准,引发了华语辩论圈的极大关注和讨论。

对于辩论入门者,北京模式比较容易掌握和操作。在此,将第二届全国大专辩论会模式、规则介绍如下。

1. 赛制

四对四团体辩论赛。

2. 辩论赛程序(由辩论会主席执行)

(1)辩论赛开始。
(2)宣布辩题。
(3)介绍参赛代表队及所持立场。
(4)请辩手进行自我介绍。
(5)介绍评委老师。
(6)介绍比赛规则。
(7)辩论比赛。
(8)请评委老师评议。
(9)请点评老师进行点评。
(10)宣布比赛结果。
(11)辩论赛结束。

3. 辩论程序安排表

辩论赛程序及用时规定

序号	程序	时间	备注
1	正方一辩发言	2分30秒	
2	反方一辩发言	2分30秒	
3	正方二辩选择反方二辩或三辩进行一对一攻辩		每个提问不超过20秒,每次回答不超过20秒

续表

序号	程序	时间	备注
4	反方二辩选择正方二辩或三辩进行一对一攻辩		同上
5	正方三辩选择反方二辩或三辩进行一对一攻辩		同上
6	反方三辩选择正方二辩或三辩进行一对一攻辩		同上
7	正方一辩进行攻辩小结	1 分 30 秒	
8	反方一辩进行攻辩小结	1 分 30 秒	
9	自由辩论（正方先开始）	8 分钟（双方各 4 分钟）	双方交替发言
10	观众向反方提一个问题	回答时间不超过 1 分钟	
11	观众向正方提一个问题	回答时间不超过 1 分钟	
12	观众向反方提一个问题	回答时间不超过 1 分钟	
13	观众向正方提一个问题	回答时间不超过 1 分钟	
14	反方四辩总结陈词	3 分钟	
15	正方四辩总结陈词	3 分钟	

4.辩论赛细则

（1）时间提示。自由辩论阶段，每方使用时间剩余 30 秒时，记时员以一次短促的铃声提醒；用时满时，以钟声终止发言。攻辩小结阶段，每方使用时间剩余 10 秒时，记时员以一次短促的铃声提醒，用时满时，以钟声终止发言。其他阶段，每方队员在用时尚剩 30 秒时，记时员以一次短促铃声提醒，用时满时，以钟声终止发言。终止钟声响时，发言辩手必须停止发言，否则作违规处理。

（2）开篇立论（陈词）。开篇立论是对本方立场的全面性、总体性的陈述，应该观点鲜明，理由充分，逻辑清晰，言简意赅。

（3）攻辩。

① 攻辩由正方二辩先开始，正反方交替进行。

② 正反方二、三辩参加攻辩。正反方一辩做攻辩小结。正反方二、三辩各有且必须有一次作为攻方;辩方由攻方任意指定,不受次数限制。攻辩双方必须单独完成本轮攻辩,不得中途更替。

③ 攻辩双方必须正面回答对方问题,提问和回答都要简洁明确。重复提问和回避问题均要被扣分。每一轮攻辩,攻辩角色不得互换,辩方不得反问,攻方也不得回答问题。

④ 正反方选手站立完成第一轮攻辩阶段,攻辩双方任意一方落座视为完成本方攻辩,对方选手在限时内任意发挥(陈词或继续发问)。

⑤ 每一轮攻辩阶段为2分钟,攻方每次提问不得超过20秒,每轮至少提出3个问题。辩方每次回答不得超过20秒。用时满时,以钟声终止发言,若攻辩双方尚未完成提问或回答,不做扣分处理。

⑥ 四轮攻辩阶段完毕,先由正方一辩再由反方一辩为本队做攻辩小结,限时1分30秒。正反双方的攻辩小结要针对攻辩阶段的态势及涉及内容,严禁脱离比赛实际状况的背稿。

(4)自由辩论。这一阶段,正反方辩手自动轮流发言。发言辩手落座为本方发言结束,同时视为另一方发言开始的计时标志,另一方辩手必须紧接着发言;若有间隙,累积时照常进行。同一方辩手的发言次序不限。如果一方时间已经用完,另一方可以继续发言,也可向主席示意放弃发言。自由辩论提倡积极交锋,对重要问题回避交锋2次以上的一方扣分,对于对方已经明确回答的问题仍然纠缠不放的,适当扣分。

(5)观众提问。观众提问阶段正反方的表现算入比赛成绩。观众提出的问题先经2位以上规则评委判定有效后,被提问方才能回答。正反方各回答两个观众提出的问题,双方任意辩手作答。一个问题的回答时间为1分钟,如一位辩手的回答用时未满,其他辩手可以补充。

(6)总结陈词。辩论双方应针对辩论会整体态势进行总结陈词。对背诵事先准备的稿件要适当扣分。

5. 评判

(1)由评委对比赛进行打分评判。

(2)评分标准。

① 团体分,共100分。

评分项目	按辩论阶段评分,计80分	综合印象分,计20分
	陈词:15分	语言风度:10分
	攻辩:10分	团体配合、临场反应:10分
	攻辩小结:10分	

续表

评分项目	自由辩论:20 分	
	回答观众提问:10 分	
	总结陈词:15 分	
总计得分	100 分	

② 辩手个人得分,共 100 分,每场比赛的最佳辩手由得分最高者获得。

辩手个人得分,每场总计 100 分	
评分项目	语言表达:30 分
	整体意识:20 分
	辩驳能力:30 分
	美感风度:10 分
	综合印象:10 分
总计得分	100 分

(3)胜负判断。

① 每场比赛的胜负判断,依据评委所打团体分的总和来判断。

② 辩手个人得分只作为个人奖项的评审依据,与判断每场胜负无关。

二、辩论赛的战略战术

(一)辩论赛的战略设计

1. 审题

审题是进行辩论赛的基础和关键。无论哪种形式的辩论,辩手都希望自己切中题意,立论正确,攻则气势磅礴、势如破竹,守则滴水不漏、固若金汤,希望通过自己的辩驳能够在辩论中立于不败之地。要想实现这一目标,就必须在辩论前做好充分的准备,做到尽可能周密、准确的审题。所谓审题,就是通过辨析辩题的含义和指向,把握辩题对双方的利与弊,找准双方争辩的焦点,厘清自己将要展开辩论的观点和材料体系,分析对方观点的发展方向,从而做到知己知彼、成竹在胸。

(1)明确辩题的类型。拿到辩题以后,首先要分清辩题的类型,分析辩题的性质、特点和要求。一般而言,按辩题的性质来分,辩题可以分为三类:一是价值性命题,即辩论某事件的利与弊、好与坏,评价某件事价值的大小,比如"'佛系'标签对青年成长利大于弊/'佛系'标签对青年成长弊大于利";二是事实性命题,即辩论事实的真假,比如"校园贷款的悲剧,主要责任在贷款学生/校园贷款的悲剧,主要责任在发放机构";三是政策性命题,即辩论某事该做还是不该做,比如"应该立法赋予教师教育惩戒权/不应该立法赋予教师教育惩戒权"。

按照辩题内部的逻辑关系来分,辩题也可以分为三类:一是从属型辩题,即辩题所提出的两种事物彼此是从属关系,比如"人体艺术是艺术/人体艺术不是艺术";二是条件型辩题,即辩题所提出的一类事物是另一类事物出现的前提,比如"温饱是谈道德的必要条件/温饱不是谈道德的必要条件";三是比较型辩题,即比较辩题所提出事物的优劣、好坏,比如"人际关系比真才实学重要/真才实学比人际关系重要"。

辩题的性质不同、形式不同,必然导致辩论方向、逻辑要求、立论角度、论证方式、引用论据的不同。因此,分析辩题首先要"定性",看属于哪一种性质的辩题;其次要"定位",看包含哪一类逻辑关系。只有通过定性和定位,才能找准论辩的方向,确立辩论的角度,厘清辩论的体系,从而有的放矢。

(2)掌握辩题的倾向。所谓掌握辩题的倾向,也就是分析辩题所包含的意义与全社会主流看法、时代思想倾向是否和谐合拍。辩题的倾向性主要表现为理论、材料、事实、社会舆论氛围等的主导性和有利性。一般而言,辩题的含义与社会主流看法、时代思想倾向相一致的一方,会占有一定的客观优势,主要体现在辩论材料容易选择,辩论起来也顺理成章,所列举的理论依据和事实证据也更容易使现场观众产生共鸣。而与此相反,当一方的观点与全社会的主流看法不合拍,与现时情况不符,或者与所涉及的相关政策相悖,有的甚至明显地表现出消极、片面的观点,该方就会在客观上处于一种不利的地位,选择材料比较困难,说服对方比较吃力,坚持、论证、维护这样的论点困难就比较大,也很难引起现场观众的共鸣。在这种情况下,略占劣势的一方,就应该及早准备,寻找新的突破口,把辩论的焦点转移到有利于自己的方向上来。

(3)分析辩题的色彩。所谓分析辩题的色彩,就是分析辩题的感情色彩与语言环境、人情世故及辩论现场情绪是否相容。要分辨哪些辩题在哪些问题上可能触犯大多数人的感情,引起众怒,引起反感,而在哪些感情上可以与观众产生感情共鸣点。找准现场观众包括评委的感情共鸣点而加以利用和发挥,是非常明智之举。

(4)找准辩论的焦点。辩论的辩题通常表达一定的判断,由一个或一组概念组成。这些概念本身都具有一定的内涵和外延。同时,概念与概念之间还存在着某种联系。分析辩题就要把涉及的这些概念及其彼此间的逻辑关系和相互间的影响搞清楚,以便有效地限制对方,为自己突破辩题的局限,取得辩论的胜利,奠定坚实的基础。一般而言,分解辩题、探求焦点可分为三步进行。

首先,明确辩题概念。将辩题分解为最小的意义单位,对每一个小单位进行分析研究,确定其含义和作用。可以采用定义概念的方法,确定每个概念的内涵和外延。对于一些比较敏感的词汇的定义不要过于明确,用描述法阐述即可。辩论赛是有规则的智力游戏,你只需自圆其说,原则是在不歪曲原意的情况下扬长避短。

在2001年国际大专辩论赛的大决赛中,面对"钱是/不是万恶之源"的辩题,正方武汉大学代表队在破题时将关键词"万"字解释为"数量极多,品种繁复",如此,他们只要能论证钱能且导致了数量极多、品种繁复的恶便能自圆其说,这个对概念的定义令人印象深刻。再比如,在2003年"国辩"中一场题为"顺境/逆境更有利于人的成长"的辩论赛中,正方将辩题中的关键词定义为"顺境即顺利的境遇,逆境则与之相反",而反方则定义为"顺境即顺利的境遇,逆境则是指一个人在追求目标的过程中,他所付出的努力和遭遇的困难是高于一般所谓的预期,那种能威胁一个人生命的逆境则不在我们今天要讨论的范围"。很明显,正方对概念的定义比较平庸,而反方则比较巧妙,将概念定义到有利于自己辩论的范围。

其次,分析辩题范围。搞清辩题所包含的意义及所涉及的实际内容。一般通过分析辩题中每一个概念的范围,勾勒出辩题的范围。

最后,逐步聚焦。大多数情况下,双方辩论的并不一定是整个辩题,而往往是辩题中的一些关键问题,即双方辩论的焦点。在实际辩论中,双方的分歧、差异的交叉点就是辩论的焦点;而有些辩题的分歧点则比较多、杂,这就需要弄清主次,抓住问题的要害。①

以辩题"人的财富越多越自由/人的财富越多越不自由"为例。正方和反方辩论的焦点一般集中在三个方面。一是关于财富的概念。正方认为这里所说的财富,应该包括物质财富和精神财富两种,而反方则认为,这里的财富实际上是物质财富。二是关于自由的定义。正方认为自由是人的全面发展的一种自主状态,而反方则认为自由是人的思想和行动的不受约束。三是随着财富的增多,人是如何变得越来越自由的,或如何变得更加不自由的。

(5)确定辩论的角度。在审题时,辩手必须打开思路,把问题想得尽可能周全,要在具体操作中多设疑、多提问。要站在历史与现实、理论与实践、主观与客观等的角度,全方位地挖掘辩题的内容,不仅如此,论辩双方还要站在对手的立场,采取反向思维进行思考和研究,最后选取对自己最为有利的立论角度展开辩论。在审题过程中,随着认识的进一步拓展和深化,辩论者会发现一系列可比较的因素。这些可比较因素包括:辩题对双方的利与弊;双方可能立论的角度、攻击的火力点、防守的底线;主要理论和材料的利与弊;与辩题相关的辩场观众情绪、思想倾向的利与弊等等。这时,辩论者应将以上诸因素综合起来思考,通盘考虑,通过权衡利弊,从中选择出最佳的立论角度。只有这样,才能做到有备无患、成竹在胸。

2. 立论

立论就是在审题的基础上,进一步针对双方争论的焦点,根据论题难易、利弊的情况,本着趋利避害的原则,确定己方应坚持的基本论点。

---

① 袁方.《跟我学:辩论口才》.中国经济出版社,2006年1月,第45页.

辩论立场是防卫的基点、进攻的起点,也是辩论的归宿。在辩论中,考虑到对手的进攻,赛前必须根据本方立场建立逻辑防线,称为底线。底线就是自己一方对核心概念的规定和对辩题核心观点的解释,自己一方基本的辩论立场。每个队员必须坚守这个基本立场,并从这个立场出发,应对千变万化的赛场情况。在确立底线的过程中,关键要坚持为我原则,对核心概念的规定和对辩题核心观点的解释要利于自己一方的观点。确立底线还要坚持针对性原则,从对方的立场出发,向自己的底线做模拟性进攻,检验自己的底线是否能抵御得住。从操作上讲,确立自己的底线应当是通过集体讨论的方式来完成,要集中全体辩论队员的智慧,反复推敲,经过设计—检验—修改—再设计的多次循环之后,才能确立一个能够自圆其说又能抵御对方攻击的防线。

3. 辩手的定位与要求

对于辩手的定位,总体上应该遵循团队结构最优原则,即知识结构与学历层次搭配合理、个性与性格特点搭配合理、性别搭配合理、心理状态稳定等。具体到每位辩手,又有不同的特点要求,通常情况下,一辩要气质温和、表达清晰,心理稳定;二辩和三辩要承上启下、机敏灵活、有较强的说理能力,既能攻、又能守;四辩要有很强的总结、归纳和概括的能力,应该是上场队员中最强的一个。

辩论赛中对辩手的能力素质要求很高,主要表现为这样几个方面:一是要具备良好的辩风;二是要有丰厚的文化知识积累;三是要有严密的逻辑思维能力;四是要有准确流畅的语言表达能力;五是要有稳定的心理素质和高超的应变能力。

4. 辩论的程序布阵

辩论赛的程序布阵一般有以下几种模式。

一是启、承、转、合的布阵模式:启(开启,逻辑论证)—承(承上,理论继续)—转(回旋,事实例证)—合(综合概括,表达价值取向)。

二是由事实到理论的布阵模式:事实—事实—事实—理论。这种模式适合于辩论事实性很强的题目。

三是由理到情的布阵模式:前三位讲理,最后一位动情。这种模式适合于与人们感情有关的题目。

四是平转高的布阵模式:一辩提出观点和部分论据;二辩从理论上继续论证这些论据;三辩突发奇兵,向对方自以为得意的论据发起毁灭性的攻击;最后四辩站在价值的高度登峰高呼,结束整场辩论。这种模式是一种对抗战术很强的结构,对辩手的要求比较高。

(二)辩论赛的战术准备

1. 理论知识与事实材料的准备

理论知识是辩论赛的基础,没有充分的理论知识准备,还没上场就已经输掉了一半了。辩题所涉及的理论知识主要有三类：一是与辩题有直接关系的专业理论知识；二是与辩题有间接关系的、辩论中可能涉及的理论知识；三是其他外围的理论知识，也就是人们平时的文化积淀。理论知识的准备应服从全面准确的原则、有利本方的原则和服从真理的原则。

事实材料是辩论赛的"血肉"，没有大量的事实材料做支撑，干巴巴的理论阐述是难以起到立竿见影的辩论效果的。俗话说，"事实胜于雄辩"，辩手在辩论时要举出充分而强有力的事例，加强论据，这对于取得辩论赛的胜利是非常重要的。辩题所涉及的事实材料主要有三类：一是具体的事实材料；二是概括性的事实材料；三是统计数字材料。事实材料的准备应服从定位得当原则、实事求是原则和时空性原则。

2. 问答与攻防战术设计

问答技巧在辩论赛中起着至关重要的作用。要想取得一场辩论赛的胜利，在赛前的战术准备中，必须精心设计问答环节。作为辩论技巧的问，不是一般意义上的对事物或现象的不了解而产生的疑问，而是无疑而问，是特意而问，要么是设问，自己提问，自己回答，要么是反问，是驳斥对方而问。辩论赛中的答，也不是一般谈话意义上的对提问的回答，而是通过回答来进一步阐明自己的观点，或者通过机警巧妙的回答，来冲破对方问的控制，避免落入对方设问埋下的陷阱，从而化被动为主动。

想一想：

假如你是一场辩论赛中的最后一位结辩手，对方在最后结辩时突然一连串提出了五个问题让你回答，此时你如果不回答，会显得被动，如果一一回答，不但时间上来不及还会乱了自己阵脚。你该怎么做才能变被动为主动呢？

在设计问答战术时，一定要深思熟虑、精心布阵，尤其是二辩和三辩的攻辩环节，辩手的问题要设计得巧妙、自成体系，辩手之间的问题还要相互呼应，连成一个整体。还要预设对方的问题，并做出回答准备。

问答与攻防战术设计应服从以我为主原则、知己知彼原则、最佳方案原则和现场应变原则。

3. 辩手的整体配合设计

辩手能力发挥要服从辩论的总体战术布局。辩手们应根据各自的特点和优势，结合各自辩位的不同职责要求，科学合理安排，以保证各自分工与整体配合均达到最佳的布局效果。以"四对四"北京模式辩论赛为例，四位辩手应有各自分工，各负其责，又相互配合，相互呼应。其中一辩主要承担开篇立论的任务，开篇立论要做到立论完整、条理清楚、说理透彻、形象生动。二辩和三辩在攻辩阶段应提问犀利、驳斥有力。自由辩论环节是短兵相接的正面交锋,主要考验辩手的敏锐才思和机智的应变能力。这一环节既有发问,又有回答。发问要步步紧逼、直击要害,回答则要有利我方,并批驳对方的错误和不足。四辩的总结陈词是对本方立论的呼应、本方观点的阐述和高度概括,以及揭露对方观点的漏洞和不足,从而进一步归纳总结本方论题。

扫一扫了解辩论的十个小技巧

四、实战练习

辩论口才和能力不是天生就有的,它和其他技能一样,也是需要通过艰苦的训练才能获得的。大学阶段是青年学生才思敏捷、个性张扬、勇于挑战的黄金时段,大学生应该创造机会,锻炼自己,培养自己的辩论能力。只有平时多进行实战练习,才能在比赛时先声夺人、稳操胜券。

实战练习可结合课程进行,有三种形式:一是个人讲演;二是二人(一对一)辩论;三是分组(团体)辩论。

(1)每个同学首先做一次个人讲演,自选题目,拟讲演提纲或讲演稿。讲演时间3分钟左右,也可增加回答听众提问2分钟。

(2)每个同学在二人辩论和分组辩论中选择一种形式,自由组合,自定辩题,自行准备。时间可按平均每人5分钟计算,如二人辩论则10分钟,中间可穿插回答听众提问5分钟左右。

(3)由教师或学生担任辩论主持人。每位听众都是评判团成员,为台上讲演人和辩手评分,并评选最佳讲演人和最佳辩手。

拓展延伸

案例分析

晏 子 驳 楚

在《晏子春秋》中有一个晏子与楚王论辩的故事。

晏子将使楚。

楚王闻之,谓左右曰:"晏婴,齐之习辞者也,今方来,吾欲辱之,何以也?"左右对曰:"为其来也,臣请缚一人,过王而行,王曰:'何为者?'对曰:'齐人也。'王曰:'何坐?'曰:'坐盗。'"

晏子至,楚王赐晏子酒。

酒酣,吏二缚一人诣王,王曰:"缚者曷为者也?"

对曰:"齐人也,坐盗。"

王视晏子曰:"齐人固善盗乎?"

晏子避席对曰:"婴闻之,橘生淮南则为橘,生淮北则为枳,叶徒相似,其实味不同。所以然者何?水土异也。今民生长于齐不盗,入楚则盗,得无楚之水土使民善盗耶?"

王笑曰:"圣人非所与熙也,寡人反取病焉。"

这段话翻译过来是这样:

晏子将要出使楚国。

楚王听说这件事后对左右说:"晏婴这个人,在齐国是一个擅长辩论的人。现在要来我国,我想羞辱他一下,有什么办法没有呢?"

左右的侍臣说:"当他来的时候,我们绑着一个人,从大王的面前走过。大王问:'这是个什么人啊?'我们回答:'齐国人。'大王再问:'犯了什么罪啊?'我们回答:'盗窃。'"

晏子来到楚国,楚王请晏子喝酒。

酒喝得正高兴的时候,两个下属绑着一个人从楚王他们面前经过。楚王问:"绑着的是个什么人?"

回答说:"是齐国人,犯了盗窃罪。"

楚王盯着晏子说:"齐国人生来就喜欢偷盗吗?"

晏子离开席位正色回答道:"我曾听说,橘子树长在淮南结的是橘子,橘子树长在淮北结的就是枳子了,它们的枝叶很相似,但味道并不相同。造成这种情况的原因是什么呢?是淮南淮北的水土不同罢了。现在这个人生长在齐国的时候没有盗窃行为,来到楚国却盗窃,莫不是楚国的水土容易使人盗窃吧?"

楚王讪讪地笑着说:"圣人不是随便可以调笑的,我反而自取其辱了啊。"[①]

晏子是春秋末年齐国的大夫,中国古代著名的政治家、外交家和辩论大师。在这个精彩的论辩故事里,晏子充分发挥了他那天才般的反应敏捷、临危不乱、巧妙设喻、反唇相讥的高超辩论才能。首先,作为齐国的大使出使到楚国,必须时时处处维护国家的尊严,维护本国人民和自己人格的尊严。在这种隆重的外交场合,他不亢不卑,有礼有节,面对恶意挑衅,哪怕它来自楚王,也毫不惧色。其次,运用"橘生淮南则为橘,生于淮北则为枳"这一人所共知的自然现象,非常贴切地引申出水土这一决定性原因对人产生的影响,说明齐人并不善盗,而是因为楚地的水土不好,才使好人变成了盗贼。这一典型的"借力打力"辩论技法,给了楚王以强有力的回击,使楚王"只有招架之功,而无还手之力"。由此可见,渊博的知识、睿智的头脑、机敏的反应、雄辩的口才对于一个外交使者维护祖国的尊严是多么的重要。

[①] 李天道.《中国辩论词名篇快读》.四川出版集团、四川文艺出版社,2005年,第10页。

老师有没有脑子？

"信耶稣不符合科学。"一个哲学教授上课时说。

他顿了一顿,叫了一个新生站起来,说:"某某同学,你是基督徒吗?"

"老师,我是。"

"那么你一定信上帝了?"

"当然。"

"那上帝是不是善的?"

"当然。上帝是善的。"

"是不是上帝是全能的？他无所不能,对吗?"

"对。"

"你呢？你是善是恶?"

"圣经说我有罪。"

教授撇撇嘴笑:"呵呵,圣经。"顿了一顿,他说:"如果班上有同学生病了,你有能力医治他,你会医治他吗?"

"会的,老师。"

"那么你便是善的了……"

"我不敢这么说。"

"怎么不敢？你见别人有难,便去帮助。我们大部分人都会这样,只有上帝不帮忙。"

教室内一片沉默。

"上帝不帮忙。对吗？我的弟弟是基督徒,他患了癌症,恳求耶稣医治,可是他死了。上帝是善的吗？你怎么解释?"

没有回答。

老教授同情他了,说:"你无法解释。对吧?"

他拿起桌子上的杯,喝一口水,让学生有机会喘一口气。

"我们再重新来讨论。上帝是善的吗?"

"呃……是。"

"魔鬼是善是恶?"

"是恶。"

"那怎么有魔鬼呢?"学生不知道怎么回答。

"是……是……上帝造的。"

"对,魔鬼是上帝造的。对吗?"

老教授用瘦骨嶙峋的手梳理一下稀疏的头发,对傻笑着的全体同学说:"各位同学,相信这学期的哲学课很有兴趣。"

回过头来,他又对站着的那位同学说:"世界可有恶的存在?"

"有。"

"世界充满了恶。对吧？是不是世上所有一切,都是上帝造的?"

"是。"

"那么恶是谁造的?"

没有回答。

这时老教授又开腔了:"上帝创造这一切的恶,而这些恶又无休止地存在,请问:上帝怎可能是善的?"

教授不断挥舞着他张开的双手,说:"世界上充满了仇恨、暴力、痛苦、死亡、困难、丑恶,这一切都是这位良善的上帝创造的? 对吧?"

没有回答。

"世上岂不是充满了灾难?"

停了一下,他又把脸凑到该新生面前,低声说:"上帝是不是善的?"

没有答话。

"你信耶稣基督吗?"他再问。

该学生用颤抖的声音说:"老师,我信。"

老教授失望地摇了摇头,说:"根据科学,我们对周围事物的观察和了解,是用五官。请问这位同学,你见过耶稣没有?"

"没有。老师,我没见过。"

"那么,你听过他的声音吗?"

"我没有听过他的声音。"

"你摸过耶稣没有? 可有尝过他? 嗅过他? 你有没有用五官来感觉过上帝?"

没有回答。

"请回答我的问题。"

"老师,我想没有。"

"你想没有吗? 还是实在没有?"

"我没有用五官来接触过上帝。"

"可是你仍信上帝?"

"呃……是……"

老教授阴阴地笑了:"那真需要信心啊! 科学上强调的,是求证、实验和示范等方法,根据这些方法,你的上帝是不存在的。对不对? 你以为怎样? 你的上帝在哪里?"

学生答不上来。

"请坐下。"

该同学坐下,心中有说不出的沮丧。

这时,另一个同学举起手来,问:"老师,我可以发言吗?"

老教授笑说:"当然可以。"

学生说:"老师,世界上有没有热?"

教授答:"当然有。"

"那么,也有冷吗?"

"也有冷。"

"老师,您错了。冷是不存在的。"

老教授的脸僵住了。教室里的空气顿时凝结。

这位大胆的同学说:"热是一种能,可以量度。我们有很热、加热、超热、大热、白热、稍热、不热,却没有冷——当然,气温可以下降至零下四百五十八度,即一点热也没有,但这就到了极限,不能再降下去。冷不是一种能量。如果是,我们就可以不断降温,直降到超出零下四百五十八度以下。可是我们不能。'冷'只是用来形容无热状态的字眼。我们无法量'冷'度,我们是用温度计。冷不是一种与热对立的存在的能,而是一种无热状态。"课室内静得连一根针掉在地上也能听到。

"这位同学,你到底想说什么呀?"

学生说:"老师,我是说,你的哲学大前提,从一开始就错了,所以结论也错了。"

"错了?好大的胆子!"老教授生气了。

"老师,请听我解释。"全体同学窃窃私语。

"解释……噫……解释……"教授好不容易才控制住自己,待情绪渐渐平伏后,使个手势,叫同学们安静。让该同学发言。学生说:"老师,您刚才所说的,是二元论哩。就是说,有生,就必有死。有一个好的神,也有一个恶的神。你讨论上帝时,所采用的,是一个受限制的观点。你把上帝看作一件物质般来量度,但是科学连一个'思维'也解释不了。科学用电力,又用磁力,可是却看不见电,看不见磁力。把死看作和生命对立,是对死的无知。死不是可以单独存在的。死亡不是生命的反面,而是失去了生命。"

说着,他从邻座同学的桌子内,取出一份小报来,说:"这是我们国内最下流的一份小报,是不是有不道德这回事呢?"

"当然有不道德……"

"老师,你又错了。不道德其实是缺德。是否有所谓'不公平'呢?没有,'不公平'只是失去了公平。是否有所谓'恶'呢?"学生顿了一顿,又继续说:"恶岂不是失去善的状态吗?"

老教授气得脸色通红,不能说话。

该学生又说:"老师,就是因为我们可以为善,也可以为不善,所以才有选择的自由呢。"

教授不屑一顾:"作为一个教授,我看重的是事实。上帝是无法观察的。"

"老师,你信进化论吗?"

"当然信。"

"那么你可曾亲眼观察过进化的过程?"

教授瞪瞪该位同学。

"老师,既然没有人观察过进化过程,同时也不能证实所有动物都还在进化之中,那么你们教进化论,不等于在宣传你们的主观信念吗?"

"你说完了没有?"老教授已不耐烦了。

"老师,你信上帝的道德律吗?"

"我只信科学。"

"呀,科学!"学生说。"老师,你说的不错,科学要求观察,不然就不信。但你知道这大前提本身就错了吗?"

"科学也会错吗?"

同学们全体哗然。

待大家安静下来后,该同学说:"老师,请恕我举一个例子。我们班上谁看过老师的脑子?"

同学们个个大笑起来。

该同学又说:"我们谁听过老师的脑子,谁摸过、尝过或闻过老师的脑子?"

没人有这种经验。

学生说:"那么我们能否说老师没脑子?"

全班哄堂大笑。

这是一篇在网上流传甚广的帖子,据说是来自一堂哲学课上的辩论,虽然其真实性无从考证,但"教授"和"学生"所使用的辩论逻辑和辩论技巧可圈可点。一般而言,人们对世界的不同看法有四种表现形式:一是事实对事实,二是逻辑对事实,三是事实对逻辑,四是逻辑对逻辑。这段辩论,就是这四种形式的综合运用。特别是学生以教授的逻辑结构与诘问方式反驳了教授的立论前提与推论结果,使教授无言以对。

教授论证的逻辑特点主要是:首先,以事实对事实。先假定上帝是全善的事实,接着去应对人世间的事实,当上帝不能为癌症病人治疗时,就直接否定了上帝这个事实本身。第二,以逻辑对事实。再假定上帝是全能的,他能制造一切善,也能制造一切恶,当善不能抑制恶,不能战胜仇恨、暴力、痛苦、死亡、困难和丑恶时,从同一逻辑前提得出了相反的事实结果,所以"上帝是善的"这一逻辑推断不合理。第三,以事实对逻辑。假定上帝在逻辑上存在,但是这个上帝看不见、听不到、摸不着、嗅不了,因此在科学看来,这一逻辑存在不是事实,因而是虚无的、无意义的。

学生运用"逻辑对逻辑"的形式,通过揭示教授论证的片面性和不合理性,有力地反驳了教授。首先,以仿造教授"事实对事实"的方式批驳了老师,用"热—冷"、"光—黑暗"等的非对立性,对老师的善恶对立的二元论进行了结构。其次,仿造教授"逻辑对事实"的方式,强调科学中的电力、磁力是可测的,但电和磁是不可见的,同时又用进化论符合逻辑但没有人能观察和证实进化的过程,有力地反驳了教授"上帝是无法观察的所以上帝不存在"的论点。最后,学生还用教授的"逻辑"以谬制谬:因为学生们没看过、摸过、尝过或闻过老师的脑子,所以得出了"老师没脑子"的结论。学生只是按照教授的逻辑做了一个错误推理,把结果推理到一个荒谬的结论上来证明推理的错误,这比纯粹地上升到哲学高度来论证问题要高明得多。[①]

---

① 余潇枫.《中外经典辩论选读》.浙江文艺出版社,2007年,第50-51页。

思维训练

第十一届中国名校大学生辩论赛辩词选（自由辩论阶段）

辩题：正方，华中科技大学队：挽救网瘾少年应以动情晓理为主
　　　反方，西南财经大学队：挽救网瘾少年应以加强管理为主

正方三辩：刚刚从对方一辩到二辩向我们论证了管理的必要性，但是我想请问对方辩友，必要性等于主要性吗？

反方一辩：我方从来没有否认动情晓理的辅助作用，但还是要以我们的管理为主啊。我想请问对方辩友，少年染上网瘾是因为他不知道网瘾的危害性吗？

正方二辩：对方辩友，你以为少年知道他就真的知道吗？实际上他心智还不够健全。请您回答我方三辩的问题，必要就一定等于主要吗？

反方三辩：对方没有说知道和不知道，我实在没有听明白。我们来看个例子，对方辩友肯定知道有一位坠楼身亡的网瘾少年张潇艺。他在生前也曾经痛哭流涕，说要和网游一刀两断。可为什么最后仍然是明知"网游猛于虎，偏偏还向虎山行"呢？

正方一辩：很显然是教育晚了嘛。刚才我方队员已经问了必要等于主要吗？对方辩友一直没有给予我们主要的标准，却说先制止后引导就叫以制止为主。那么您要先洗手再吃饭是不是要以洗手为主呢？

反方二辩：我方说了，主要的标准是什么呢？能够正本清源。孩子的心理问题在于现实需求没有得到解决。管理能调动社会资源满足他的现实需求，这才是根本啊。您的动情晓理怎么做到呢？我再想问了，有一个孩子被父母的爱所感动，写下了洋洋洒洒一万多字的保证书，说他再也不去网吧了。可是墨迹未干，就又被爸爸从网吧里抓了出来。情也动了，理也晓了，可他为什么还要背着父母爱网游呢？

正方三辩：那么对方辩友，南昌少年王鹏羽在强制断网的过程中割腕自杀，您的先制止是要达到这个效果吗？

反方三辩：我们说管理绝对不是强制，也绝对不等于压制。我们再看一个例子吧，就说我自己，刚才大家已经看到了我上网成瘾，曾经屡次去网吧，说好只上一个小时，可最后呢整整待了一个通宵，连第二天的课也耽搁了。我明明知道学习对我非常重要，可我就是管不住自己。再请对方辩友您扪心自问，您难道就从来没有旷过一次课，从来没有打过一次瞌睡吗？

正方二辩：对方辩友，你已经都二十多岁了，你可不是少年了。我们今天谈的

少年是心智尚未健全、人格尚未完善的。我们挽救的是网瘾少年。难道对方辩友认为把少年同网络隔开,他就不叫网瘾少年了吗?①

在上述材料的自由辩论里,正反双方运用了什么样的辩论技法?双方的辩论有哪些精彩之处?又有哪些不足及可能被对方抓住的漏洞?

网络探究

在《奇葩说》第五季"TA 真的很努力,是不是一句好话"这场辩论中,当正反双方实力相当、难分胜负的时候,曾被余秋雨说成是"当今世界上最会说话的年轻人"的陈铭使出了撒手锏,他用传播学的噪声理论来阐述他的观点——"TA 真的很努力,不是一句好话",争取了更多观众的认同,最终帮助反方赢了比赛。但是,有人说陈铭辩论的表现虽然爆棚,但却在混淆概念。也有人说,陈铭虽然辩赢了,但"TA 真的很努力"这句话就是一句好话。

陈铭的辩论表现怎么样?"TA 真的很努力",是一句好话吗?你怎么看?要探究这个问题,你可以在网络搜索引擎中输入"陈铭"与"TA 真的很努力"以查找资料。

视频推荐

1.《奇葩说》(2014—)

内容简介:这是一档很受欢迎的融入了辩论元素的节目,它既是综艺形式的辩论,又是辩论形式的综艺。节目里的辩题都是当前年轻人关注的热门话题,与年轻人的生活息息相关且具有探讨的价值。

2.《最强辩手》(2019)

内容简介:该节目利用互联网大数据技术,从当今社会具有讨论度的议题,覆盖面从流行文化、社会经济、到未来科技各个领域辩题中筛选,并邀请到来自哈佛大学、MIT 等名校的辩论人才,通过思想、语言的碰撞来呈现不同观点。

阅读推荐

1.李元授.《论辩学》.华中科技大学出版社,2005 年。

2.缘中源.《智者的顿悟:哲学经典名言的智慧》.新世界出版社,2008 年。

---

① 张德明.《巅峰对决——第十一届中国名校大学生辩论邀请赛纪实》.复旦大学出版社,2008 年,第 16 页。

第七章 哲学思维与辩论之道

3. 卢海燕.《演讲与口才实训》.第 2 版.大连理工出版社,2015 年。
4. 袁方.《跟我学:辩论口才》.中国经济出版社,2006 年。
5. 余潇枫.《中外经典辩论选读》.浙江文艺出版社,2007 年。
6. 李天道.《中国辩论词名篇快读》.四川出版集团、四川文艺出版社,2005 年。
7. 陈先兵.《为梦想而辩论——"新国辩"纪实》.中山大学出版社,2016 年。
8. 余培侠.《正方反方》.人民出版社,2007 年。
9. 张德明.《王者归来——第十届中国名校大学生辩论邀请赛纪实》.复旦大学出版社,2006 年。
10. 张德明.《王者归来——第十一届中国名校大学生辩论邀请赛纪实》.复旦大学出版社,2008 年。

 课后复习

请结合以下辩题进行辩论练习:
1. 人生的道路上,机遇/奋斗更重要
2. 应该以成败论英雄/不应该以成败论英雄
3. 幸福是主观的/客观的
4. 男女平等是可能/不可能实现的
5. 当今时代,应该重点鼓励年轻人找到/跳出舒适圈
6. 信息大爆炸时代需要/不需要读万卷书
7. 大数据时代下,众口更难/易调
8. 好心办坏事应该/不应该被批评
9. 财富越多越自由/不自由
10. 安乐死应该/不应该合法化

扫一扫查看更多习题